A LEITORA
DO
ALCORÃO

G. Willow Wilson

A LEITORA DO ALCORÃO

Como uma jovem americana se converteu ao islã e encontrou o amor

Tradução de
Antônio E. de Moura Filho

Título original
THE BUTTERFLY MOSQUE
A Young American Woman's Journey to Love and Islam

Copyright © 2010 *by* G. Willow Wilson

Todos os direitos reservados. Nenhuma parte desta obra pode ser reproduzida ou transmitida por qualquer forma ou meio eletrônico ou mecânico, inclusive fotocópia, gravação ou sistema de armazenagem e recuperação de informação, sem a permissão escrita do editor.

Direitos para a língua portuguesa reservados
com exclusividade para o Brasil à
EDITORA ROCCO LTDA.
Av. Presidente Wilson, 231 – 8º andar
20030-021 – Rio de Janeiro – RJ
Tel.: (21) 3525-2000 – Fax: (21) 3525-2001
rocco@rocco.com.br
www.rocco.com.br

Printed in Brazil/Impresso no Brasil

preparação de originais
DANIELLE VIDIGAL

CIP-Brasil. Catalogação na fonte.
Sindicato Nacional dos Editores de Livros, RJ.

W718L Wilson, G. Willow, 1982-
    A leitora do alcorão: como uma jovem americana se converteu ao islã e encontrou o amor/G. Willow Wilson; tradução de Antonio E. de Moura Filho. – Rio de Janeiro: Rocco, 2011.

    Tradução de: The Butterfly Mosque – A Young American Woman's Journey to Love and Islam.
    ISBN 978-85-325-2642-7

    1. Wilson, G. Willow, 1982-. 2. Professoras – Estados Unidos – Biografia. 3. Alcorão. 4. Islamismo. 5. Convertidos ao islamismo do cristianismo. I. Título.

11-0834
CDD–923.7
CDU–929:37

Para Amu Fakhry
com agradecimentos a Warren Frazier
e Elisabeth Schmitz

Prólogo

NO ALTO DAS MONTANHAS ZAGROS, o ar mudou. A altitude o purificou, fez com que ficasse livre da poeira dos vales e, agora, ao respirá-lo, produzíamos um zumbido nos pulmões; era a baixa pressão atmosférica. Reconheci aquela mudança. A jornada já durava horas; rumávamos para o Norte, passando pelas curvas ao longo de uma enorme bacia seca entre picos muito altos; então viramos para o oeste. Agora o carro, um velho Peugeot, lutando para vencer as curvas fechadas encosta acima, passava por camadas de rochas cruzadas, ali dispostas ao longo de milhares de anos.

Por um momento, uma intensa lembrança de casa invadiu-me a mente. Fazia quase um ano que eu não voltava a Boulder, no sopé das Montanhas Rochosas, no Colorado. Dessa altura, em penhascos muito semelhantes a esses, via-se, como um conjunto todo organizado, o agradabilíssimo vale onde eu fizera o ensino médio, aprendera a dirigir, e onde meus pais e irmãs ainda moravam. Ao olhar a planície lá embaixo, tive a sensação de estar frente ao meu vale, como se bastasse caminhar mais uma hora por aquelas curvas para chegar em casa.

Na época, foi uma sensação meio louca. Eu acabara de chegar ao Irã, vinda do Egito – essa viagem começara a milhares de quilômetros de meu país. Pensei, então, que só podia ser mesmo muita loucura que uma montanha e uma mudança de ar no Irã me trouxessem lembranças de casa na primavera de 2004, época da guerra contra o terror, do choque de civilizações, da guerra santa contra os infiéis, das coisas que tornaram minha vida, outrora calma e tranquila, quase insuportável. Eu ainda não havia me dado conta de que, quando emergiram, rasgando o solo milhares de anos atrás, as Montanhas Zagros, assim como as Montanhas Rochosas, não tinham um nome, ou seja: o chamado da terra para a terra deve ser algo mais real do que as divisões humanas do Irã e dos Estados Unidos. Eu tinha fé, então; foi nas montanhas em que pensei pela primeira vez na divindade, e essas montanhas lembravam-me dessa sensação. Mas eu ainda não tinha fé na fé – não confiava nas conexões que sentia entre montanhas ou lembranças, e se eu tivesse sido um pouco mais flexível, talvez tivesse permitido que as Zagros fossem irrelevantes, e as lembranças, mera coincidência.

Felizmente, não foi o caso.

Ahmad, meu guia e acompanhante, apontou para o oeste sobre os picos em declive.

– Se continuasse a dirigir naquela direção, chegaria ao Iraque – comentou.

Ahmad era de Shiraz; tinha cabelos brancos e a alegria de seu sorriso já marcava-lhe a face com linhas de expressão. Antes da revolução, pilotava aviões para o xá, a quem ele odiara, mas não tanto quanto agora odiava os mulás. Durante uma de nossas conversas na estrada de Shiraz para Isfahan, contou-me que costumava jejuar durante o Ramadã e rezava regularmente. A seu ver, entretanto, o regime islâmico deformara tanto sua religião, que ele resolveu parar. Temendo que eu o condenasse por isso, tratou de dar uma explicação lógica (eu era americana e sunita, e, por conseguinte, imprevisível): disse-me que não precisava jejuar; o jejum era para lembrar ao homem da fome dos pobres, e ele ajudava os pobres de outras maneiras.

– Então, por que os pobres jejuam? – indaguei.

O jejum do Ramadã era obrigatório e não se limitava apenas aos muçulmanos ricos. Ele fitou-me pelo canto do olho; pelo visto, eu era uma sunita norte-americana que discutia teologia. Entre a classe média do Irã, a teologia tinha saído de moda. Mas eu acabara de chegar do Egito, onde ocorria o contrário. Ahmad deixou a pergunta pairando no ar.

– Iraque? – Subi em uma pedra próxima à beira do promontório onde estávamos, depois de estacionarmos o carro no acostamento. Os tênis da Nike despontavam sob as barras de minha túnica preta. Eu exagerara na vestimenta. No Teerã de Khatami, os chadores e as túnicas foram substituídos por túnicas curtas e apertadas e véus praticamente tão estreitos quanto um lenço. Sabendo apenas que o Irã estava sob uma ditadura religiosa e o Egito, sob uma ditadura militar, vestira-me da maneira mais conservadora possível. Eu não me dei conta de que, qualquer que fosse a realidade política, o Egito era muito mais socialmente conservador do que o Irã. Os motivos por trás disso ficariam claros para mim somente mais tarde: quando uma ditadura reivindica autoridade absoluta sobre uma ideia (no caso do Irã, o islamismo; no Egito, uma espécie capenga de socialismo), os cidadãos frustrados correm para o extremo ideológico oposto. A República Islâmica secularizava o Irã; no Egito, os fundamentalistas de túnicas curtas não paravam de se multiplicar.

– Sim, o Iraque. Acho que à noite, mais para o sudeste, talvez dê para ver as bombas caindo. Só que bem longe; primeiro a planície de Karbala, depois, Bagdá.

Ahmad aproximou-se de minha pedra e apontou para o noroeste.

– Karbala é onde o imame Hussein está sepultado.

– Temos a cabeça dele – eu disse, pensando no argumento do jejum. – Lá no Cairo. Há uma praça com o nome dele, onde fica o santuário.

– O quê?

– A cabeça dele – repeti, sem saber se deveria ter dito *honorífico* antes da palavra *nome*; Hussein ibn Ali era neto do Profeta e adorado por todos os muçulmanos, mas particularmente reverenciado pelos xiitas. Eu não queria cometer uma gafe. Não importava o que Ahmad achava sobre o jejum. Levei uma das mãos até as costas; a infecção adrenal manifestara-se como uma dorzinha persistente e um pouco de febre. Ao morar em um bairro industrial no Cairo, uma cidade suja para início de conversa, eu desenvolvera uma infeliz apatia em relação a minha própria saúde.

– É a primeira vez que ouço isso sobre o imame Hussein – murmurou Ahmad, que em seguida caiu na gargalhada.

– É verdade – garanti. – Os fatímidas o levaram com eles. Pelo menos, é o que conta o ulemá; talvez seja tudo mentira e o santuário esteja vazio.

Um vento leve correu pelo canal vindo do vale abaixo. Respirei e prendi o ar por um instante, então soltei em um suspiro. Ahmad deu um sorrisinho.

– Obrigada – eu disse. – É lindo aqui em cima.

Mais tarde, no carro, Ahmad me disse:

– Acho que você está se tornando um pouco árabe.

Apesar do tom gentil do comentário, isso não era nenhum elogio na Pérsia. Até certo ponto, concordei com ele – encontrava-me tão envolvida com o Cairo, tão distante dos Estados Unidos, que algo estava prestes a mudar. Entretanto, ainda me sentia a mesma. Ficara perturbada porque disseram-me que eu deveria me perturbar; que a maneira de os árabes fazerem as coisas, opondo-se ao estilo norte-americano, representava a traição de um jeito de ser norte-americano. Entretanto eu descobrira que não eram meus hábitos que me definiam. Tampouco a forma com que eu me vestia ou as coisas que eu fazia e não dizia. Se eu fosse tudo isso, então, ali parada naquela pedra olhando para o oeste, eu deveria ter sido outra pessoa.

Não obstante, continuei a mesma.

Assim que surgiu, o termo "choque de civilizações" era um mito; a interdependência das culturas mundiais era superficial, apoiada pelo comércio e a transmissão de ideias, o empréstimo de palavras de uma língua a outra. Mas assim como tantas ideias feias, o choque torna-se um pouco mais real sempre que alguém usa o termo. Hoje, trata-se de uma teoria aceita não somente no Ocidente, onde foi criada, mas também no mundo muçulmano, onde muitos veem o islamismo como irrevogavelmente em conflito com os valores ocidentais. Quando ameaçados, tanto os muçulmanos quanto os ocidentais tendem a obedecer aos seus respectivos preceitos, defendendo ideais monolíticos que existem apenas como ferramentas de oposição, ideais que vão ao chão assim que o partido oponente vira as costas. A verdade emerge. Não é por meio da política que nos libertaremos desse conflito. Não é por meio dos eruditos, analistas nem especialistas. A guerra entre o Islã e o Ocidente, na qual a experiência humana é o único guia confiável, é de natureza humana. Estamos todos no topo da montanha e devemos aprender a olhar o mundo não através de autoridades autonomeadas, mas com nossos próprios olhos.

Kun

> Nosso dito, para uma cousa, quando a desejamos,
> é, apenas, dizer-lhe: "Sê", então, é.
>
> – *Alcorão 16:40*

DE CERTA FORMA, EU ESTAVA À PROCURA de uma filosofia. Cinco meses após iniciar meu penúltimo ano na Boston University, fui hospitalizada, no meio da noite, em função de uma reação rara e aguda a uma injeção de Depo Provera que eu tomara vários dias antes. Até então, eu dera a sorte de nunca ter visto como era um pronto-socorro por dentro. As coisas mais perigosas que eu fizera tinham sido: tomar o ônibus Chinatown circular de Boston a Nova York; voltar para casa a pé tarde da noite uma ou duas vezes; e fazer um *piercing* no lábio inferior em um estúdio mal iluminado, situado no subsolo de um prédio próximo a Commonwealth Avenue. Na virada do milênio, até os rebeldes eram bem higiênicos. Parar no hospital por ter usado uma droga lícita parecia uma violação da maneira com que as coisas tinham de funcionar.

Passei muitos dias entrando e saindo de consultórios médicos com os sintomas mais intratáveis de infecção adrenal: palpitações, sudoreses que apareciam de uma hora para a outra, tontura e uma insônia tão severa que não havia tranquilizante que me fizesse dormir por mais de quatro ou cinco horas. E, para arrasar de vez com minha vaidade, meu cabelo começou a cair. Mais tarde me informariam que, além do cabelo, eu estava perdendo massa óssea. Aos 17 anos, eu era imortal; aos 18, era uma série de eventos arbitrários e curtos.

Eu não lidava muito bem com a dor. Tampouco com a falta de sono, sobretudo porque sempre consegui tirar um cochilo na hora que bem entendia. Por acaso, as três pessoas que cuidaram de mim com maior dedicação durante os primeiros dias em que meu quadro se manifestou (um colega da faculdade, a mãe dele e uma enfermeira) eram todos iranianos. Em estado de semidelírio, tomei aquilo como um sinal. Dirigindo-me a um Deus com o qual eu jamais falara em toda a vida, prometi que se melhorasse em três dias, iria me tornar muçulmana.

A infecção adrenal acabou importunando-me por um ano e meio.

Foi essa oração não atendida que me despertou o interesse pelas religiões organizadas. Eu era ateia de berço, mas nunca fui boa nisso. Na infância, tinha sonhos premonitórios sobre eventos cotidianos como a morte de bichinhos de estimação e estava sempre apaixonada pelo que quer que existisse do outro lado do mundo. Entretanto Deus era um tabu lá em casa; tínhamos instrução, e pessoas cultas não acreditam em besteiras. Meus pais vinham de famílias protestantes conservadoras. Os dois abandonaram suas igrejas durante a era do Vietnã, cansados das provocações racistas disseminadas pelos clérigos. Para eles, Deus era um homem branco, vingativo e fanático. A recusa em acreditar nele era uma obrigação moral muito mais do que uma atitude com bases científicas.

Aprendi a esconder, negar ou florear todas as experiências para mim inexplicáveis. Na época do colegial, estava na moda uma espécie de neopaganismo, graças aos filmes como *Jovens bruxas*; isso serviu como válvula de escape temporária aos meus impulsos hereges. Quando eu já me aproximava dos vinte anos, adotara o mantra "espiritual, mas não religiosa". Não fazia a menor ideia do significado daquele negócio.

Três dias tornaram-se três semanas. Os médicos mandaram-me aguardar – a injeção de Depo fazia efeito por três meses, e era possível que levassem ainda mais alguns meses para que meu corpo se reequilibrasse. Eu me cansava com facilidade. Atividades que outrora levavam algumas horinhas agora levavam dias; a caminhada entre o campus e o alojamento me exauria. O entardecer me deprimia, à medida que eu já previa as várias horas insones no escuro. Com 18 anos e feliz, foi uma luta perceber que aquilo não era o fim do mundo. E, de fato, não foi. Uma vez que as coisas grandes eram suficientemente problemáticas, passei a deixar as pequenas coisas de lado. Saía sem me maquiar. Parei de ir às festas que não me interessavam de verdade. Um processo alquímico, para mim incompreensível, estava acontecendo ali. Aos poucos, fui recuperando o senso de humor e a capacidade de enfrentar problemas, acompanhados por um novo interesse no Deus que não respondera às minhas preces.

– Acho que não tem negociação com o Todo-Poderoso – eu disse um dia a Elizabeth, que morava no final do corredor. Estávamos a caminho da palestra anual de Eli Wiesel sobre o Livro de Jó, a respeito da qual teríamos de fazer um trabalho.

– Não com pecadores infelizes – ela, episcopal, respondeu animada.

– Tem uma coisa chamada respeito, sabem? – Javad, cujo fornecimento regular de biscoitinhos da cantina e empatia ajudaram a incitar-me ao contato com o islamismo, apareceu por trás, acompanhado de outros alunos de nossa seção. – Ainda que Deus não passe de uma hipótese para vocês.

Ele era sério e fumava cigarro de cravo. Minha atitude perante tudo aquilo não o surpreendia.

– Estou sendo respeitosa – respondi. – Falei sério. Hipoteticamente sério.

– Então você acha que esse Deus hipotético a abandonou? – Ele ergueu uma sobrancelha.

– Não, não acho. Mas estou achando difícil compreender por que isso aconteceu.

– Claro que você não acha. Você não pode se sentir abandonada por um Deus no qual não acredita – observou Elizabeth.

Fiz que não com a cabeça.

– Não tenho certeza de que a coisa é assim tão simples.

Sentamo-nos no meio do auditório bem na hora em que dr. Wiesel era apresentado. Como éramos da área de humanas, a ideia de assistir a uma palestra sobre Jó não nos assustava tanto. Já tínhamos enfrentado Confúcio, os estoicos e o Bhagavad Gita e sobrevivêramos relativamente incólumes. Entretanto, enquanto dr. Wiesel falava sobre o papel do sofrimento no pacto de Deus com os judeus, comecei a sentir um desconforto.

– Não acho que seja esse o significado, gente – murmurei.

– O quê? – Elizabeth fez cara feia para mim.

– Jó. Acho que a história é outra. Acho que se trata de...

Alguém sentado em uma fileira muito lá para trás fez um psiu para que nós nos calássemos.

– Acho que se trata de monoteísmo – continuei –, a ideia de que a fé no Deus de misericórdia é também a fé no Deus da destruição. Deus infligiu o sofrimento a Jó, não foi o diabo.

O psiu lá de trás ficou mais persistente. Chateada, mergulhei em meu assento.

Quando, em meu desespero, tentei negociar a fé pela saúde, ainda não tinha lido uma palavra sequer do Alcorão. Minha formação profundamente liberal pulou essa parte por completo. Os professores para os quais eu manifestava minhas dúvidas diziam que o ensino do Alcorão como um trabalho literário irritava os alunos muçulmanos e colocava todo mundo em risco. Essa resposta não me convencia. Quando estudávamos a Bíblia, tratava-se de um trabalho literário *sagrado*, e havia certo respeito e trégua na descrença em nossas discussões. Se o Alcorão desfrutasse do mesmo tratamento, eu duvidava que os alunos muçulmanos ficassem tão revoltados de forma ameaçadora. Os poucos que eu conhecia – Javad e outros dois, no máximo – pareciam legais. Por meio deles, eu pinçara alguns fatos soltos: sabia que havia duas divisões principais do islamismo e que nem todo muçulmano era árabe. Mas praticamente desconhecia seu objeto de fé e, mesmo com uma formação acadêmica que me custava 30 mil dólares por ano, eu não fazia a menor ideia de que o islamismo era a segunda maior religião do mundo.

Comecei a investigar o islamismo por conta própria e tentei compreender a relação entre as três tradições abrâmicas. As crenças de meus amigos religiosos, que outrora me despertavam uma pena silenciosa, eram agora fascinantes: eu desejava aprender sobre a Trindade, a Eucaristia e o conceito judeu da vida pós-morte. Descobri opiniões que eu mesma desconhecia ter.

– Se existe um Deus onipresente e onisciente, por que enviar um espírito santo para engravidar Maria? Para que ter mais trabalho? Ele não poderia simplesmente fazer com que ela engravidasse espontaneamente? Não é isso que se chama onipotência? Por que as pessoas sempre apontam para cima quando falam sobre o Paraíso? Se, para nós, o paraíso fica lá em cima, onde fica para os chineses? Embaixo? E na Lua? Como pode haver algo como o pecado original? Não é uma ideia fundamentalmente injusta? Eu insistia, sendo talvez até grosseira, e meus questionamentos eram geralmente recebidos com um silêncio perturbado. São esses questionamentos que os ateus sempre usam para desmontar a religião, mas, para mim, eram tentativas desesperadas de nomear o que tornava-se cada vez mais difícil ignorar.

Eu aprendera que era ignorância acreditar que o mundo fora criado por um homem invisível com superpoderes. Mas e se Deus não fosse um homem invisível com superpoderes? O ateísmo nunca me ensinara a responder a essa pergunta. Ensinara-me apenas a rejeitar deuses primitivos com d minúsculo; entidades antropomórficas locais, sujeitas a leis de tempo e espaço – ou seja, eu aprendera a rejeitar Zeus, assim como gnomos e duendes. E o Deus para quem eu rezara tão desesperadamente não era Zeus.

Quando rezei, talvez estivesse tentando justificar uma crença que já era minha. A doença despertou alguma coisa em mim. Passar as noites sentada sob as janelas escuras alterara minha percepção. O corpo já não era mais uma fonte infinita, mas uma união de milhares de coisas frágeis, substâncias químicas, precursores e proteínas, todos em um equilíbrio que podia ser facilmente perturbado. Parecia, então, um milagre que tantas pessoas estivessem bem e que eu tivesse estado bem por tanto tempo.

Uma doença geralmente faz com que as pessoas corram para a porta principal da igreja; a minha levou-me para a porta dos fundos. Eu não precisava saber se aquilo era um teste ou uma punição. Nem minha saúde, tampouco minha doença, tinha qualquer coisa a ver comigo. A força que tocou um rebuliço no cortisol em meu sangue era a mesma que ajudou meu corpo a se recuperar; se eu me sentisse melhor um dia e pior no outro, ela permanecia inalterada. Não tomava partido nenhum. Ela deu pneumonia à garota a meu lado no hospital; deu-lhe também glóbulos brancos que resistiram à infecção. E os átomos naquelas células e os núcleos naqueles átomos, as mesmas unidades de carbono que estavam criando novos planetas em algum canto do espaço sem nome. Minha insignificância tornara-se linda para mim, de uma forma inexprimível.

Aquela força unificada era um Deus grande demais, desumano demais para resistir ao ateísmo dentro do qual eu fora criada. Tornei-me uma fanática sem religião. Para mim não estava claro se havia uma filosofia grande o bastante para um monoteísmo tão inflexível. Tinha de ser uma fé que não precisava lutar para explicar por que coisas ruins acontecem com pessoas boas, uma fé na qual ficava compreendido que a destruição está implícita na criação. Sentia-me um pouco atraída pelo budismo, porém faltava ali uma figura divina central; o papel de Deus era obscuro ou ausente. Eu teria gostado de ser cristã. Minha vida teria sido muito mais fácil se eu pudesse engolir a história da Trindade e do pecado original, ou a ideia de que Deus tinha um filho. O judaísmo era quase perfeito, mas fora criado para uma tribo única de pessoas. A maioria dos judeus praticantes que eu conhecia via a conversão com descrédito. Para eles, o pertencimento histórico à comunidade judaica era tão importante quanto a crença.

No islamismo, que encorajava a conversão, havia palavras para o que eu acreditava. *Tawhid*, a absoluta unicidade divina. *Al Haq*, a verdade tão verdadeira que não tinha correspondência oposta, a verdade que incluía tanto o bem quanto o mal. Não havia nenhum estágio intermediário no ato da criação; Deus simplesmente disse: *Kun fa-yakun*. "Seja, então é." Comecei a ter a sensação de já ter visto isso antes. Foi como se minha promessa de tornar-me muçulmana não tivesse sido coincidência, mas uma espécie de inversão; um eu futuro falando por intermédio de um eu passado.

Foi uma sensação que intensificou-se na primavera em que eu estava doente quando parei em frente a uma máquina de venda em meu alojamento em Warreb Towers, à beira de minha revelação. Outra garota, de camiseta e calça de pijama, estava em minha frente com uma expressão desanimada.

– Que se dane – disse, esmurrando o vidro que a separava do chocolate Almond Joy preso lá dentro, pendurado pela embalagem. Ela suspirou e virou-se, murmurando, ao passar por mim:

– Boa sorte.

Sua camiseta tinha uma estampa que dizia: "Por que sempre sobra pra *mim*?" Pelo visto ela se vestira para esse momento de sincronia.

Digitei o código do saco de balas Snickers. Ao cair, ele bateu no Almond Joy que estava emperrado. Ao empurrar a portinha na parte inferior da máquina, vi dois produtos, um ao lado do outro. Eu me virei à procura da garota que, porém, já havia desaparecido.

– *Kun* – eu disse para mim mesma e ri. – *Kun fa-yakun*.

Naquele momento, a garota com a camiseta sincrônica estava mais chateada por perder o doce do que eu por ter osteopenia, baixa densidade mineral óssea. O microcosmo moral do alojamento no Warren Towers parecia profundamente equilibrado. O que eu sofrera era pouco se comparado a tanta gente; foi mais que apropriado o prêmio que ganhei por isso: um chocolate Almond Joy.

Eu acabara de ler um verso do Alcorão sobre *rizq*, que pode ser traduzido como "sustento", mas que traz ainda uma relação com o destino e a sorte em seu conceito. "Ó vós que credes! Comei daquilo que Alá vos deu por sustento, enquanto lícito e benigno. E temei a Alá, em Quem sois crentes." Com uma mudança infinitesimal na probabilidade, uma piscadela invisível, um pouquinho de *rizq* fora redistribuído. O mundo pareceu sem contradições. Fora chamado à existência, *kun*, com dor, sincronia e máquinas de venda com defeito já escritas lá. Eu abandonava minha habilidade de distinguir o macrocosmo do microcosmo.

No Colorado, em minha casa, naquele verão, fiz uma nova tatuagem. Um artista chamado Fish tatuou *Al Haq* na minha lombar em alfabeto árabe, conversando comigo enquanto trabalhava, tentando dispersar minha atenção da dor. Inscrevera-me no curso de árabe com início no outono; enquanto isso, aprendi, sozinha, parte do alfabeto, usando um velho livro, para não ter dúvidas do que estava sendo marcado em meu corpo. *Al Haq* juntou-se a outra tatuagem desenhada por um cabalista de Rhode Island, que fez minha primeira tatuagem quando eu tinha 17 anos, depois que mostrei uma identidade falsa. Disse-me que ninguém faz duas tatuagens – era sempre uma ou várias. Eu faria duas outras antes de parar, fazendo a primeira em uma série de negociações difíceis entre arte e lei religiosa. Assim como no judaísmo, fazer tatuagens não é bem visto no islamismo corrente. O corpo é obra de Deus e, logo, perfeito; qualquer alteração desnecessária do ponto de vista médico é vista como um insulto. Ainda bem que eu não sabia disso quando decidi fazer essa tatuagem, pois não tenho certeza de que teria me impedido.

Al Haq foi um lembrete para mim mesma que eu não podia apagar. À medida que eu melhorasse, seria fácil esquecer-me daquela parte de minha vida, voltar a pensar que só havia eu no mundo e o que quer que eu desejasse em qualquer momento. Agora eu tinha um lembrete físico permanente. Um dia eu tomaria coragem de me converter. Não estava preparada – ainda apoiava-me em muletas químicas e sociais e levaria tempo para aprender a viver sem elas. Depois que se fossem, pensei, eu sabia o que eu tinha de ser.

O cavalo branco

> Zuljanah deu alguns passos adiante e parou. Hussein acariciou o pescoço branco do cavalo e disse: "Meu fiel cavalo, sei que estás sedento e cansado. Tens me carregado desde a manhã. Meu fiel cavalo, pela última vez, leva-me ao campo de batalha."
>
> – Conto popular islâmico

DE VOLTA À BOSTON UNIVERSITY três semanas depois, acordei ouvindo uma notícia estranha na BBC World Service: Ahmad Shah Massoud, líder da resistência afegã que encurralara o Talibã no norte por quase duas décadas, tinha sido alvejado por homens disfarçados de jornalistas. Eu vinha acompanhando sua vida em função de uma matéria na faculdade e estava consciente de sua importância na luta do Afeganistão contra o Talibã e seus aliados. Fiquei surpresa com a pequena atenção dada ao ataque habilidosamente armado e que culminou com sua morte. Muito provavelmente, o esquema fora executado por seus inimigos fundamentalistas. Era meio assustador o fato de eles bolarem um plano tão perspicaz.

Se os adultos ativos no mercado de trabalho recebessem notas pelo conhecimento de fatos correntes da mesma forma com que recebem os universitários, viveríamos em um mundo muito diferente. Senti um enjoo que geralmente começa entre os olhos, como uma vertigem; como a experiência que se tem quando se prevê uma batida iminente ao ver um carro derrapar no meio da pista. A morte de Massoud não era o fim da linha; não podia ser. Sua eliminação foi uma preparação para algo que estava por vir.

Era 11 de setembro de 2001, por volta das 8:30 da manhã.

Quase ninguém menciona Boston ao falar sobre os ataques, mas depois do ocorrido, a culpa era palpável nas ruas. O avião levando os terroristas que se chocaram na Torre Sul partira de seu Aeroporto Internacional, o Logan; não estou dizendo que os terroristas tinham estado em Boston duas horas antes: *eles podiam ter se alojado na cidade* – as pessoas falavam como se elas próprias tivessem sido negligentes. Então instalou-se a paranoia: o boato era de que havia ainda outra célula terrorista na cidade. Teríamos de ficar em quarentena, evitando pontes e rotas ferroviárias até que encontrassem a célula. Alguns alunos históricos da Boston University partiram para a South Station, onde embarcariam para casa "antes que paralisassem tudo". Não havia nenhuma célula, e não houve nenhuma quarentena. Entretanto, aviões F-15 nos sobrevoaram em voos tão rasantes que chegavam a ensurdecer, e as sirenes nunca paravam. Apavorados, meus pais deixaram-me várias mensagens de voz, temendo que eu tivesse ido visitar amigos na New York University (NYU), como era de costume nos finais de semana. Por e-mails, implorei para que obedecessem as autoridades e não fizessem ligações telefônicas.

Com impressionante percepção, o chanceler da Boston University não suspendeu as aulas naquele dia, tornando-se um dos primeiros a argumentar que estaríamos ajudando os terroristas caso mudássemos nossa rotina. Então, às 15 horas, fui para minha aula de árabe em que me inscrevera na primavera, levando um livro cujo título começava com uma letra A bem grande e vermelha.

Na noite seguinte, marquei um jantar no grêmio estudantil com Ben, outro aluno de história. Levei o trabalho de árabe, mas perdi o interesse assim que abri o livro. Dei um pulo quando Ben jogou a mochila na cadeira em frente a minha e sentou-se.

– Tô com uma garrafinha de gim no casaco – anunciou. – Vamos encher a cara e depois assistir a *Zoolander*. Dizem que os cinemas estão abertos. Não aguento mais essa situação.

Suspirei aliviada.

– Claro. É a melhor ideia que escutei hoje.

Jantamos em silêncio e saímos, caminhando pela Commonwealth Avenue, morna e tranquila, em direção a Fenway.

– O que acha que vai acontecer? – Ben perguntou sem rodeios, passando-me o gim. A bebida era fresca, com um leve sabor de eucalipto, feito sauna e árvore de Natal.

– Ainda bem que não sou eu que tenho de saber isso – respondi.

Eu não queria pensar no assunto. Meu professor de árabe, um egípcio alegre, mas sempre irritado, apareceu na aula com uma aparência exausta. Àquela altura supomos que a retaliação aconteceria nos países cujos cidadãos tinham sido responsáveis pelos ataques.

– Vai rolar guerra – disse Ben, rouco, num tom que ele usava ao falar sobre previsões políticas. – Foi inteligente de sua parte começar a estudar árabe. Pode ser útil para você trabalhar na inteligência federal.

– Não é por isso que estudo – respondi com um espasmo involuntário. – É um idioma lindo.

– É útil.

– Então por que você não estuda?

– É até provável que eu faça isso.

Ben calou-se por um instante e pôs as mãos nos bolsos.
– Eu queria entender o que aconteceu – continuou. – Acordei hoje e me esqueci do que estava errado. Foi só uma sensação, uma sensação horrível. Levei cinco minutos para ligar a sensação ao evento.

Ainda era cedo para fazer sentido para qualquer pessoa. Sabia-se apenas que não vivíamos mais em um mundo dividido entre *Estados Unidos* (onde coisas assim não aconteciam) e *Os Outros Lugares* (onde aconteciam). A força daquela conclusão uniu as pessoas. Na fila do cinema, o pessoal trocava sorrisos e puxava conversas com estranhos. Fiquei emocionada – em um momento como esse, nossa primeira reação é de ternura.

Como poderia tornar-me muçulmana depois disso? Estaria traindo as pessoas que eu amava e fazendo pouco caso do que meu país sofrera. Quando foram divulgados os milhares de vídeos com homens barbudos enraivecidos, alegando que sua religião era incompatível com o Ocidente decadente, acreditei nos vídeos. Era minha civilização que insultavam. Consciente e inconscientemente, passei a resistir ao islamismo. Retornei à dieta universitária regular: doses de vodca com gelatina e vinho em caixa. Comi na frente de meus amigos muçulmanos durante o mês do Ramadã. Utilizando-me da lógica, concluí que tornar-me muçulmana seria anti-islâmico, pois significaria submeter-me a uma instituição e não a Deus. Com relação à religião em si, adotei uma postura agressiva e sarcástica. Em discussões, eu defendia os muçulmanos, fazendo uma linha liberal; mas essa defesa era uma espécie de controle que me permitia monopolizar o assunto e ocultar a mesma espécie de rancor que outras pessoas (mais aberta e honestamente) expressavam contra o islamismo.

Eu desejava desesperadamente a verdade secular que parecia tão evidente aos outros. Felizmente, o que não faltava eram críticos do islamismo e seus livros. Eu tinha muita esperança de que *Os versos satânicos* curassem minha religiosidade, mas achei o livro sacal e desagradável. Por outro lado, eu adorava os romances urbanos e subversivos de Hanif Kureishi. *O álbum negro* é ainda um de meus livros preferidos, mas nem mesmo ele conseguiu abalar minha crença em Deus. Nada parecia tão coerente quanto o que eu vira no Alcorão. Minha expectativa era de inspirar-me no famoso argumento da rejeição de autoridade espiritual que inspirara tantos a abandonar a religião organizada. Por mais vezes que eu lesse, não conseguia sentir um pingo de verdade em nenhuma delas. Para mim, parecia que os filósofos que negavam a existência da luz simplesmente tinham tapado o interruptor.

Resistir à tentação de proferir a *chahada* – não há outro deus além de Alá, e Maomé é Seu profeta – tornou-se um exercício diário. Meus sonhos foram repentinamente invadidos por imagens do Velho Testamento, compartilhadas pelas três religiões abrâmicas. Em um dos sonhos, vi a escada de Jacó. Ao invés de correr da terra para o céu, ela corria entre ambos, degrau após degrau, cortando uma paralela bem larga para o horizonte. Em outro, vi terras devastadas com ossos ressecados e senti uma presença atrás de mim, feito a sombra de um enorme pássaro, fazendo-me perguntas. Ao caminhar, não consegui identificá-lo. No mesmo dia, mais tarde, um professor leu a história de Ezequiel e o Vale dos Ossos, o que me estarreceu. Na maioria das vezes, entretanto, sonhei com um cavalo branco. Aparecia em pesadelos, quando eu estava ameaçada ou ferida; eu o montava e sem que lhe desse qualquer sinal, e então ele me afastava do perigo.

Ben formou-se um ano antes de mim. Ao mesmo tempo, uma de suas professoras aposentou-se e anunciou que planejava retornar ao Cairo, sua cidade natal, onde ajudaria a administrar uma escola de ensino médio em que se falava inglês. Ben passava por um período de instabilidade, em uma economia indiferente, de forma que quando a professora ofereceu-lhe trabalho, ele aceitou. Finalmente Ben teria a oportunidade de aprender árabe. Os amigos acharam que eu fosse fazer o mesmo depois de terminar os estudos. Oportunidades baratas de incrementar os créditos da faculdade por meio de experiência direta não batiam à porta assim todos os dias. Quando eu voltasse, teria duas das mais cobiçadas qualificações profissionais nos Estados Unidos do pós-11 de setembro: fluência em árabe e conhecimento do Oriente Médio. Não havia desculpas para eu não ir. Com formação em história e sem grandes ambições, quase nada me prendia aos Estados Unidos.

Mesmo assim, não mergulhei de cabeça e considerei outras possibilidades. Sabia que eu não iria ao Egito para estudar e voltar com boas histórias para contar. Eu iria e me converteria. Se eu ficasse nos Estados Unidos, o dia a dia prevaleceria e me ajudaria a esquecer o Alcorão. Eu podia mudar-me para algum lugar com uns amigos, arranjar um emprego qualquer, ganhar muita experiência em seguros automotivos e aluguéis de veraneio. A ideia de levar uma vida que eu conseguisse planejar – uma vida construída sobre eventos previsíveis, com pessoas conhecidas – era atraente. Durante meses considerei dois futuros muito distintos.

No inverno antes de minha formatura, deparei-me com um baralho de cartas de Tarô sobre a mesa de uma amiga. Eu gostava de Tarô; como um jogo premonitório, sua precisão já me bastava. Durante o ensino médio consultei o Tarô diversas vezes. Enquanto aguardava minha amiga chegar, embaralhei as cartas e dispus uma cruz padrão com sete cartas. Na posição do "passado", tirei a rainha de paus – uma carta muito sensata e já esperada. Na posição do "futuro", entretanto, tirei o cavaleiro de paus: um jovem cavalgando pelo deserto, passando por um grupo de pirâmides. Um jovem sobre um cavalo branco.

– Não!

Olhei para o teto, focalizando no espaço vazio. Foi a primeira vez que eu falara com Deus verbalmente, sem constrangimento nem preâmbulo interno.

– Não vou fazer isso. Não vou.

Foi a última vez que toquei em um baralho de Tarô. Como muçulmano, você abre mão do direito de bisbilhotar o futuro. As pessoas que pesaram em minha decisão foram meus pais, que achavam uma loucura recusar uma oportunidade tão fascinante no exterior. Talvez eles pensassem diferente se soubessem que eu estava tentando fugir de uma conversão religiosa. Resistir à religião é um objetivo nobre entre os liberais seculares. Mas eu não disse nada a eles – não contei a ninguém.

Em um dia quente de agosto de 2003, duas semanas antes de eu completar 21 anos, embarquei em um avião. Eu iria para Frankfurt e, de lá, para o Cairo. Estava acompanhada por Jo, uma amiga de colégio, estudante de artes. Inquieta com seu programa de graduação e procurando inspiração, ela decidiu tirar um ano de férias e me acompanhar no Egito. Fomos com duas malas cheias das roupas mais caretas que possuíamos, destituídas agora do conceito sofisticado de vestimenta modesta. Levei também uma caixa de Tampax. A colega de quarto de Ben me avisara que eu não encontraria o produto no Egito. Envergonho-me de admitir que acreditei nisso – se eu tivesse parado trinta segundos para pensar, teria percebido que mesmo as mulheres estrangeiras oprimidas menstruavam. O Cairo, uma das maiores cidades do planeta, precisa atendê-las. Apesar de minha suposta educação, eu era ingênua com as coisas do Oriente Médio. Minha iminente conversão ao islamismo não me preparava para compreender as pessoas que o praticavam. Eu era, de muitas formas, tão despreparada para viver no Egito quanto alguém sem qualquer afinidade religiosa pelo local.

Deixei minha coragem na pista de decolagem em Denver. Assim que o avião saiu do chão, minha cabeça começou a pulsar, cheia de adrenalina. Ao chegar a Frankfurt, minhas mãos estavam suadas e quando decolamos para o Cairo, eu surtei. Quando me perguntam sobre o momento em que eu me converti, geralmente encontro um jeito de me esquivar da pergunta. Digo que resolvi me converter durante a faculdade, o que é verdade. Por outro lado, sinto-me como se eu sempre tivesse sido muçulmana, desde que encontrei no Alcorão algo em que eu já acreditava. Porém, se a conversão estiver a serviço de um ideal, então eu me converti naquele avião. Na escuridão sobre o Mediterrâneo, longe de qualquer país, sob nenhuma lei, fiz as pazes com Deus. Eu o chamei de Alá. Não sabia o que me esperava no Egito. Não sabia se o choque de civilizações era real ou se era uma contradição ser muçulmana e norte-americana ao mesmo tempo. Mas, pela primeira vez na vida, eu me senti unificada – aquilo devia ter algum significado. As diferenças culturais e políticas são muito profundas, mas há algo mais profundo ainda. Eu acreditava nisso. Eu tinha de acreditar.

A cidade conquistadora

No caminho entre a morte e a vida, dentro da capacidade de se enxergar as estrelas vigilantes e da possibilidade de se ouvir lindos e obscuros hinos, uma voz falou das provações e das alegrias prometidas.

– Naguib Mahfouz, *O Harafish*

Havia menos de 24 horas que eu chegara ao Cairo quando um homem na rua pediu-me que lhe fizesse sexo oral. Era um sujeito com seus trinta e poucos anos, bem magro, com um bigode cujas pontas caíam pelos cantos da boca. Da janela de um táxi, eu lhe pedira uma informação – eu e Jo estávamos perdidas em Maadi, o bairro transado onde ficava o apartamento que herdáramos de Ben. Após apontar vagamente na direção da rua que procurávamos, ele cuspiu a proposta, falando um inglês tão carregado que a expressão *"blow job"* soou como um francês degenerado.

– Foi isso mesmo que ele disse? – Olhei para Jo, mal entendendo.

As feições lindas e aquilinas de Jo estavam contorcidas em uma expressão de nojo.

– Motorista, pode ir – solicitei ao taxista e recostei-me de volta no assento. Meu rosto ardia. O taxista olhou para mim por sobre o ombro, franzindo a testa. Para ele, o endereço que demos era uma confusão obscura de números. Como a maioria dos taxistas cairotas, ele guiava-se por pontos de referência – depois da mesquita branca, vire quando vir um lojista com cara de galo brabo sentado à sombra. Se não soubéssemos descrever a paisagem, ele não conseguia nos levar aonde queríamos.

– Podemos ir – repeti, movendo uma das mãos. O táxi deu um solavanco para frente.

Chegáramos em uma cidade em um estado de colapso moral e financeiro. Quase todos os homens que encontrávamos – de taxistas que nos chamavam no estacionamento do aeroporto ao porteiro de túnica ocre que nos recebeu em nosso apartamento – observavam-nos com uma expressão de ódio sexual reprimido. As mulheres eram diferentes. O ar tinha o peso do odor metálico de poeira, um cheiro que impregnava as roupas e os cabelos como perfume. Essa era a característica mais invasiva do Cairo, pensei, essa poeira; até mesmo as palmeiras e as bananeiras que despontavam de pequenos jardins murados eram mais cinza do que verde.

No coração da cidade, mesquitas antigas abarrotavam-se à sombra de altos edifícios maltratados, alguns dos quais pendiam precariamente em suas fundações. O esmagamento do tráfego humano e o barulho das máquinas eram constantes. Um pouco mais para o centro dessa metrópole, passava o Nilo, em seu zigue-zague de águas escuras e uma distância grande entre uma margem e outra. De todos os cantos, o deserto ameaçava erodir o que restava da planície fértil do rio; sua cheia sazonal de lodo era contida por uma represa em Aswan. Um ecologista podia olhar para o Cairo e ver um mau agouro do futuro: uma planície achatada, queimada e sem ar, os destroços do excesso de civilização.

Amei. Amei de paixão, desde o minuto em que saí do aeroporto e penetrei no calor fétido de agosto. Comparadas a essa cidade, minhas ansiedades pareceram um capricho. Instalou-se em mim, então, a calma de um instinto de sobrevivência havia muito latente.

Enquanto isso, eu era muçulmana. Sozinha em meu quarto, atrás de janelas veladas com persianas de madeira que davam para uma nesga de palmeiras, eu rezava. No início foi difícil rezar. Ninguém me ensinara a inclinar-me para nada nem recitar palavras em um recinto vazio. Na primeira vez em que rezei, eu não estava virada para Meca – na verdade estava virada para o oeste, na direção lá de casa. Foi quando falei com Deus pela primeira vez. Meca, por outro lado, era um lugar desconhecido, repleto de gente igualmente desconhecida. Essa resistência de minha parte era incomum para uma convertida. Achava constrangedor inclinar-me – colocar a testa no chão. Naquela época, se alguém me perguntasse o que era a religião, eu diria ser uma expressão do amor que se tem por Deus. Anos depois, um amigo muçulmano seguidor de Mustaali sugeriu-me algo bem diferente: Deus, disse ele, é o amor entre você e a religião. Hoje, isso faz um profundo sentido para mim. Rapidamente descobri que a religião é um ato de vontade. Assumi que a oração fluiria naturalmente a partir da crença, mas não era assim – a prática era importante no processo. Então pratiquei, sozinha, sem dizer a Jo nem a ninguém o que ocorrera.

Por uma semana, Jo e eu mal comemos. Não sabíamos direito como ou onde comprar comida de verdade. O apartamento anteriormente habitado por Ben e uma amiga ficava em uma rua lateral contornada por arbustos de hibiscos dispostos aleatoriamente. Havia uma série de lojinhas no final do quarteirão, mas elas não faziam sentido para nós. Uma vendia canários e periquitos em gaiolas; outra vendia celulares e uma terceira exibia, em mesas de madeira, pilhas de peças para computadores sem marca. Quando finalmente encontramos um mercadinho – um *duken*, como aprendemos mais tarde –, compramos azeitonas e pão. Compramos mangas em uma carroça puxada por um burro. Acostumadas à cultura dos supermercados, ficamos confusas frente à impossibilidade de comprar carne e peixe no mesmo local onde se compra leite.

Em uma tarde, durante essa primeira semana sem proteína, o telefone tocou. Alarmadas, ambas olhamos para o aparelho. O único outro telefonema que recebemos fora do diretor da Language School, dando-nos as boas-vindas ao Cairo. Tarde demais, eu me dei conta de não fazer a menor ideia de como os egípcios cumprimentavam-se ao telefone.

– Atende aí – disse Jo.

– Por que *eu*? – indaguei irritada.

– Porque pode ser alguém falando árabe. Atenda, rápido!

Atendi.

– Alô?

– É Willow quem fala? – a voz masculina falava com um agradável sotaque anglo-egípcio. Apresentou-se como Omar, de quem Ben já tinha falado em seus e-mails: era professor de física na LS, como a chamávamos, e um dos amigos mais chegados de Ben no Egito. Preocupado com toda sorte de problemas que duas americanas podiam enfrentar no Cairo, Ben pediu-lhe para nos dar uma força.

– Hoje eu me lembrei de que você chegou no dia 15. Queria ver se está tudo bem por aí. Ben me disse que você viria com alguém, não é mesmo?

– Uma amiga. Ela também vai trabalhar na LS.
– Que bom – respondeu educadamente. – Estão precisando de alguma coisa?

Resolvi não lhe contar sobre nosso estado vegetariano forçado. Ele desculpou-se por não ter ligado antes – passara os últimos dias em Sinai.

– Que tal dar um pulinho aqui para tomar um chá? – convidei, grata pela atenção. – Estou com um livro que Ben me pediu para lhe trazer.

– Claro. Qual seria o horário?

Ele chegou uma hora depois; abri a porta e dei de cara com um homem alto, moreno, com uma camisa de botão e calças caqui. Estampava uma expressão simpática e de curiosidade, contendo um sorriso discreto; estendeu-me a mão quando hesitei, sem conhecer muito bem a maneira educada de uma americana cumprimentar um egípcio.

– Esta sala está diferente de quando vim aqui da última vez – disse enquanto eu o conduzia porta adentro. Ele parou em frente à mesinha de centro e apertou os olhos. Faltava a aquarela pendurada na sala enquanto Ben morava ali, substituída por uma impressão emoldurada dos Noventa e Nove Nomes de Alá.

– De quem é isso? – perguntou, virando-se para mim. – Com certeza não é seu.

– Na verdade, é.

– Sério? – Ele ergueu as sobrancelhas.

– Sério.

Pedi licença e fui ajudar Jo a preparar o chá. Da porta da cozinha, olhei para Omar. Estava parado de braços cruzados, cabeça inclinada para o lado, olhando para os nomes caligráficos. A luz que entrava pela janela iluminava-lhe a bochecha, deixando-a com cor de mel. Ele sorriu.

Omar deve ter percebido que tínhamos pouquíssima comida na casa, talvez porque não lhe oferecemos nada. Quando ele nos pressionou para dizer o que estávamos comendo, admitimos não estar comendo praticamente nada.

— A Language School geralmente envia alguém para cuidar dos estrangeiros na primeira semana. Vocês não deveriam ter ficado largadas desse jeito.

— Tem algum supermercado que venda carne por aqui? — perguntou Jo.

— Tem sim, mas esses supermercados são muito caros; só gente rica e que ganha em dólar compra lá.

— Não estamos podendo gastar muito.

Omar fez que sim.

— *Khalas*. Amanhã as levarei ao *souk*. É onde pessoas comuns fazem compras. Tudo bem?

Nosso desespero por uma proteinazinha era tamanho que não pudemos dizer não.

Na manhã seguinte, Omar chegou, trazendo um ensopado de vagem e pão comprado de um vendedor de rua. Depois que terminamos de comer e limpamos tudo, ele nos levou lá para fora, onde encontramos uma luz de final de manhã, repleta de tons diferentes e sombras discretas. Pegamos um táxi e logo chegamos ao lado inferior de uma ponte, ali perto, que passava por cima da estação do metrô de Maadi. Era o extremo do *souk*, um mercado ao ar livre que ziguezagueava por uma série de ruelas apertadas, sem pavimento, repletas de coberturas de lona. Vendedores sentavam-se atrás de pilhas de mangas verdes e amarelas, goiabas, cenouras, batatas-doces, beringelas roxas e brancas, e tomates tão pesados quanto bolas de boliche, todos em uma profusão empoeirada. Em gaiolas de bambu empilhadas, galinhas e patos trocavam resmungos sob o calor. O mercado estava cheio: homens e mulheres vestindo túnicas compridas e lenços de cabeça moviam-se de barraca em barraca e cumprimentavam amigos e vizinhos.

– A gente compra carne com um açougueiro como aquele ali – explicou Omar, apontando para uma plataforma de pedra fedorenta, sobre a qual pendiam várias carcaças que outrora deviam ter sido de búfalos. – Só tomem muito cuidado, ainda mais no verão, pois é fácil comprar carne estragada. Quando encontrarem um açougueiro que lhes agrade, fiquem com ele.

Nenhuma das duas teve uma resposta apropriadamente profunda.

– Frangos, patos e pombas são vendidas por aviários – Omar continuou. – Escolham a ave que quiserem e eles a abaterão para vocês. Não tem mistério para comprar frutas e legumes. Para comprar pão, dirijam-se a qualquer padaria. A maioria é de qualidade. Para comprar queijo, azeitona, azeite ou qualquer coisa do gênero, dirijam-se a um *duken*. – Apontou para um mercadinho similar àquele próximo de nosso prédio.

– Seis paradas para cinco grupos de alimentos? – resmunguei no ouvido de Jo, que reagiu com uma risadinha.

Andamos pelo labirinto à caça de hortelã para fazer chá. Enquanto caminhávamos, senti-me cada vez mais tonta e enjoada, sufocada na camisa enorme e na calça jeans que eu vestia. Apesar do sol que batia diretamente sobre minha cabeça, comecei a tremer. Algo me dizia que aquilo não era um bom sinal.

– Está tudo bem? – indagou Jo. – Você ficou pálida de uma hora para outra.

Comecei a ver uma porção de pontinhos de luz dançando em minha frente.

– Estou bem – respondi, jurando, intimamente, não desmaiar na frente de todas aquelas pessoas. – Mas acho melhor encontrar logo uma sombra.

Jo se virou e disse alguma coisa para Omar, que olhou para mim, preocupado. Ele falou, em um ritmo acelerado, com um homem agachado ao lado de várias caixas de verduras. O sujeito lhe deu um ramo de hortelã. Omar virou-se para mim.

– Você tem 50 piastras? – perguntou. – Tenho 1 libra, mas estou sem trocado.

Nenhum de nós ali tinha trocado algum. O homem não trocava nossas notas de 20 e de 50 libras. Ele disse algo para Omar, que agradeceu de uma forma muito prolixa da qual pouco entendi.

– Ele disse que tudo bem. Vocês podem pagar 50 piastras da próxima vez.

Olhei para o homem, com as pernas trêmulas. Ele sorria para mim sob seu turbante, achando graça de meu constrangimento escancarado, de minha inadequação, talvez dos dois.

– Obrigada – eu disse em inglês, esquecendo-me de onde estávamos.

Jo pegou-me pela mão e me afastou da multidão, levando-me para a sombra de uma praça arborizada do outro lado. Omar parou entre mim e a luz feito um relógio de sol, lançando uma sombra estreita sobre meu rosto.

– Alguma melhora? – perguntou.

– Sim. É que não estou acostumada com o calor. E ainda por cima não dormi muito bem ontem.

Em dado momento, a insônia causada pela exaustão adrenal tornara-se um tique psicológico. Embora eu já estivesse curada, volta e meia a insônia reaparecia quando eu me estressava.

Omar recitou algumas frases da cena do "não durma nunca mais" de *Macbeth*, sorrindo de um jeito meio despreocupado, meio amargo, que eu viria a associar a momentos como esse, quando ele mostrava seu considerável conhecimento da literatura ocidental. Não se tratava de um conhecimento que ele tivesse buscado espontaneamente. Estudara sob o sistema britânico, o máximo em formação cultural e linguística do período colonial. Para aprender mais sobre a história literária de sua própria sociedade, Omar pesquisou nas prateleiras de livrarias árabes, carentes de apoio financeiro, e aprendeu sozinho. Aquele era o sorriso de um homem que, como tantos no Oriente Médio, desejava que seu intelecto fosse mais bem utilizado.

Depois de refrescar-me um pouco, olhei para cima e retribuí o sorriso.

– "Quando estiver acabada a confusão.
Quando a batalha estiver ganha e perdida."

Nas semanas seguintes, apaixonei-me pela nuca de Omar. Em função de um problema familiar, Jo precisou voltar um tempo para sua casa, antes do início do ano letivo, deixando-me na companhia de Omar, com quem perambulei pela cidade. Ainda consigo ouvi-lo, em algum canto escuro de uma rua cheia de gente, dizendo com sua voz exasperada:

– Por favor, Willow, ande na minha frente ou a meu lado. Nunca atrás de mim. Fico nervoso quando não consigo vê-la.

Inevitavelmente eu ficava para trás, perdida em meus pensamentos e incapaz de andar sem segui-lo. Eu não podia segurar-me em seu braço; nós nos tocávamos apenas para apertar as mãos. Foi assim que conheci o Cairo: acompanhando Omar, que passara toda a vida ali. Ele tinha carinho pelos lugares, era sensível à maneira com que os humores do Cairo mudavam de um bairro para o outro. A cidade que eu começava a amar fora sua paixão desde a infância. Omar buscava os cafés e travessas estreitas incólumes aos anos de opressão e pobreza, e os revelava timidamente. A cidade foi nossa interlocutora nas semanas antes de conseguirmos fechar as portas para ela, quando, então, éramos, na falta de palavra melhor, amigos.

Começamos pelos locais onde uma jovem branca não chamasse atenção.

– Naguib Mahfouz vinha aqui para escrever – contou Omar uma noite, sob um barulho infernal. Estávamos no Fishawi's, um café badaladíssimo dentro de um dos maiores bazares de especiarias do Cairo. – Ele se sentava naquele espaçozinho ali. Tem uma matéria de jornal emoldurada logo acima do banco onde ele ficava.

Olhei: em um quadrinho sob uma luz quente atrás de nós, havia uma foto de jornal do egípcio ganhador do prêmio Nobel.

– Adorei *Os filhos do nosso bairro* – contei, com a voz meio perdida na barulheira.

– Você leu? – indagou, surpreso.

– A tradução. Nos últimos dois anos da faculdade não fiz muito além de ler romances árabes depressivos.

– Por quê? – Omar pareceu tão revoltado que eu ri.

– Eu estudava literatura árabe. Era obrigatório. Pelo visto, não há romances com finais felizes na literatura árabe.

– Por isso não os lemos. A vida real já é suficientemente triste. Não suporto Mahfouz.

Ri novamente, pensando em meu professor de literatura árabe, um sujeito muito sério. E era verdade: de todos os egípcios que eu viria a conhecer, pouquíssimos liam por prazer e menos ainda liam ficção. Omar estava entre a pequena minoria de leitores por prazer e possuía várias prateleiras de obras históricas, filosóficas e religiosas, mas eu jamais veria um romance em suas mãos.

– Estou escrevendo um romance – anunciei, toda semgraça.

– Por favor, não se ofenda se eu jamais o ler.

– Imagina, de jeito nenhum. – Sorri e me dei conta de estar flertando um pouquinho.

Após sairmos do café, fomos caminhar ao longo do Nilo. O ar estava úmido e pesado, levemente azedo.

– A propósito, muito obrigada.

Omar fez um gesto como se dissesse "ah, para com isso".

– Gosto de levá-la para conhecer o Cairo. É a parte fácil.

– Qual é a parte difícil?

– Mostrar a sociedade do Cairo. É muito diferente.

Na época, não me ocorreu questionar a razão de ele dizer aquilo. Não estava acostumada com insinuações. No Cairo, o interesse e a afeição devem ser inferidos e não declarados diretamente. Entre as classes médias, pouco se namora e um pedido de casamento deve ser feito antes que os jovens tenham a permissão de se encontrarem a sós. Eu não atentei ao fato de que minha amizade com Omar já descambava para uma situação indefinida, pois às vezes nós nos encontrávamos a sós – sempre em público e com certo nível de formalidade, mas sem qualquer supervisão.

No começo, ele me tratava como uma irmãzinha querida e ingênua. Respondia pacientemente às minhas perguntas sobre língua, protocolo e o propósito de objetos aleatórios – luminárias do Ramadã e borlas de crinas equinas, olhos de Deus, pombais. Sua curiosidade sobre os Estados Unidos, com exceção da música, era infinitamente menor. Era o primeiro a ouvir ritmos africanos em jazz e escalas pentatônicas em hip-hop, sempre que qualquer um dos gêneros tocava na Nilo FM. Adorava combinações de gêneros musicais diversos e falava sobre criar uma banda de rock que incluía alaúdes e tablas indianas.

– Eu tocava numa banda de heavy metal – contou sorrindo, em uma noite quando estávamos em um show de música experimental no Opera House. Ficamos no teatro ao ar livre, um pátio, abaixo do nível do chão, rodeado por uma varanda. – Antes de eu desistir do Ocidente. Vestia muita roupa preta e cordões com cruzes ansatas.

Eu o olhei surpresa.

– Eu também. Deus... Você era gótico.

– O que é gótico?

– O que você era. Uma pessoa que veste preto, usa cruz ansata e escuta heavy metal.

Ele franziu a testa.

– Mas a cruz ansata é um símbolo egípcio.

– Exatamente por isso a achávamos tão legal. Vida eterna, múmias, vampiros, coisas do tipo.

– E você era assim? – Ele ergueu as sobrancelhas.

– Era. Na época, o heavy metal já estava morrendo... ouvíamos Nine Inch Nails, Front Line Assembly e Delirium. Tingi o cabelo com mais ou menos umas dez cores diferentes.

– Nunca ouvi falar nessas bandas aí. Eu ouvia Black Sabbath.

Gargalhei.

— Quando? — indaguei.

Ele se inclinou para trás, apoiando-se nos cotovelos. Estávamos sentados em almofadas na beirada do teatro, sobre degraus que davam na varanda.

— No início dos anos 1990. Eu estava terminando o ensino médio. Talvez nos dois primeiros anos da faculdade.

— Comecei o ensino médio em 1995. Então fomos góticos quase na mesma época.

Fiquei encantada com o fato.

— E agora você está com 21 anos? Sou sete anos mais velho.

— Não é tanta coisa — reagi defensivamente.

— Não é tanta coisa para o quê?

Enrubesci.

— Ah, assim de maneira geral.

— Ah. — Ele sorriu. — Tudo bem.

Após o concerto, voltamos ao sul do Cairo de táxi, passando pelas curvas do bulevar à beira do Nilo chamado Corniche. Mais adiante, na água, viam-se as velas brancas dos barcos pesqueiros e de passeio. De alguma forma, acabamos falando sobre o amor; Omar me disse haver quatro palavras diferentes para o amor em árabe.

— *Hob* é amor-amor — disse baixinho para que o taxista não ouvisse. Com as mãos, fez um movimento no ar criando uma forma para comunicar algo abstrato demais para se falar em inglês. — *Hob* pode ser de qualquer pessoa, por qualquer coisa; a gente sente *hob* pelos nossos pais, irmã, um amigo do peito. Pelo livro preferido ou por uma deliciosa manga. Ou pela pessoa pela qual estamos apaixonados.

— *Habibi* vem de *hob* — eu disse, reconhecendo a ligação entre *hob* e uma das primeiras expressões que todo novato no Egito aprende: Meu querido.

Habibi aparecia no refrão de toda música popular e era usada ardentemente como referência a amigos muito próximos e, de forma condescendente, a subalternos.

— Sim, *habibi* vem de *hob*. Exatamente. Então vem *aishq*.

A palavra começava com a letra *ayn*, a mesma que dava início ao nome dele. Não era exatamente nem uma vogal, nem uma consoante, e começava lá no fundo da garganta.

— *Aishq* une duas pessoas. Elas não se tornam uma coisa, mas fazem uma coisa. — Ele ergueu as mãos e uniu os dedos novamente. — *Aishq* é o que se sente pelo cônjuge, por Deus. Bem, às vezes. Não sei se o que estou dizendo faz sentido em inglês.

— Faz todo sentido sim.

O táxi parou primeiro em meu prédio. Omar saiu para sentar-se ao lado do motorista, seguindo o costume entre os homens quando não estão acompanhados por mulheres. Antes de se sentar na frente, ele estendeu a mão para apertar a minha, como sempre fazia ao se despedir. Por um instante, com as duas mãos, apertou a minha. Descobri que não conseguia olhá-lo nos olhos. Então ele desapareceu dentro do táxi, recusando-se a dividir a corrida comigo. Levei a mão ao rosto e inalei. Sob o cheiro de poeira, senti o leve aroma de sabonete.

Jo retornou ao Egito um pouco antes da data marcada para o início de nosso estágio. A Language School tinha um campus enorme em Gizé, de onde viam-se as pirâmides. Por fora, parecia-se muito com o campus de um colégio de subúrbio nos

Estados Unidos – lá dentro, entretanto, havia uma série de salas de aulas, todas no concreto, sem aquecedor ou condicionador de ar. Filas de carteiras ficavam de frente para quadros brancos. Os banheiros eram muito encardidos, com bidês imundos. Apesar disso tudo, a LS era considerada uma escola do mais alto gabarito e seus preços faziam jus à reputação.

– Falta pouco para isso aqui ficar com um visual deliberadamente ultramoderno, tamanha é a falta de decoração – observou Jo quando chegamos, no primeiro dia de estágio.

– Não julgue. – Lancei-lhe um olhar condescendente de professora.

Jo enrugou o nariz e deu uma risadinha. Ao chegarmos à biblioteca, animamo-nos quando vimos os outros professores. Os docentes estavam divididos uniformemente entre estrangeiros e egípcios e quase tão uniformemente entre homens e mulheres. Entretanto, enquanto a palavra *estrangeiro* denotava a mesma coisa por todo o recinto – éramos todos cultos, de classe média, vestidos de forma ambígua meio que sem estilo, como expatriados –, a palavra *egípcio* cobria um grupo muito mais diverso. Alguns vestiam roupas mais tradicionais, outros, porém, calçavam sapatos italianos e jeans escuros e falavam inglês entre si. Desse grupo, as garotas eram particularmente simpáticas e se entrosavam com os professores expatriados, descobrindo seus nomes e se apresentando. Eu e Jo adoramos aquele clima intimista, aquele entra e sai de professores trocando saudações aos berros, fazendo piada sobre o peso ganho e perdido durante o verão.

Olhei em volta, procurando Omar. Estava sentado nos fundos da sala com um grupo de professores que conversavam baixinho em árabe. As mulheres, em sua maioria, cobriam as cabeças e vestiam túnicas folgadas em tons de verde e ocre.

Os homens trajavam camisas sociais cuidadosamente passadas. Algo nos vincos tão firmemente marcados transmitia uma impressão de desespero, como se fosse muitíssimo importante para esses homens passarem uma ótima impressão. Quando o vice-diretor solicitou a atenção de todos, sentei-me rapidamente na cadeira ao lado de Jo, incomodada; senti que não seria adequado aproximar-me de Omar ali. Havia dois Egitos na sala: o da classe superior ocidentalizada e o dos tradicionalistas. Como ocidentais, eu e Jo fomos imediatamente consideradas partes do primeiro grupo. Percebi que nas duas últimas semanas Omar apresentara-me ao seu Egito – um lugar insustentável ao qual eu não pertencia.

Continuei a me virar discretamente, olhando em sua direção, tentando ler sua expressão. Ele escutava atentamente o vice-diretor, com os braços cruzados; volta e meia inclinava-se e fazia comentários com o homem perto dele. Não o peguei olhando para mim nenhuma vez. Observei Jo tomando notas no bloquinho e bolei meu próximo passo.

Quando fomos almoçar, eu o embosquei.

– Oi, como está? – Tentei parecer meio alegre e meio reservada.

– Entediado – respondeu sorrindo. – Nada do que estamos discutindo pode ser aplicado em uma sala de aula egípcia. Esse treinamento foi feito para professores ocidentais.

Seu sotaque parecia mais pesado do que antes.

– Não é por isso que está chato – eu disse, e ele riu.

Fizemos uma pausa.

– O que vai fazer depois do expediente? – perguntei, finalmente, e me odiei por ter sido tão direta.

Omar encolheu os ombros e respondeu:

– Ligo pra vocês à noite.

– Se quiser. Quer dizer, se estiver livre. Não se sinta obrigado a arranjar coisas pra gente fazer.

Senti o rosto enrubescer e achei meu comportamento infantil.

– Não me sinto obrigado não – ele disse e se virou para a mesa.

Omar ligou naquela noite, querendo nos apresentar a Nuri, um de seus amigos mais chegados. Fomos os quatro a um café em Maadi. Assim que fizemos os pedidos, Jo pediu licença para ir ao toalete, lançando-me um olhar que me inspirou a fazer o mesmo. Quando fechamos a porta, ela olhou para mim alarmada.

– São dois caras e duas garotas! Isso aqui é um encontro amoroso?

– Credo – sussurrei e dei um sorriso forçado.

Ela provavelmente tinha razão: pelo que eu sabia, pouquíssimas egípcias solteiras apareciam em público acompanhadas de rapazes, exceto em grupos grandes e mistos. Sem saber, Ben namorou uma garota por várias semanas e só descobriu isso mais tarde.

– E agora, gente? – indagou Jo.

– Não sei. Talvez seja melhor fazer a linha ultraconvencional pra eles se tocarem.

– Talvez. – Ela jogou a cabeça para o lado com uma expressão de menina travessa. – Se for um encontro amoroso, quem está com quem? Nuri está de frente pra você e Omar, de frente pra mim.

Senti uma pontada de ansiedade. Caso eu entrasse de gaiata naquela situação, não queria que fosse com a pessoa errada.

– Você acha mesmo que Omar se aproveitaria da gente assim? – Jo ficara séria.

– Não, acho que não. Vamos ver o que acontece.

Retornamos, olhando para baixo, feito duas santinhas. Minha intenção era de falar o mínimo, mas Nuri falava pelos cotovelos; não demorou muito e lá estava eu de papo.

– Não acredito que você vai dar aula de história americana – ele disse, olhando-me sobre a borda da xícara de café. Seu inglês era excelente e letal. – Essa criançada mal conhece a própria história. É exatamente essa invasão da cultura ocidental que o Egito está fazendo de conta que não vê.

– Por mim, eu lhes ensinaria a história deles – afirmei –, mas não fui eu quem decidiu o programa.

– Quando tentamos ensinar nossa própria interpretação da história do Oriente Médio, somos repreendidos pela diretoria – disse Omar, em minha defesa. – Eles assistem ao que acontece nas escolas que usam o currículo americano.

Nuri pareceu contrariado.

– Talvez, talvez. Só que a moda agora é a criançada não saber ler nem escrever em árabe. Dá pra acreditar?

– Que exagero! – exclamou Omar.

Nuri sorriu.

– Antes você se preocupava com a decadência da língua árabe, *ya* Omar. – Ele se virou para nós. – Sabiam que ele se recusou a falar inglês por quase sete anos?

– Fiquei mais moderado depois disso – disse Omar envergonhado, para depois fazer uma pausa. – Agora está difícil: tenho amigos liberais e conservadores. Amigos egípcios, amigos *khawagga*, um de uma religião, outro de outra. Perdi o parâmetro de referência.

— Que se dane seu parâmetro de referência! — exclamou Nuri, bebendo as últimas gotas de café na xícara. — Temos de criar o nosso. Devemos ser boas pessoas antes de tudo.

— O cara acaba se isolando — disse Omar em voz baixa. — Sem um ponto de vista que se encaixe minimamente no sistema, o cara se isola.

Levantei a cabeça e o olhei, surpresa.

— Entendo perfeitamente — garanti.

Mais tarde, Omar nos deixou em casa, e Jo deu um jeito sutil e educado de perguntar se aquele fora, na verdade, um encontro amoroso.

— Não! — disse Omar aos risos. — Levei Nuri por ser, dentre os homens que conheço, um dos únicos que consegue ver as mulheres como amigas. Então confiei nele. Não, não foi um encontro romântico.

— Que bom! — Jo riu também. — Não achávamos que você fosse fazer isso conosco, mas tínhamos que ter certeza.

Quando o táxi de Omar desapareceu na poeira, minha frustração era maior que meu alívio. Jo e eu chutamos os sapatos logo na entrada e fomos à cozinha comer manga. Repousei a cabeça no balcão de granito frio.

— Estou apaixonada — anunciei.

Jo arregalou os olhos.

— Sério?

— Sério.

— O caso é grave?

— Gravíssimo! Muito grave mesmo.

Ela parou, segurando a manga com as duas mãos.

— Acha que é uma boa ideia?

— Estou quase certa de que é uma péssima ideia.

— O que vai fazer? — Jo deslizou uma faca sob a casca da manga, soltando no ar aquele delicioso aroma.

— Talvez nada. — Levantei a cabeça e fiz uma careta para ela. — É complicado demais.

Foi, pensei, a maneira mais educada de dizer o que eu achava. Em minha cabeça já estava incutida a ideia de que os homens do Oriente Médio eram misóginos perigosos. Foi isso que a televisão, o cinema e os jornais sempre me passaram. Confirmei isso depois que me assediaram e lançaram-me tantos olhares no Cairo. O que me impedia de articular tudo isso era um fino verniz de formação liberal, mas nem tal coisa me dava um contra-argumento — apenas a vaga crença de que não era bacana generalizar.

— Não vai contar pra ele? — indagou Jo.

— Se o sentimento não for recíproco, provavelmente não nos veríamos mais. Pelo jeito ele não abriria mão dessa atitude decente. Além do mais, haveria muitas barreiras culturais. — Olhei para ela, achando não precisar ser explícita após esse discurso politicamente correto. — Certo?

Jo sorriu.

— É claro que haveria barreiras. Mas Omar não é um cara qualquer. É inteligente e muito afeiçoado a você.

— Ai, que droga. — Voltei a repousar a cabeça no balcão, sentindo-me culpada. — Você tem razão. É besteira minha.

Incomodava-me a dificuldade de separar Omar das multidões sem face dos homens do Oriente Médio que eu aprendera a temer. No fundo, estava a lição que eu aprendera assistindo ao filme *Nunca sem minha filha* e lendo histórias de terror em revistas femininas: eles sempre *parecem* legais. Só depois de ter-nos envolvido com eles é que, por trás da fachada, descobrimos a realidade fundamentalista do assassinato pela honra e do aprisionamento de esposas. Haveria camadas da personalidade de Omar que eu não conseguia enxergar? Fiquei insegura com essa possibilidade.

— Estou muito confortável — eu disse a Jo, pedindo um pedaço de manga com a mão esticada. — Esse é o problema. Para mim é muito confortável não enfrentar a questão. A palavra negação começa com N, a primeira letra do nome de um rio no Egito. É o meu lugar. Dá pra ver esse rio pela janela.

Jo achou graça. Inconscientemente, eu tinha me diagnosticado: estava de fato confortável. Agradava-me a possibilidade de evitar complicações de choques culturais. Ser uma não muçulmana era tão agradável que eu mantinha minha nova religião em segredo e rezava sozinha com a porta trancada. Nem mesmo a pessoa para quem eu mais queria contar, a pessoa que eu não conseguia tirar da cabeça, fazia a menor ideia de minha conversão. Para o resto do mundo, eu era uma garota branca, norte-americana, de classe média alta, com visões políticas imparciais e convicções refinadas e, nessa cobiçada camada social, eu era feliz. O *status quo* fora bom para mim. Eu relutava a abandoná-lo — mesmo por amor, mesmo por Deus.

Estrada Nove ao entardecer

> Não devo falar-te – devo pensar em ti quando estou só,
> ou quando acordo sozinho à noite,
> Devo esperar – não duvido de que te reencontrarei,
> Devo garantir que não te perderei.
>
> – Walt Whitman, "To a Stranger"

Arranjávamos desculpas para nos encontrar. Qualquer afazer, grande ou pequeno, requeria a companhia um do outro: havia ali um acordo silencioso. Eu recusava convites para jantares e festas em tavernas de expatriados de forma a ir com Omar a *souks*, alfaiates ou cafés ao ar livre onde eu era a única ocidental. Comecei a esperar ansiosamente pelos telefonemas dele depois do trabalho, quando eu e Jo preparávamos uns pratinhos com pão e azeitonas e ficávamos na sacada observando a paisagem enevoada. À noite, Jo sempre saía com os colegas de trabalho; eu não fazia nada que não incluísse Omar.

Uma noite ele ligou, todo triste, dizendo:

– Preciso ir ao dentista. Não adianta adiar. Só que primeiro eu quis ligar pra dizer boa noite, já que só vou lhe ver amanhã.

– Não gosta de ir ao dentista? – perguntei, zombando.

– Odeio. Pra falar a verdade, tenho até medo. – Omar riu de si mesmo.

– Ajudaria em alguma coisa ter alguém acompanhando? Se quiser, eu vou.

– Você iria?

Esse era um passo além de nossa codependência prestativa.

– Claro que sim.

Meia hora depois, lá estava ele.

– Você não precisa fazer isso. Não quero que fique entediada.

– Não seja bobo.

Joguei uma túnica sobre a camiseta ao deixar o apartamento. Ainda era noitinha, e um aroma úmido e suave tomara conta do ar de Maadi. Cruzamos a poeira na direção da Estrada Nove, uma rua elegante, toda arborizada, onde o novo e o velho se misturavam. Apesar de sua antiaristocracia na maioria das coisas, Omar era seletivo com dentistas.

– É a terceira parte de um canal – explicou, enquanto caminhávamos. – Fiz a segunda parte um pouquinho antes de vocês chegarem.

– Devia estar doendo muito.

– Estava mesmo.

– Eu não percebi nada.

– Eu não quis que você achasse que eu estava fazendo corpo mole.

Ele sorriu. Segurei um sorriso, feliz com esse pequeno sinal de que ele se importava com minha opinião a seu respeito.

Uma vez que não éramos casados, noivos nem parentes, foi um interessante exercício mental decidir como nos acomodaríamos na sala de espera do dentista. Primeiro, sentei-me em um sofá na frente de Omar, separado de mim por uma mesinha de centro. Achei aquilo apropriadamente ambíguo. Ao perceber um homem inclinado a me passar uma cantada, saí do sofá e sentei-me próxima a Omar. Senti uma pontinha de alívio quando ele se virou para mim com um ar protetor.

– Você parece nervoso.

Ele balançou a cabeça negativamente, com a boca fazendo uma expressão sofrida.

– É como uma fobia – murmurou. – Fobia de dentista.

– Sabe o que aprendi que ajuda em momentos como esse?

– Conta.

– Brincar de jogos de palavras. Eu digo o nome de um famoso então você diz outro cujo primeiro nome começa com a primeira letra do sobrenome do famoso que citei. A gente acaba se esquecendo das coisas.

– Não entendi.

– Assim: eu digo Gary Oldman e você diz...

– Omar Sharif?

Fiz uma pausa.

– Não existe a letra "Sheen" em inglês. Ih, estou vendo que o elemento bilíngue vai criar problema.

– Ah, deixa pra lá. Não está ajudando.

Com a mão, escondi um sorriso. Uma assistente chamou o nome de Omar e ele a acompanhou até a sala de exame, virando levemente a cabeça para lançar-me um olhar sofrido. Assim que ele se foi, senti-me isolada, sob os olhares atentos dos outros pacientes na sala de espera. Tentando parecer ocupada, folheei umas revistas de beleza egípcias que estavam na mesinha de centro. Em algum canto, lá pelos canfudós do consultório, uma broca foi ligada. Tentei segurar o riso ao pensar em Omar, tão centrado e sério, submetendo-se ao temido dentista feito um cordeirinho. Esse foi, de longe, o mais esquisito dos encontros não amorosos de minha vida.

Quatro anos atrás – não, dois anos atrás – eu não poderia ter imaginado isso, pensei. Não teria imaginado que eu *para-*

ria de beber aos 21 anos, ou que um consultório dentário pudesse se tornar a cena de um romance clandestino. Eu caíra de paraquedas no islamismo e no Egito sem planos nem expectativas. Não sabia quem eu me tornaria, depois de fazer escolhas que me desviavam tão dramaticamente do caminho que fui criada para trilhar. Tudo, desde os ataques de 11 de setembro até os bandidos árabes nos filmes de ação, fazia-me temer que essas escolhas acabassem em tragédia. No entanto, elas me levaram a alguém familiar desde o momento em que apareceu a minha porta, alguém que se preocupava o suficiente para traduzir essa nova realidade confusa para uma língua que eu compreendia.

Omar reapareceu uma hora depois, abatido, porém aliviado.

– *Yalla?* – Ele segurou a porta para mim e sorriu quando olhei para trás.

– Quer dizer... – Hesitou, seguindo-me lá fora naquele calor úmido. – Estou muito feliz por você ter vindo. Obrigado.

Senti sua mão pairando sobre meu ombro. Uma parte de mim queria parar de repente e esbarrar com seus dedos esticados, de forma que ele pudesse me tocar sem se sentir culpado. Mas não era certo. Continuei andando e tomei uma decisão.

Durante um intervalo no treinamento no dia seguinte, perguntei a Omar se podíamos conversar em particular depois do expediente. Mantive a voz e a postura cuidadosamente neutras; se alguém nos ouvisse, haveria um escândalo. Por um instante, Omar pareceu assustado. Recuperando-se, ele concordou no mesmo tom. Apenas seus olhos traíam a ansiedade e, pensei, a esperança. Passamos o resto do dia muito próximos um ao outro, só que não mais nos falamos.

Depois do expediente, quando Jo saiu para fazer uns cartazes com uma colega, Omar foi até nosso apartamento. Quando ele passou pela porta, senti um desconforto – embora já tivéssemos percorrido toda a cidade juntos, aquela era a primeira vez em que nós nos encontrávamos a sós. A simples intimidade gerada pelo fato de estar ali perto dele em um recinto fechado foi quase assustadora. A cidade do Cairo sempre estivera lá de olho; eu estava acostumada àquilo.

– Eu te amo – disparei, toda apressada. – E sei o que isso vai significar. Sei que não é nada banal, ainda mais desde que... – Fiquei sem ar e engoli saliva. – Mas eu precisava dizer alguma coisa. Desculpa.

Fiz uma careta. Não era para eu dizer isso assim de maneira tão deselegante e direta.

Um sorriso despontou no rosto de Omar e depois desapareceu; então retornou, feito o sol entre duas nuvens.

– Me dê sua mão – ele disse, esticando a mão. Aquele era um pedido formal. No Egito, a confissão de um amor e uma proposta de casamento são a mesma coisa, então, para nós, o casamento veio como o amor; uma emoção ao invés de uma decisão. Até o dia em que oficializássemos, perguntaríamos um para o outro: "Quer casar comigo?" quase sempre que houvesse uma brecha na conversa; mas a proposta verdadeira foi feita e aceita naquela tarde quando ele tomou minha mão. Nunca tivéramos um encontro amoroso de verdade. Nunca nos beijáramos. Conhecíamo-nos havia pouco mais de um mês.

– E tem mais uma coisa – continuei, hesitante. Omar olhou para mim cheio de expectativas. Forcei as palavras para que se organizassem em minha língua. – Sou muçulmana.

Omar jogou-se para frente, com uma expressão de profundo alívio.

– Graças a Deus. Graças a Deus. Isso facilita tanta coisa!

– Você não ficou tão surpreso – observei, rindo.

– Tem razão. – Omar consertou a postura e sorriu para mim. – Acho que é porque eu jamais me apeguei espiritualmente assim a uma não muçulmana. Sempre rolou uma similaridade entre nós, dessa forma. Não, não estou surpreso – ele envolveu-me os ombros e abraçou-me bem de perto. – Estou simplesmente muito, muito feliz.

Ao sentir a textura da camisa e o calor do ombro que me acolhia, acalmei-me de toda minha ansiedade. Depois que se descobre que o mundo premia a fé inconsequente, não há mais outro mundo que valha a pena se contemplar. Omar tocou-me o cabelo, riu e disse que não tinha palavras para descrever-lhe a cor. Enrolou uma mecha no dedo e a beijou. Afirmou haver muitas coisas que ele vinha esperando para me dizer bem antes de ver meu rosto ou saber meu nome.

Omar morava com a mãe divorciada e um irmão mais novo na fronteira de Tura, um bairro industrial ao sul de Maadi. Jo e eu déramos uma rápida passada no apartamento deles uma vez, ocasião em que cumprimentamos apressadamente sua mãe, Sohair, uma mulher impressionante, já com seus 50 anos, olhos bem contornados com lápis preto. Surpreendeu-me o fato de Omar, aos 28 anos de idade, ainda morar com a família. É que no Egito isso é normal – a maioria dos egípcios fica com os pais até se casar. Valoriza-se muito a interdependência (em detrimento da independência); morar só e se manter com os próprios recursos é visto como antissocial. Até eu descobrir que todos os meus colegas e amigos solteiros ainda moravam com os pais, achei difícil processar a informação.

O fato de Omar desaparecer todos os dias para visitar uma norte-americana não passou despercebido. Na noite após nosso noivado, Omar me ligou contando que anunciara nossas intenções à família. Falou em um tom pragmático, como se discutíssemos planos para um jantar ou um passeio pelas pirâmides.

– Você contou pra eles? Assim, pá-pum? – Roí as unhas.
– Pá-pum – respondeu, com a voz firme e animada.
– E eles não deram um ataque?
– Não. Apesar das óbvias preocupações, estão felizes por nós. Querem que você venha almoçar para que possamos conversar todos.

Embora os pais divorciados de Omar não fossem tradicionais – tinham sido esquerdistas seculares nos primórdios da revolução –, ainda era chocante um jovem noivar sem antes pedir a permissão dos pais. Omar não temia parecer excêntrico. Quando sua geração tornou-se religiosa, desafiando as tendências ocidentalizadas e socialistas dos pais, ele criou seu próprio caminho não ortodoxo. Defendeu sua música contra os fundamentalistas e sua religiosidade contra os céticos, em um tempo em que pressionavam-se as pessoas para tomar um partido. Ao simplesmente anunciar que se casaria comigo – sem nenhuma fanfarra nem apologia – ele estava dizendo que não toleraria qualquer oposição.

No dia do almoço, passei meia hora tentando decidir o que vestir. Eu ainda estava me arrumando quando Omar chegou para me pegar.

– Sinto-me como se estivéssemos fazendo algo errado – desabafei enquanto calçava os sapatos. – Não gosto de aparecer assim, do nada, dizendo, "Oi, sou sua futura nora branca, norte-americana e muçulmana enrustida. Trouxe-lhe umas flores e uma catástrofe".

Omar fez que não com a cabeça.

– Não estamos fazendo nada errado. A decisão é nossa. – Sorriu. – Todos vão gostar de você.

– Todos? – Levantei a cabeça e lancei um olhar sedutor.

– Sim, todos – Ele apertou minha mão. – Eu te amo.

Quando chegamos ao apartamento, eu o observei mais atentamente do que na primeira vez em que os visitei. Era um espaço aconchegante: dois quartos bem pequenos e uma cozinha logo após uma sala principal que servia de sala de estar e de jantar. Por todo o apartamento havia milhares de livros espalhados. Em quase todas as paredes, prateleiras acomodavam livros de filosofia e história em árabe, romances em inglês e francês, que disputavam espaço com algumas plantas e uma foto emoldurada de Gamal Abdel Nasser, líder da revolução egípcia. Em um enorme sofá na sala principal estavam os dois *ouds* de Omar – ancestrais do alaúde – e uma guitarra.

A mãe de Omar, Sohair, veio nos cumprimentar. Suspirei ao vê-la sorrir.

– Olá, minha querida – disse-me, dando-me dois beijinhos.

– Venha se sentar, por favor. Aceita um chá?

Outra pessoa apareceu do canto do corredor: era Ibrahim, irmão caçula de Omar. Veio para a sala com os olhos bem abertos, brilhantes, com a mão esticada. Era mais claro que

Sohair e Omar – quando criança fora ruivo, uma característica da família do pai, original do Delta do Nilo. Era seis anos mais novo que Omar, um ano mais velho que eu.

– Ahlan – disse, apertando-me a mão. – Conhece *ahlan*? Significa bem-vinda.

– Conheço *ahlan* – respondi, sentindo-me repentinamente tímida.

– Ela estudou árabe na faculdade – explicou Omar. – Ela conhece uma porção de palavras.

– Nem tanto. Descobri que tudo que sei é inútil. Sei dizer que a nova secretária é libanesa, mas não sei pedir informações na rua.

Ibrahim riu.

– Ah, tudo bem. Vamos lhe ensinar tudo o que você quiser aprender.

Enquanto conversávamos os quatro, comecei a relaxar. Sohair e Ibrahim perguntaram-me sobre meu passado e minhas expectativas, sempre muito gentis e sem julgamentos. Apesar da maneira heterodoxa e repentina com que anunciamos a novidade, eles ficaram visivelmente felizes e um pouco aliviados por Omar ter encontrado alguém com quem ele quisesse se casar. Pelo que percebi, ele tinha sido chatinho com as possíveis candidatas no passado. Não era comum que uma pessoa muito religiosa tivesse interesses tão diversos e artísticos como os de Omar, o que tornava a busca de uma esposa mais difícil do que de costume. Quando Omar decidiu que se casaria apenas com uma mulher religiosa e intelectualmente independente, sua mãe o mandou cair na real. Já estava com quase trinta anos, idade em que os egípcios devem escolher uma esposa e sair de casa. Ela achava que já estava na hora de ele se decidir.

Sohair era revolucionária. Embora o sonho de Nasser de um Egito democrático e industrial jamais tivesse se realizado, ela não perdia a esperança. Sua energia e seu idealismo eram formidáveis: quando tinha a minha idade, ela se relacionava com políticos esquerdistas e obteve um diploma de tradutora enquanto estava grávida de Omar. Divorciou-se do pai de seus filhos quando Omar estava no ensino médio. Depois, criara os meninos sozinha, recusando ajuda de parentes e amigos. Em anos recentes, viajara pela Europa e oeste da África como tradutora; dentro de alguns anos, viajaria até a nascente do Nilo com um grupo de mochileiros com a metade de sua idade. As dificuldades que enfrentara na juventude não se registraram em seu coração – seu otimismo era ilimitado; Sohair era mais destemida em seus 50 anos do que eu aos 21.

– Você se dá bem com seus pais? – perguntou-me durante aquele primeiro almoço.

– Sim – respondi, toda nervosa, passando o dedo na borda da xícara. – E não quero esconder nada deles. Só acho que é mais coerente contar pessoalmente, depois que tiverem conhecido Omar.

– Quando virão aqui?

– Em dezembro, para o Natal. Faltam só dois meses, então... – Fui baixando a voz até parar, e mais uma vez passei o dedo na borda da xícara.

Dois meses não era muita coisa, mas o suficiente para eu me sentir culpada por esconder algo tão importante.

– A escolha é sua – disse Sohair, dando-me um tapinha na mão. – Se acha que é melhor assim, assim faremos.

Fizemos uma refeição tradicional, com carne moída preparada com massa folhada, arroz e salada de pepino. Ibrahim falou das músicas românticas dos anos 1970 e de seu medo de escorpiões. Achei graça quando ele e Omar discutiram por causa de bandas de heavy metal. Mais tarde, Ibrahim diria aos parentes: "Meu coração está aberto para ela", acalmando os temores que pudessem ter da noiva americana de Omar. Senti-me segura sentada na luminosa sala de estar com Omar e as pessoas que melhor o conheciam. Ao mesmo tempo, fiquei imaginando se eu merecia a confiança de Sohair – eu não estava certa se sabia o que era melhor. Nem tinha ideia do que eu estava fazendo.

O pai de Omar era um artista e morava sozinho em outro andar do mesmo prédio em Tura, em um apartamento entulhado confortavelmente com as provas de seu ofício: pincéis em potes de aguarrás, paletas secando sobre jornais, telas encostadas nas paredes.

– Minha querida Willow – ele disse quando Omar nos apresentou, enunciando cada palavra. – Não és nada menos que preciosa.

Chamava-se Fakhry, mas para mim ele sempre foi Amu Fakhry, com a palavra para *tio*, expressando meu respeito por ele como uma pessoa mais velha. Estava com sessenta e poucos anos e se cansava facilmente devido a uma complicação cardíaca, mas seus olhos expressivos eram joviais.

– É um prazer conhecê-lo – anunciei e dei-lhe um beijo no rosto. Entreguei-lhe o buquê de flores que eu comprara em uma loja local. Ele sorriu, encantado.

– São lindas – disse, colocando-as em um vaso verde de vidro. – A cor, tudo é bom. Presto atenção a essas coisas porque sou pintor. Busco os detalhes.

Olhamos alguns de seus quadros. Apreciava Picasso e copiara diversas pinturas do mestre. Uma tela baseada no *Le repas frugal* chamou-me a atenção.

– Nossa, que lindo! – exclamei.

– Gostou? – Amu Fakhry ficou feliz. – Então, quando eu terminá-lo, será seu.

– Eu odiaria tomá-lo do senhor...

– Não, você precisa aceitar – disse Amu Fakhry. – Arte não é para o artista. Arte é para os outros.

Trocamos sorrisos concordando silenciosamente. A partir daquele momento, tornamo-nos aliados e coconspiradores. O quadro que admirei chegaria embrulhado a minha porta várias semanas depois, com uma adição: o buquê de flores que eu dera a Amu Fakhry aparecera na mesa próximo ao cotovelo da figura central, pintado em borrões de rosa e verde.

É muito fácil esconder segredos de pessoas que moram a milhares de quilômetros de distância. É muito menos fácil escondê-los de uma companheira de apartamento. Eu queria dar as boas novas a Jo, mas tinha medo de sua reação. Se eu lhe dissesse sobre o noivado, teria de contar-lhe sobre a conversão também e eu ainda não estava preparada para falar sobre aquilo com alguém cujas opiniões acerca de religião eram tão fortes.

– Sempre que vejo a palavra Deus, meu cérebro desliga – disse-me uma tarde enquanto caminhávamos em Maadi. Depois do anúncio de uma morte na família de Jo, uma colega lhe dera um livro com ensaios e ditados inspiradores. Ela o lera de cabo a rabo, mas não funcionou.

– Vejo o livro inteiro com desconfiança, mesmo as partes de que eu gosto. Tem algumas ideias lindas, mas não consigo ler Deus, Deus, Deus e levá-las a sério.

– Por que não? – indaguei.

Caminhávamos por uma rua que chamáramos de Estrada do Gato Morto, por causa de uma carcaça de gato malhado, toda inchada, jogada ali por semanas. Íamos para o meio da rua, evitando passar por perto.

– A palavra não significa nada positivo para mim – disse Jo. – Não sou religiosa e tenho a sensação de que as pessoas tentam enfiar Deus em minha vida de um jeito desonesto e manipulador.

– Nem todo mundo considera Deus um homenzarrão branco que flutua sobre o teto da Capela Sistina apontando para as pessoas – eu disse irritada. – Você poderia pensar nele como algo mais etéreo e universal.

O comentário causou um sorriso.

– Eu poderia, mas isso faz com que eu me esforce demais como leitora, o que significa que o livro não é bem escrito o suficiente para prender minha atenção sem usar a palavra Deus como muleta.

– O quê? – gritei. Um *boab* na porta de um prédio próximo olhou para mim. Eu o ignorei. – Está dizendo que um livro é mal escrito quando contém a palavra *Deus*?

– Sim. É isso que estou dizendo.

Respirei fundo, inalando o cheiro do gato morto, e comecei a tossir. Continuamos a caminhada pela estrada em um silêncio filosófico.

Dias depois, Omar nos convidou para observar uma aula em Beyt al Oud, a escola de música onde ele estudava com o professor iraquiano de alaúde, Naseer Shamma. A escola funcionava em uma casa do século XVIII, construída ao estilo tradicional árabe – havia um pátio aberto chamado *salamlek*, onde se davam concertos e aulas grupais, e acima, uma série de salas secretas usadas para prática, onde antigamente ficava o harém. Enquanto Omar conversava com Naseer e seus alunos, Jo e eu explorávamos a casa, admirando o pé-direito alto, os tetos pintados e os degraus estreitos de pedra, e a sacada de treliça onde as mulheres da casa se sentavam para observar os homens, séculos atrás. Ali na sacada, contei a Jo que eu estava noiva de Omar. Uma aula estava em andamento lá embaixo, no *salamlek*, e pequenas melodias chegavam até nós uma a uma, umas alegres, outras tristes. Omar falava com Mestre Naseer próximo a um chafariz seco de ladrilho. Escondidas atrás da treliça, víamos tudo sem que ninguém nos visse. Jo apertou minha mão e não disse nada. Passamos mais alguns minutos ouvindo a música e então descemos de braços dados.

De volta ao apartamento, assim que ficamos a sós, começou o interrogatório.

– E quanto às questões religiosas? Não acha que vão ser um problema pra vocês?

– Eu sou muçulmana.

Jo imediatamente ficou preocupada.

– Você se converteu por ele?

– Não. Quando a gente se declarou um pro outro, eu já tinha me convertido. Ele não fazia a menor ideia de que eu era muçulmana até o momento em que tivemos a conversa sobre o casamento.

– Você se converteu antes? – A preocupação virou surpresa. – Quando? Posso perguntar o motivo?

Senti um nó no estômago. Parecia que eu estava de volta às aulas de Programas de Saúde na quinta série, quando separavam os garotos das garotas e nos ensinavam nomes em latim para nossa anatomia e os mecanismos do sexo, tudo com uma neutralidade tão cruel que, pensando agora, parecia até algo escrito por Kafka. Nunca consegui me livrar dessa reação à pergunta "Por que religião?". Para mim, pareceria sempre com uma aula de Programas de Saúde; como condensar algo inexprimível em uma série de *eventos*. Eu também sabia que ninguém ali estava me pedindo para explicar minha conversão, mas sim para defendê-la. Foi isso que mais me incomodou.

– Tentei ser ateia – expliquei com tristeza. – Não deu certo.

– Tá, tudo bem, mas por que o islamismo?

– Descobri que eu era monoteísta. Acredite, fiquei tão infeliz com isso quanto você está. Isso descarta o politeísmo. Também tenho problema com autoridade, o que descarta uma religião com sacerdócio ou um líder que se diz o representante de Deus na Terra. E não consigo acreditar que nos tendo dado esses corpos, Deus ache que devamos ser virgens a menos que sintamos uma necessidade desesperada de reproduzir. Isso descarta qualquer religião que se oponha ao planejamento familiar ou ao sexo por diversão. O islamismo é um monoteísmo antiautoritário, com uma atitude positiva em relação ao sexo.

– Atitude positiva em relação ao sexo? O *islamismo*? Ah, me poupe.

Lutei contra minha frustração.

– O islamismo considera o celibato doente e antinatural. A melhor forma para um muçulmano adulto viver é em uma relação comprometida e sexualmente agradável com outro muçulmano adulto. Parece muito correto.

– Você vê como tratam as mulheres aqui. Você anda nas ruas. Parece que somos animais sendo caçados! Se isso for atitude positiva em relação ao sexo, eu sou o papa!

– Não tiro sua razão. É nojento, hipócrita e errado. E acho que não haveria um único clérigo muçulmano que discordasse de você. Isso não é o islamismo. Isso é uma sociedade em queda livre. Esse lugar é uma bagunça. Hoje, *hoje*, o Egito está no ponto mais baixo de toda sua história.

Findo o discurso, percebi que apertava firmemente as mãos.

Pela janela, Jo olhou para a rua onde éramos assediadas diariamente. O Cairo estava infestado de homens desempregados, furiosos e infantilizados, que ainda dormiam nas mesmas camas que usaram quando pequenos e acatavam ordens das mães. Os pais das moças estavam cada vez mais exigentes nos contratos nupciais e nos dotes, pondo o casamento – e, consequentemente, a idade adulta – fora do alcance de muitos nesta geração assolada pela pobreza. À medida que a classe média encolhia, as expectativas maritais cresciam; com um bom casamento, uma garota de classe proletária podia ajudar a família a voltar ao nível social "respeitável". O maior objetivo de todos era ser *ibn i'nas* ou *bint i'nas*, filho ou filha de gente fina. O estresse que isso impunha aos homens de classe proletária era quase inimaginável. Esses eram os homens que nos caçavam e nos odiavam. A seus olhos, as mulheres, mercenárias sociais, os traíram, e uma sociedade obcecada por classes lhes negara a dignidade. Eu estava casando-me em um país prestes a explodir.

Jo voltou-se para mim e me analisou, seus cabelos louros e espessos iluminados pelo sol.

– Você está feliz? – perguntou-me.

– Sim, estou. – Era mentira; eu estava apavorada. Há poucas coisas mais aterrorizantes do que o amor em um território hostil. Apesar de minhas ansiedades, eu não podia mostrar qualquer hesitação. Minha confiança era a única coisa que convenceria meus amigos e familiares de que essa era uma boa ideia. Eu precisava disciplinar minhas próprias ansiedades e me concentrar em acalmar os temores dos outros.

Ramadã

E saibas que atinge-se a vitória com paciência, o alívio com a aflição e a tranquilidade com a dificuldade.

– Profeta Maomé

Contei a Jo sobre minha conversão bem na hora: naquele ano, o mês do jejum do Ramadã começava em outubro. Ela ficaria chateada – e talvez até se ofendesse – se me pegasse comendo ao pôr do sol após ter passado o dia inteiro sem querer comer. No 29º dia do Sha'ban, Omar, Jo e eu tomávamos chá em nossa sala de estar quando Omar ergueu a mão pedindo silêncio. O chamado noturno para a oração acabara de ser anunciado pelas milhares de mesquitas da cidade. Ele aguardava o cântico especial que anunciaria o início do mês sagrado.

– Como podem ainda não saber quando vai ser? – Jo estava trepada no sofá remexendo em nossos CDs, sem entender a inquietação de Omar.

– Não há uma data exata; é preciso esperar a lua crescente. – Omar saiu da parte escurecida da entrada e veio sentar-se na sala conosco. – Se a lua crescente aparecer hoje, começamos a jejuar amanhã; caso contrário, começamos no dia seguinte.

Pairou uma eletricidade no ar a qual eu costumava associar ao Natal.

– Acho que vai ser hoje – opinei.

– Você acha? – Omar sorriu. – Então acredito que sim.

Um minuto depois, ouvimos vozes vindas das mesquitas, preenchendo o espaço vazio entre os ruídos na rua.

– É o sinal? – indaguei.

– É sim – respondeu Omar, animado agora e calçando os sapatos. – Venha, vamos comprar *su-hoor*.

Sa'hoor é a "última refeição" feita antes do amanhecer durante o Ramadã. No Egito, isso geralmente significa vagem cozida e iogurte, acompanhado de uma bebida de alcaçuz que auxilia o corpo a reter fluidos. E, para uma ocidental inexperiente como eu, muita água.

Pegamos um táxi até o *souk* el Maadi. Estava lotado de gente com sacolas cheias de legumes e segurando pães árabes nas mãos e nas cabeças.

– De agora até mês que vem, o Cairo não dormirá – disse Omar. – Muitas dessas pessoas ficarão hoje acordadas até a alvorada, dormirão o dia inteiro amanhã e então se levantarão para o *iftar* e celebrarão. Vieram comprar *sa'hoor* como a gente.

Paramos em uma vendinha para comprar queijo branco e pão.

– Lembre-se de beber água hoje. Não espere até a alvorada – avisou Omar no táxi de volta para casa. Ele entrou no apartamento e passou tempo suficiente para beijar-me, prometendo retornar pela manhã. Fui dormir com aquela sensação natalina.

Às 3:45 da manhã, acordei ouvindo um homem cantando na rua, acompanhado de um tambor.

– *Su-hoor, su-hoor*, acordem, oh, dormentes! – cantava, ecoando sua voz entre os blocos de prédios silenciosos. Esbaforida, corri à janela e olhei para fora, vendo um homem vestindo uma túnica banhada pelo neon do poste da rua. Ele vagava pelo quarteirão, seguido por um dos gatos locais.

– Quem acorda *você*? – perguntei, como se ele pudesse escutar. Dava para se ouvir o estalido de panelas no andar de cima. Fui à cozinha, sentindo-me resoluta; bebi um litro de água. Não sobrou praticamente nenhum espaço para comida, mas a ideia de ficar sem beber nada era o que me afligia. Sentindo-me levemente hipotônica, voltei para cama e dormi.

Acordei novamente por volta das dez horas da manhã, com a boca seca.

– Vai passar – disse Omar, que apareceu feito miragem na sala de estar. Ele e Jo estavam irritantemente acordados e com uma aparência ótima.

– Como se sente? – perguntou Jo, limpando todo e qualquer vestígio de seu desjejum.

– Na verdade, estou meio zonza. Como se eu estivesse tentando me ajustar a um novo fuso horário.

– O primeiro dia é assim – disse Omar, com um sorriso encorajador. – Depois fica mais fácil.

O resto do dia foi meio que um transe – às vezes sentia-me sonolenta e dolorida, outras, em um estado de alerta fora do comum. Assistimos a *O Senhor dos Anéis: As duas Torres*. Na metade do filme, cochilei novamente, aninhada entre Omar e Jo, que pareciam pelo menos parcialmente convencidos de que o jejum era incompatível com minha fisiologia anglo-saxônica. Bem mais tarde, o som da voz de Omar me acordou. Ele estava lendo Al Jabbar em inglês:

– "E eu tomo *Al Haq*, a Verdade, como meu direito natural; como uma criatura, sou transitório. Vele este símbolo, e conheça-o, e dê-se por satisfeito."

– Entendo por que fazemos isso – anunciei.

Quando o sol começou a se pôr dentro do Nilo, nós três pegamos um táxi até o apartamento de Sohair, onde faríamos o *iftar*, a refeição que quebra o jejum diário. Segundo a tradição profética, *iftar* deve ser uma refeição simples, composta de tâmaras e leite. Os egípcios a ignoram. Massas folhadas amanteigadas cobertas de calda eram servidas nos banquetes noturnos de beringela recheada, carne de carneiro e arroz temperado com canela e uvas passas; apesar da desidratação de um dia inteiro, o suco espesso de damasco é a bebida preferida.

– Açúcar para dar energia e sal para reter fluidos – Ibrahim explicou enquanto sentávamo-nos à mesa. Jo ajudou Sohair na cozinha; escutei sua risada. Lá fora, o sino badalava, convidando para a oração do pôr do sol.

– Começaram – disse Omar, passando-me um copo. – *Ramadã karim!*

– *Allahu akram.* – Dei a resposta tradicional que eu aprendera naquela manhã. O Ramadã é generoso; Deus é o ser mais generoso. Levei o copo à boca e tomei um gole discreto.

Foi o melhor copo de qualquer coisa na minha vida. Meus sentidos, entorpecidos o dia inteiro, clamavam para ser escutados novamente, pedindo sabor e estímulo. A euforia caótica da quebra do jejum – parte química, parte espiritual – era diferente de qualquer outra sensação que eu pudesse descrever. Esparramei-me na cadeira e deixei a cabeça rolar para trás.

– Oh, Deus! – exclamei.

Todos riram. Jo me cutucou e piscou. Sentia-me feliz com tudo: as pessoas sentadas ao redor da minúscula mesa de madeira de Sohair; o deserto indolente e avermelhado que eu via pela janela. Sentia-me feliz, também, comigo mesma. Eu agira de acordo com minhas escolhas. Já que eu conseguira jejuar um dia, conseguiria jejuar mais 28 – e conseguiria repetir a dose no ano seguinte. E no ano seguinte. Pela primeira vez desde que eu me convertera, tive um pequeno e satisfatório vislumbre de como podia ser o futuro. Quando escolhemos a forma de se viver, optamos por *viver*. A partir daquela noite, o Ramadã ganhou um significado de gratidão para mim – pela revelação, pela profecia, pela simples alegria de ser humano no mundo.

Finda a refeição e depois que limparam-se os restos, ficamos para um chá. Omar pegou o *oud* e tocou músicas folclóricas árabes, cheias de escalas microtonais, raríssimas na música ocidental: sons fugazes e distorcidos. Ibrahim mostrou-nos sua guitarra, explicando todos os botões e tarraxas que os leigos têm dificuldade de entender.

– Eu gostaria de aprender a tocar piano também. Até comecei, mas – ele fez um gesto na direção de um antigo teclado Casio, parado em uma prateleira – aquele troço não é muito inspirador. Eu gostaria de um piano de verdade.

– Poxa, pena que não existe esse negócio de teletransporte – lamentei.

– *Aeda*?

– Fazer com que as coisas desapareçam de um lugar e reapareçam em outro, em um passe de mágica.

– Ah. – Ele sorriu. – Por quê?

– Na casa de meus pais, no Colorado, temos um enorme piano antigo que ninguém sabe tocar. Você ia adorar.

– Quem sabe, quando eu for visitar vocês um dia.

– Você tem que ir. Quero que veja nossas montanhas.

Ele sorriu, então desviou o olhar, com uma expressão pensativa.

– Já conheci muitos americanos e todos eles são simpáticos e de mente aberta. Não entendo por quê... – Não lembro se ele concluiu a frase. – Tento me lembrar disso sempre que vejo o que os Estados Unidos estão fazendo com o Oriente Médio ou quando assisto aos noticiários de vocês, que são muito deprimentes, mas é difícil não ficar zangado. Difícil não me fechar. Tem muita mentira.

Em situações como essa, sempre quero defender meu país, e todas as possíveis formas como eu poderia fazê-lo se evaporam.

– A mídia norte-americana é muito mais radical do que os norte-americanos – afirmei, com muita sinceridade. Era algo que eu não conseguia controlar, mas sentia-me culpada. Via Ibrahim ali em sua sala de visitas com o terço islâmico em uma das mãos e a guitarra pendurada no ombro oposto e pensava: *Ele prova que o mundo ainda não está tão ruim*. Ainda assim, havia o Afeganistão, o Iraque e o cerco fechando-se no Irã, e o desastre cada vez maior em Israel/Palestina. Com tamanha proximidade de conflitos tão alarmantes, quem no Egito conseguia se sentir totalmente seguro? Olhando para Ibrahim, pensei, este Oriente Médio está nascendo ou morrendo, e o que vai ser dependerá muito de pessoas que jamais o verão tocar sua guitarra.

– Faria mais sentido se você visse de perto – continuei. – Se você visse os Estados Unidos em si.

– Um dia *in sha'Allah*.
– *In sha'Allah*.

Para que sejam compreendidos, os sentimentos universais – amor, luto, alegria – devem ser expressos em uma forma mutuamente compreensível. Isso deve ser fácil. Se os sentimentos são universais, sua expressão deve ser também. Na realidade, não são. No começo, Omar tinha maior consciência disso do que eu; ele via que os únicos costumes que tínhamos em comum eram o islamismo e o rock, e que esses elementos intangíveis tinham de ser unidos para formar a base de uma terceira cultura. A religião e a arte são boas ferramentas iniciais quando se trata de criar um espaço de paz e harmonia para duas pessoas em meio a uma guerra. Porém, mesmo com elas, a luta por essa paz seria dolorosa e exaustiva. Às vezes parecia que me pediam para deslocar meus ossos e passar pelo buraco de uma agulha. A imagem vinha-me à cabeça o tempo inteiro. Tudo o que pensávamos, tudo o que fazíamos ou dizíamos, vestíamos ou defendíamos sem pensar tinha de ser questionado e harmonizado. No processo, antigos símbolos ganhavam um novo vocabulário. Esse vocabulário se tornaria a linguagem que falávamos na cultura que criamos para nós.

Começou com os símbolos que eu gravara na pele.

– Ben me disse que você tem uma tatuagem interessante – disse Omar em uma noite logo após nosso noivado. – É verdade?

Eu sabia a qual delas ele se referira.

– É. Isso lhe incomoda?

Omar sorriu.

– Não, mas posso vê-la?

Afastei-me dele e ergui a barra da blusa, revelando a lombar. Fiquei imaginando se a tatuagem o chocaria, ou se ele compreenderia minhas boas intenções ali gravadas com tinta. Ele calou-se por um instante.

— É linda — disse finalmente. Suspirei de alívio. — Foi um americano que fez? Não.

— Na verdade, foi.

— Mas o estilo é ótimo. Não foi você que escreveu?

— Não, não. Achei tudo na internet.

— Por que *Al haq*? — Ele tocou a primeira linha, a letra *alif*, onde a pela era lisa, mas erguida feito uma cicatriz. Fechei os olhos enquanto ele passava o dedo indicador sobre a palavra.

— Gosto de *Al Haq* — murmurei. — Verdade sem inverdade, verdade sem o contrário. A realidade que engloba até mesmo o irreal, o maior real. E vem logo próximo a *Al Shahid*, a Testemunha, de que também gosto. — Abri um dos olhos. — Mas *Al Shahid* tem mais letras, e teria doído mais.

Ele sorriu.

— Quando fez esta tatuagem, você já era muçulmana?

— Não — respondi. — Eu a fiz há mais de dois anos, já com a consciência de que um dia eu me converteria. Na época eu não estava pronta, mas fiz a tatuagem para me lembrar disso.

— Incrível — respondeu, fazendo não com a cabeça. — Eu não fazia ideia de que uma história assim era possível nos Estados Unidos.

— Tenho certeza de que ninguém de lá fazia ideia também. Você foi a primeira pessoa para quem contei.

Omar surpreendeu-se.

— Sério?

– Sério. O pessoal de lá acha que eu tenho um interesse cultural ou acadêmico pelo islamismo. Tenho seis Alcorões, e nenhum deles fui eu que comprei, além de mais uma porção de livros de poesia sufi, todos igualmente presenteados a mim, mas se eu contasse às pessoas que me deram esses livros sobre minha conversão, ficariam todas horrorizadas.

Omar entristeceu-se.

– Isso é tão inaceitável assim?

– Ah, é sim.

Ele tocou-me as costas da mão.

– Espero que você saiba que isso vai ser muito, muito difícil.

– Eu sei – respondi. – Eu sei.

Um simples exercício de integração aplicado à equipe na Language School trouxe à luz nossos preconceitos. A diretora era uma egípcia que ensinara por anos nos Estados Unidos. É seguro dizer-se, então, que a aplicação do exercício não foi por acaso. Recebemos uma apostila com a seguinte situação: uma mulher cujo marido está sempre viajando a negócios sai à noite para encontrar-se com um amante. Sabe-se que há um louco à solta. No final da noite, a mulher pede ao amante que a acompanhe de volta, caso o louco apareça. O amante se recusa. A mulher procura um amigo, que mora nas redondezas e lhe pede que a acompanhe; ao saber o motivo de a mulher estar fora de casa àquela hora da noite, o amigo se recusa. A mulher então vai sozinha. No rio que separa seu bairro daquele onde mora o amante, ela pede um balseiro que a atravesse. O balseiro se recusa, pois a mulher não tem como pagar.

Consequentemente, a mulher sofre uma emboscada do outro lado do rio e é morta pelo louco.

– Quem – perguntou a diretora, com brilho nos olhos – é responsável por sua morte? Organize os personagens do mais para o menos culpado.

Após alguns instantes de silêncio, de uma hora para outra, uma gritaria tomou conta do recinto. Todos os ocidentais concordaram: obviamente, o louco era o primeiro da lista, pois cometera um homicídio. Em seguida, o amigo, o amante, o balseiro e a mulher vinham em diferentes ordens, e o marido, a figura ausente, flutuou ali entre os últimos da lista.

Os egípcios ficaram muito surpresos com a interpretação. Claramente, a esposa encabeçava a lista, por ter sido quem decidira ter um caso e sair de casa tarde da noite. O louco, disseram, era insano e não podia ser completamente responsabilizado por suas ações. A maioria deles o colocou como o sexto da lista. Ao ouvir isso, todas nós ocidentais – inclusive eu – quase enlouquecemos. Nossos princípios feministas foram insultados e então, enrubescidas, partimos para cima na defensiva. Algumas mulheres ficaram tão abaladas que até choraram. Ali estava a cultura árabe, tão chauvinista quanto todos nos alertaram, bem a nossa frente, depois de termos tão generosamente suposto que sob as diferenças linguísticas e culturais havia ocidentais esperando o momento para emergir.

Olhei para Omar; ele fitou-me por um instante e em seguida fez um sinal negativo com a cabeça, como se dissesse, "*A ponte que você quer cruzar não existe*". O máximo que podíamos fazer era nos olhar; nosso noivado não era do conhecimento público. Achei que não seria justo com minha família se estranhos soubessem de meu noivado antes deles. Ali estava outro rio que não podia ser cruzado a menos que se contassem algumas mentirinhas.

Fui então puxada de lado por Hanan, uma professora de árabe que parecia muito disposta a explicar por que os egípcios pensavam daquela forma. A esposa era a única diretamente responsável pelas próprias ações, explicou-me. Ninguém a forçou a ter um caso e, definitivamente, ninguém a forçou a sair de casa quando todos sabiam que um louco estava à solta. A seguir vinha o marido. Ele não conseguira dar conta de suas obrigações com a esposa e deveria se envergonhar por negligenciá-la e, por conseguinte, tê-la indiretamente levado à morte. A explicação estarreceu-me. Era essa a lógica interpretativa de meus colegas egípcios (homens e mulheres): a maioria colocara o marido em segundo lugar na lista e se referiam a ele com ojeriza, como se o sujeito existisse de fato. Os ocidentais, por outro lado, não faziam ideia de onde encaixá-lo, e em geral colocavam-no ali entre o quarto e o sexto lugares.

Enquanto os ocidentais defendiam a responsabilidade literal – quem empunha a faca e quem poderia, mas não ajudou a mulher –, os egípcios defendiam a responsabilidade moral. Moralmente, o louco era como uma força da natureza; não conseguia distinguir o certo do errado e suas ações eram indiscriminadas. A mulher conseguia diferenciar o certo do errado e escolhera arriscar a própria vida por um motivo inadequado. Se o marido, que era responsável por sua felicidade física e emocional, a negligenciara, então ele era responsável por fazer com que a esposa buscasse felicidade em outro lugar.

Percebi por que os professores egípcios ficaram tão confusos com nossa raiva ocidental: a seu ver, defendíamos que a traição não é errada e que um marido não tem responsabilidade emocional para com a esposa. Mas nosso argumento girava em torno de direitos pessoais e não de responsabilidades sociais. Para nós, tanto o marido quanto a esposa tinham o direito de tomar suas próprias decisões. Se o marido decidisse que a carreira era mais importante que o casamento, essa era sua prerrogativa; se a mulher buscava satisfação emocional em outro lugar, essa era dela. A responsabilidade conjugal nunca entrava em questão.

No final, chegamos a um consenso. O louco ficou em primeiro lugar na escala de culpados por empunhar a faca; a esposa, em segundo, por conscientemente arriscar a própria vida; o marido em terceiro, por fazer com que a esposa se comportasse assim; o amante em quarto, por ser um cafajeste de modo geral; o balseiro em quinto, por sua falta de generosidade (um pecado no islamismo); e o amigo, cujos motivos eram questionáveis, vinha em sexto. Discutimos como se os personagens em questão aguardassem lá fora por um veredito. Surpreendeu-me ver um grupo de pessoas inteligentes, por tão pouco, dividir-se, precisamente por questões culturais. Certamente todos acharam graça do fato mais tarde e falaram sobre o assunto por várias semanas ("O balseiro! O balseiro!" tornou-se um cumprimento padrão por um tempo), mas ficou claro o desconforto que aquilo causou a nós todos. Aquele consenso, sabíamos, não se limitava ao campo hipotético.

Essa não foi a última vez que Omar e eu nos entreolhamos em meio ao abismo de uma confusão. De uma hora para outra, a coisa se abria, bem abaixo de nossos pés. Quando estávamos a sós, nossas origens não pareciam importar, mas assim que estávamos em grupo, ele se tornava egípcio e eu, norte-americana. Era automático. Tirando o amor – que nos deixava mais sensíveis às diferenças culturais – não havia nada que pudéssemos subestimar. Quando falo sobre esses primeiros meses, a maioria das pessoas ainda assume de forma otimista: obviamente havia coisas em comum que serviam de base. É claro que em algum ponto as expectativas de duas culturas devem se cruzar. E tenho de dizer: não. Não havia nada. Violentamente, absolutamente nada.

Jo era sempre a única a compreender como funcionava o trânsito neste hiato entre planetas, as pequenas fissuras entre o Oriente e o Ocidente, onde não prevalecem quaisquer valores comuns claros. Com o passar das semanas, desenvolvemos os mesmos rituais dos forasteiros. O mais vazio deles era o *Punch Fundie*. Tratava-se de um jogo baseado no *Punch Buggy* – brincadeirinha comum nos Estados Unidos em que damos um cutucão na pessoa ao lado quando vemos um fusca enquanto dirigimos – só que aqui o fusca é substituído por um fundamentalista que aparece no acostamento. Segundo as regras, um fundamentalista era qualquer um com uma barba típica, mas sem bigode, e uma túnica na altura dos tornozelos, ou uma mulher usando um *niqab*, um véu todo preto, deixando apenas os olhos visíveis. Brincávamos disso sempre que saíamos de carro. Certa vez, estávamos em um táxi no centro da cidade, em um dia muito nublado. De repente, senti dois cutucões bem fortes no braço direito, logo acima do cotovelo.

– Que isso? – Olhei imediatamente para Jo, que estava com os olhos arregalados, apontando para fora da janela do meu lado.

– *Punch Fundie e Punch Buggy* – disse espantada.

Fui logo olhando para fora: realmente, a nosso lado vinha um fundamentalista dirigindo um fusca amarelo. Fazia cara feia para o trânsito à frente; na testa, um calo formado pelas horas de oração e, mais abaixo, uma barba desleixada que arrastava-se face acima feito barba de velho. Ficamos pasmas e emudecidas. Quando o carro se afastou, escondemos a boca com as mãos de forma a segurar a gargalhada, enquanto as lágrimas corriam pelas nossas faces. Todo o conjunto – a cidade, o grande mundo, os conflitos que enfrentávamos – não podia ser mortalmente sério contanto que houvesse fundamentalistas em carros hippies. Passamos o resto da noite rindo, dessa vez confiantes de que tudo acabaria bem.

A tigela de fogo

Ele entregou-me uma tigela e vi com admirável clareza.
Oh Shams! Oh Sol! Preciso agora que intercedam
 por mim
Pois estou fora de mim e continuo sendo eu mesmo.

– Rumi

Aos poucos e sem o auxílio de ninguém, fui introduzindo o islamismo em minha vida diária. Depois que preparei meu ego para a obediência e encarei Meca, passei a compreender o porquê da adoração "organizada", que reprova a inovação ritualística. Quando abraçamos uma religião organizada, não adoramos isolados, nem mesmo quando estamos sós. No islamismo, a oração é uma experiência que envolve todo o corpo: ficamos de pé, curvamo-nos, levantamo-nos, ajoelhamo-nos encostando a testa no chão e levantamo-nos novamente, repetindo uma variação desse ciclo diversas vezes. Tornamo-nos parte de um algoritmo matemático unindo corpos terrenos a corpos celestiais. Nosso calendário baseia-se nas fases lunares e nossas orações diárias, nos movimentos do sol pelo céu. Meca torna-se uma ideia com uma localização. Orientamo-nos em função dela sem uma bússola, mas com um Grande Círculo, calculando a menor distância entre o ponto onde estamos e o Caaba, o santuário em Meca que acreditamos ter sido construído por Abraão. Na maioria dos lugares nos Estados Unidos, encontramo-nos de frente para o Norte, sobre o polo congelado.

Os festivais e os jejuns não seguem nenhuma ordem lógica, indo de frente para trás a uma razão de dez dias por ano, sem nenhuma ligação com as mudanças de estação. Nem a *Laylat ul Qadr*, a noite mais sagrada do Ramadã, escapa: ninguém sabe sua data precisa. A iconoclastia estabelecida por Maomé é absoluta: é preciso que se resista ao apego não somente a imagens pintadas como também às naturais. O Ramadã, o Muharram, os Eids; não se associa nenhum evento religioso ao cheiro de neve no ar ou ao degelo da primavera ou ao advento do verão. Deus permeia essas coisas – segundo o ditado, Alá é belo e Ele ama o belo –, mas elas são efêmeras. Forçada a se concentrar no eterno, a pessoa começa a ver, ou achar que vê, os ossos e os tendões do mundo sob sua carne sazonal. O Sol e a Lua tornam-se mecanismos formidáveis, que funcionam como relógios. São igualmente efêmeros, mas apontam para os planos escuros que se esticam além da Terra em todas as direções, cheios de estrelas e pó, em direção a um extremo arredio e incompreensível.

Existem centenas de metáforas a respeito do efeito da religião sobre o religioso. A experiência religiosa é tão abstrata que a única forma de explicá-la é traçando-se paralelas concretas. Para mim, a religião foi como uma pílula: uma vez engolida, começou a agir de maneira que eu não conseguia controlar, antecipar ou escarrá-la para fora do organismo. Se eu abandonasse o islamismo amanhã, permaneceria quimicamente alterada por ele. Os rituais que parecem arbitrários aos não religiosos – as precisas seleção vocabular e atitudes físicas da oração, o processo de expurgação e purificação – são elementos fortificantes cuidadosamente formulados. Todas essas coisas estavam me transformando sem que eu soubesse.

A mudança primeiramente se manifestou em minha vida onírica. Sempre dei muita importância aos sonhos – desde a infância é raro o sonho de que não consigo me lembrar. Juntos, os sonhos formam uma espécie de história pessoal paralela ou uma narrativa inconsciente. Na época, os símbolos oníricos calcavam-se notavelmente nos eventos que culminaram em minha conversão. À medida que fui adotando mais rituais muçulmanos em minha rotina, o caráter e o conteúdo de meus sonhos começaram a mudar. Diminuíram-se o amontoado desordenado de coisas e as imagens indecifráveis. O que sobrou entrou em foco.

Poucas semanas após o Ramadã, sonhei com um enorme deserto, cruzado por uma estrada vazia: não passavam carros, caminhões, pessoas nem animais. Sozinha, eu passava por ela, carregando uma tigela de óleo perfumado. Precisava entregar a tigela a uma amiga xiita em Nova York e estava segura de que a estrada me levaria lá. Cheguei a um antiquíssimo prédio de pedra em um pequeno parque onde encontraria a amiga. Quando lhe ofereci a tigela de óleo, ela recusou e pediu-me que a guardasse a salvo. Virando-me, joguei um fósforo aceso na tigela, produzindo uma chama. No fogo, vi a face de Imam Hussein, o poeta guerreiro, neto do Profeta, martirizado em Karbala no século VII. Não sei como o reconheci – no islamismo sunita, não há fotos de figuras sagradas.

– Ele começou a falar comigo – contei a Omar e a Ibrahim depois –, mas eu não me lembro do que ele disse. Acho que acordei no meio.

– Você não *se lembra*? – Omar desanimou-se. – Mas essa devia ser a parte mais importante!

Encolhi os ombros, sem graça.

— Talvez ele estivesse falando *Fus'ha* — respondi, usando o termo para o árabe clássico.

— Como ele era? — indagou Ibrahim.

— Tinha uma face retangular; não era belo, mas forte. Pele clara e olhos escuros, quase pretos. Uma barba escura. A cabeça raspada. Parecia muito inteligente e muito triste.

Omar fez um sinal afirmativo com a cabeça.

— Isso se encaixa com a descrição dele. Foi um sonho verdadeiro.

No islamismo, os sonhos são divididos em três categorias: sonhos comuns, que são as divagações internas do inconsciente; sonhos satânicos, que são pesadelos; e sonhos "verdadeiros", ou visões que, acredita-se, são inspirados por Deus. Um sonho verdadeiro é religiosamente comprovado, contendo elementos da história ou da escritura islâmica com os quais o sonhador está ou não familiarizado.

Omar e Ibrahim não estranharam nem um pouco o fato de eu ter sonhado com Hussein sem ao menos ter ouvido uma descrição dele. Para eles, não havia fronteira entre o explicável e o inexplicável. Falar sobre uma experiência dessas sem medo de que os outros julguem ou recebam com ceticismo foi um alívio profundo. Eu não era esquisita nem anormal: estava experimentando o mundo da forma com que os outros o tinham experimentado por milhares de anos. Para mim, a religião era isso. Não entrei para o islamismo buscando um radical e novo sistema moral ou social. Não estava aborrecida com a sociedade. Buscava palavras, *as* palavras, as que combinassem com o que eu vira e sentira, mas não conseguia explicar. Como o sonho que tive. A fé, para mim, não é um salto, mas uma confirmação da experiência pessoal. Com o islamismo eu me permiti viver no mundo como eu o via e não como os outros me mandavam ver.

Após sonhar com a tigela em chamas, fiquei curiosa sobre Imam Hussein e decidi visitar a mesquita cujo nome prestava-lhe uma homenagem. A Mesquita al Hussein, como é conhecida, ocupa um lado de uma praça bem grande no Antigo Cairo. Ao lado fica a entrada do Khan el Khalili, um bazar medieval composto por cem pequenas vielas, em uma das quais encontra-se o café Fishwai's. Toda a vizinhança se chama Hussein. Era uma das minhas partes preferidas da cidade, mas eu nunca entrara na mesquita.

Corria o boato de que o santuário no interior da mesquita guardava a cabeça de Hussein. Não há nada estranho no boato; o Cairo está cheio de ossos de santos. Para os sunitas, essas figuras sagradas ocupam terrenos incertos – orar *para* um santo é considerado idolátrico, mas buscar a bênção espiritual em sua tumba é aceitável. Os mais ortodoxos desaprovam até mesmo essa prática, e muitos *wahhabis* – muçulmanos puritanos – já exigiram que se demolissem os templos e túmulos de santos, mas o cairota mediano ainda consegue distinguir a reverência carinhosa da idolatria pura e escancarada, de forma que os templos continuam de pé. A tumba oficial do imame fica em Karbala, no Iraque, e todo xiita com que falei se estarrece com a hipótese de sua cabeça estar em outro lugar. Ainda assim, a maioria dos cairotas acredita que alguns restos físicos do imame estão trancados dentro do santuário na Mesquita al Hussein.

Fui até lá no período entre a oração do meio-dia e a oração do meio da tarde. Quando cheguei, o lado da mesquita reservado às mulheres estava cheio pela metade. Caminhei descalça sobre o carpete, enfrentando uma série de olhares curiosos e sorrisos. No Egito, o hábito de visitar santuários é muito comum entre os pobres, cuja tradição mística folclórica é mais resistente ao puritanismo do que a fé contemplativa, racional das classes médias. A maioria das mulheres que vi era de classe proletária e vestia túnicas pretas ou marrons, que deixavam-lhe apenas os pés e as faces à mostra. Uma dúzia delas amontoava-se ao redor do santuário em um lado do espaço de orações, adjacente ao setor masculino. O santuário era um cubo de pura prata, com quase 3 metros de altura, decorado com caligrafia ornamental e treliça. Os homens ficavam de frente para as mulheres – algo raro em uma mesquita; necessário nesse caso, para dar a ambos os sexos acesso igualitário ao imame.

Ao encontrar um espaço próximo ao santuário, uni as mãos em frente ao rosto e recitei, bem baixinho, a Sura Al-Fatiha, os primeiros versos do Alcorão. Uma mulher se espremeu ao meu lado e cumprimentou o imame com *as-salamu alaikum*, tão naturalmente como se ele fosse um tio querido ou o patriarca de sua família ali parado em carne e osso. Desconcertada, comecei a me esquecer de que eu estava olhando para um caixa de prata. Pensei em uma caminhada que fiz certa vez pelos sopés no Colorado, quando vi um urso e achei que fosse uma pessoa. O urso não tinha nada de humano, mas expressava tamanhas consciência e inteligência que meu cérebro tentou fazê-lo assemelhar-se a uma pessoa. Por um instante, vi um homem enorme e maltrapilho, curvado, correndo por entre o mato. No santuário, senti a mesma confusão: eu estava na presença de um imame e o confundira com uma caixa de prata. A sensação da presença de uma personalidade definida, cheia de graça e tristeza, permeava o recinto – não importava se a sensação era criada pelos adoradores que cumprimentavam o imame ou pela caixa de prata que podia ou não conter seus ossos. Todos os objetos do local emanavam a presença de algo; era como um lembrete, estranho e inspirador, de tudo o que não conseguíamos ver.

Foi durante esse período que aprendi a confiar em minha religião, que se tornou um dos árbitros centrais de minha vida cotidiana. Muito frequentemente, a cultura egípcia e a cultura norte-americana exigiam coisas opostas. Nos Estados Unidos, os homens cumprimentam as mulheres com um beijo no rosto, mas não o fazem ao cumprimentar outros homens. No Egito ocorre o contrário. Cada lado sustenta que um beijo no rosto não é sexual, o que levanta uma questão: por que então os homens egípcios devem evitar beijar as mulheres ou por que os americanos devem temer beijar outros homens? Esse conflito – assim como outros dessa natureza – expunha uma verdade nua e crua: os hábitos culturais são amplamente irracionais, emergem irracionalmente e são praticados sem pensar. Independem do intelecto, e a tentativa de encaixá-los em um padrão lógico não leva a nada; podem ser respeitados ou descartados, mas nunca confrontados. A pergunta *"Se um beijo não é sexual, por que beijar um sexo e não o outro?"* é tão retórica e inconclusiva quanto tentar descobrir a função prática de uma gravata-borboleta ou argumentar os méritos lógicos das maçanetas (comuns nos Estados Unidos) versus puxadores (comuns no Oriente Médio). A cultura pertence à imaginação; julgá-la racionalmente é não compreender sua função.

Eu e Omar recorríamos ao islamismo – que não era egípcio nem americano e sempre contradizia ambos – como um árbitro em nossa vida. Era um código moral que escolhêramos e que parecia o modo mais justo de resolver nossos conflitos. Sempre que discordávamos de algo, lançávamos mão do Alcorão e dos livros do Hadiz ou dos dizeres do Profeta. Nossos desacordos quase sempre tinham algo a ver com gênero ou liberdade de movimento. A vida privada, com suas relações ritualizadas e prescritas, forma o eixo da sociedade egípcia, mas eu estava acostumada a viver minha vida de forma pública e independente. Não ligava muito para o fato de estar lidando com uma amiga ou um amigo ou o que isso podia significar.

Surpreendeu-me como o islamismo tão frequentemente, em sua forma puramente textual, favorecia-me. Não há limite religioso nos espaços públicos à presença das mulheres; nada as impede de gerenciar empresas ou dirigir carros; nada justifica que elas devam caminhar atrás dos homens ou cobrir a face. O papel da mulher não é definido pela maternidade nem pela culinária.

Descobri, enquanto pacientemente construíamos o espaço cultural intermediário no qual viveríamos – eu e Omar –, que as muçulmanas eram em alguns aspectos mais livres no século VII do que nos dias atuais. A primeira esposa do Profeta, Khadijah, uma das mulheres mais amadas na história do islamismo, gerenciava seu próspero negócio. Maomé passou grande parte do início da vida trabalhando para ela; casaram-se depois da proposta feita por ela. Khadijah era quase 15 anos mais velha que ele. Sua morte jogou o Profeta em um estado de luto tão intenso que é conhecido até hoje como o Ano da Tristeza. A Virgem Maria, conhecida pelos muçulmanos como Maryam, é mencionada mais vezes no Alcorão do que na Bíblia e, completamente sozinha, cria seu extraordinário filho; José não aparece na versão islâmica de sua história. Ásia, esposa do faraó, é reverenciada pelos muçulmanos por ter desobedecido ao marido em defesa de Moisés. Uma poderosa empreendedora, uma mãe solteira e uma esposa rebelde: todas as três mulheres são reverenciadas como a encarnação da fé perfeita.

Não percebi que eu ainda tinha tanto preconceito internalizado contra o islamismo. Fiquei surpresa pela equidade presente em grande parte da lei de Shari'a – e então envergonhada por estar surpresa. Deixando de lado os impulsos espirituais, parte de mim inconscientemente acreditava que eu tinha feito algo vergonhoso convertendo-me ao islamismo. A religião era um tabu em minha família e o islamismo era um tabu em minha sociedade – essas pressões não são facilmente descartadas, e às vezes eu me sentia culpada como se tivesse cometido um crime. Eu nunca teria admitido, mas de certa forma eu acreditava que o islamismo de Bin Laden era o verdadeiro islamismo – que a barbárie esperava na próxima página do Alcorão ou no próximo Hadiz, que não demoraria muito para que eu virasse uma página e me estarrecesse. Havia partes da lei de Shari'a que eram pré-modernas e problemáticas, porém não mais do que o Antigo Testamento. O islamismo tinha todos os problemas e todo o potencial de resolução comuns a outra fé antiga.

Alguns aspectos da lei eram na verdade mais liberais do que o que se encontrava em outras crenças abraâmicas. Descobri que no Egito a lei islâmica liberal do divórcio é sempre motivo de conversão entre os cristãos locais que, sob a lei copta, são proibidos de se divorciar, exceto em circunstâncias extremas e sempre impossíveis de serem validadas. Em 2005, ocorreu um escândalo quando a esposa insatisfeita de um patriarca copta converteu-se ao islamismo para conseguir se divorciar.

Minha impressão inicial da lei de Shari'a, baseando-me nas reportagens ocidentais, em eruditos conservadores e na propaganda saudita, foi na verdade uma impressão da lei *wahhabi* – uma tradição violenta propagada pelos invasores itinerantes da Península Árabe. Os dizeres do Profeta contêm advertências sinalizando que o povo de Nadj – berço do *wahhabismo* – tentaria corromper a fé: advertências que os *wahhabis*, em sua suposta religiosidade e ilimitada legalidade, optaram por ignorar.

Aqueles primeiros meses foram marcados pelo conflito intercalado por momentos de calma. Analisando agora, impressiono-me com a confiança e disciplina de que precisei para me esforçar em prol de uma relação tão nova; não havia nenhuma garantia de que não nos separaríamos por todos os motivos corriqueiros. Não tínhamos uma história, mas um potencial que, não obstante, precisava ser protegido com uma espécie de confiança que geralmente só se tem depois de anos de intimidade. Havia momentos – dias, semanas – em que Omar tornava-se algo nebuloso para mim; senti que ao criar um espaço em minha vida onde ele pudesse existir culturalmente, eu o perdera de vista como indivíduo. Ele também enfrentou esses momentos: em certas situações sociais ou com relação a certas ideias, eu assumia meu lado profundamente norte-americano, e a interseção de personalidade e formação cultural tornava-se obscura. Ficávamos então ansiosos e confusos – embora tomássemos o cuidado de não verbalizar tal estado de coisas, acho que ambos temíamos a possibilidade de jamais nos conhecermos de fato.

Isso veio à tona repetidas vezes quando tentamos sair com outros expatriados norte-americanos. Nossos conhecidos egípcios eram muito mais flexíveis com relação às minhas esquisitices do que nossos conhecidos norte-americanos com as de Omar; os primeiros tratavam-me com carinho e tentavam me proteger mesmo quando discordavam do que eu dizia ou fazia. Os norte-americanos que conhecíamos, por outro lado, esperavam certa dose de submissão cultural como se fosse o óbvio. Se alguém defendesse os pontos de vista errados sobre questões como a homossexualidade e o consumo de álcool, ou não conseguisse adequar-se a seu nível de familiaridade casual entre homens e mulheres, baixava um clima hostil. Nem sempre isso acontecia, é claro, e provavelmente tinha muito a ver com a idade. Os expatriados mais velhos e mais viajados geralmente eram mais humildes e tinham um senso de humor mais exigente. Os mais jovens – recém-formados que esperavam manter os mesmos hábitos das noitadas e da bebedeira que tinham nos Estados Unidos, só que em um ambiente mais exótico – eram, às vezes, ardilosos.

Um deles, um colega da faculdade muito exibido, apareceu logo depois do Ramadã. Estava viajando e esperava encontrar trabalho no exterior; meus e-mails entusiasmados sobre o Egito convenceram-no a visitar o país. Marcamos um encontro em um café em Maadi, onde pegamos uma mesa do lado de fora e tomamos um café turco. Nossa conversa foi cheia de pausas. Ele queria recomeçar de onde parara lá no primeiro ano da faculdade, quando éramos irreverentes e quimicamente tonificados; por motivos óbvios, tive dificuldade de voltar a falar naquele tom. Após uma hora de bate-papo afetado, saímos do café e ele me acompanhou até a casa de Omar.

Omar estava sentado na sala de estar com seu amigo Khaled, um beduíno cuja tribo se estabeleceu menos de cinquenta anos atrás, após o Cairo ter começado a tomar posse de seu território tradicional. Depois que cumprimentou e se apresentou, meu amigo virou-se para ir embora – e enquanto o fazia, alegremente mandou-me um beijinho de longe. Olhei para ele, surpresa.

– Espero que Khaled não tenha visto isso – disse Omar depois, achando graça da situação.

Com relação ao sexo feminino, os beduínos eram um dos povos mais conservadores do Egito, embora a cena de um sujeito mandando um beijinho para uma mulher comprometida na frente de seu noivo e de um estranho fosse bizarra até mesmo para os padrões do Cairo. Só após muitos outros incidentes como esse – monólogos articulados sobre meu ex-namorado, comentários odiosos sobre religião – foi que eu me dei conta de que muitos de meus conhecidos que visitavam o Egito simplesmente não estavam interessados em respeitar os limites locais e achavam irreverente e sofisticado menosprezá-los.

No início eu tolerava essas gafes ou tentava tapar o sol com a peneira. Omar surpreendia-se com o fato de eu simplesmente não repreender o comportamento das pessoas. A inteligência que ele admirava e cultivava era classicamente islâmica e essencialmente judicial: a facilidade de lembrar-se e assimilar inúmeros fatos com o propósito de determinar o que era certo e o que era errado. A forma criativa com que me ensinaram a pensar – as escolas públicas norte-americanas, com todas as suas falhas, utilizam um dos únicos sistemas educacionais no mundo que reconhece a necessidade da imaginação – era estranha para ele. Quando uma conversa tomava algum rumo negativo, Omar achava que eu deveria encerrá-la e não manipulá-la na direção de um término natural e silencioso. A personalidade, esse acordo entre a cultura e a alma de uma pessoa, era por vezes invisível; perto de outros ocidentais, eu era norte-americana e ele, egípcio.

– Então vamos pensar nisso mais tarde – dizia ele para me confortar quando dávamos de cara com essa divisão. – Vamos ficar aqui mais um tempinho com o que já conhecemos e sabemos.

Uma árvore no Paraíso

> Diga "Em nome de Deus" para que descubras teu verdadeiro nome.
>
> – RUMI

NO EGITO, O CASAMENTO DE DUAS PESSOAS É, na verdade, o casamento de duas famílias. A família de Omar não se limitava a seus pais e irmão: havia um clã de tias, tios, primos de primeiro e de segundo graus, todos residentes de diversas partes do Cairo. Conheci alguns deles na festa de noivado de um primo. Grande parte da família, entretanto, permanecia um mistério.

Reuniam-se toda quinta-feira à noite no apartamento da família em Doqqi, um distrito que fica do outro lado do Nilo. Mesmo em um país onde a família é tão importante, um apego dessa dimensão não passava despercebido. Segundo Omar, eles formavam uma tribo. Temendo que eu me estressasse com a multidão e com o árabe – Sohair e Ibrahim eram os únicos parentes que falavam inglês fluentemente – Omar foi adiando o quanto pôde a quinta-feira em que me apresentaria a todos. Entretanto, chegou uma quinta-feira em que não deu mais para adiar o encontro: o pai de Sohair, o patriarca da família, falecera à noite após fazer suas orações.

– Vai ser uma experiência intensa – disse Omar a caminho do velório, segurando-me a mão, apesar dos olhares curiosos do taxista. – Você vai ficar bem? Não se assuste se as mulheres se emocionarem muito.

Ele estava cansado, com o rosto pálido contrastando com o preto de suas vestes em luto. A última coisa que eu queria era ser mais um fardo em uma situação já suficientemente estressante.

– Vou ficar bem sim – respondi, insegura.

Para mim era estranho penetrar assim em uma situação tão dolorosa e pessoal de desconhecidos, mas teria sido um insulto não comparecer. O luto é diferente no Egito – não é acompanhado de constrangimento. Os funerais são públicos, abertos para todos que quiserem velar o falecido ou consolar os que ficaram. Eu costumava pensar na morte como algo profundamente privado. Temendo fazer ou dizer alguma besteira, deixei Omar ir na frente quando saímos do táxi e cruzamos uma rua lateral escura.

O apartamento da família ficava em uma viela, no clássico sentido árabe da palavra: uma rua estreita muito agitada. Havia comerciantes e mascates, um "médico", um tintureiro e um costureiro, todos precariamente espremidos ao lado e em cima uns dos outros. Até muito recentemente, era comum as pessoas nascerem, trabalharem, casarem-se e morrerem no mesmo bairro. A avó de Omar vivera nessa viela durante toda sua vida de casada. Sohair e os sete irmãos cresceram naquele exato apartamento que estávamos visitando: os garotos dormiam em um quarto, as garotas, noutro, e todos faziam as refeições juntos na parte central do imóvel. Com a chegada dos primeiros bisnetos, a avó de Omar vira quatro gerações entrando e saindo por suas portas durante 80 anos.

Enquanto cruzávamos a viela, percebi a cor de minha pele. Muitos dos residentes eram do leste da África: altos, esguios e bem negros. Todos me olhavam dos pés à cabeça, como se eu tivesse vindo de outro mundo. Cheguei a me sentir como um E.T. mesmo. Aquele era um lugar onde todos os fatos naturais da vida – nascimento, sobrevivência, morte – ocupavam tão poderosamente o espaço vital de todos que mal sobrava uma brecha para qualquer outra coisa. Até então, eu vivera no espaço que a riqueza cria entre essas forças: onde a arte, a educação e a ambição também podem existir. Ali, essa vida parecia supérflua.

Omar abriu uma porta e conduziu-me para dentro de uma sala de pé-direito alto, iluminada por uma luz fluorescente. Estava lotada: homens barbados, mulheres com lenços na cabeça, meninas mais jovens de cabeça à mostra e meninos novos fazendo um zum-zum-zum na disputa para ver quem brincava com um bebê. Muitas das mulheres choravam. Apertei as mãos de cada um dos cinco tios maternos de Omar, que deram um sorriso amarelo e tocaram-me a face. Tio Sherif, filho mais novo antes do caçula, perguntou-me se eu tivera a chance de conhecer seu pai. Respondi que infelizmente não.

– Que pena – disse ele, escolhendo as palavras cuidadosamente em inglês. – Pena que você não o tenha conhecido. Ele gostaria de conhecer a *khateeba* de seu primeiro neto.

– Acho uma pena também – respondi, sem saber o que mais dizer.

Ao fundo, ligaram um rádio que transmitia uma recitação do Alcorão. Entre o ruído de estática, uma voz masculina recitava versos, em uma melodia tensa, fria e melancólica que agora é tão familiar a mim quanto meus próprios ossos. Vi uma garota chamada Saraa partindo do outro lado da sala em minha direção. Tínhamos nos conhecido na festa de noivado do primo; com os olhos escuros bem grandes e a boca expressiva, era uma das mulheres mais lindas que eu vira. Estava feliz naquela época. Agora, entretanto, quando me beijou, senti seu rosto molhado de lágrimas. Tomei-lhe a mão. Ela me levou a uma sala onde cinco ou seis outras jovens estavam reunidas. Bem baixinho, nós nos apresentamos, rindo das palavras inadequadas às quais limitávamo-nos.

Marwa, filha de tio Ahmad, começou a recitar uma oração pela alma do avô. As outras garotas uniram as mãos em prece frente ao rosto. Fiz o mesmo. É um sentimento estranho, orar para as mãos, preenchendo o ar entre elas com palavras. Pensamos em divindade como algo infinitamente grande, porém ela se encontra nas coisas infinitamente pequenas – a condensação da respiração nas palmas, os sulcos nas pontas dos dedos, o espaço morno entre o ombro e o ombro próximo. Passei horas ali com essas mulheres e meninas cujos nomes eu ainda não conseguia compreender e guardar, mas que já eram minha família. Contaram histórias que eu não entendi, ora rindo, ora chorando. Entrei e saí da cozinha, pegando lenços descartáveis e copos de água; em outros momentos fiquei sentada em silêncio, esperando que de alguma forma elas compreendessem o que eu não sabia dizer.

Depois desse dia, sempre que ia a uma reunião de família, um braço entrelaçava-se ao meu e puxava-me até as outras garotas, com quem eu trocava beijinhos e ficava de papo. À medida que fui melhorando meu domínio da língua, as conversas ficaram mais animadas e ricas; elas eram articuladas, engraçadas, francas, tinham suas próprias opiniões sobre o mundo, inclusive sobre política. Marwa adora contar como entrei, tão estranhamente, para a família.

– Um dia ela dançou em um casamento, no outro compareceu a um funeral e no terceiro já fazia parte da família – diz, sempre sorrindo. E era assim que eu me sentia.

Escrever *Muçulmana* nos formulários de emprego e de solicitação de visto foi mais difícil do que imaginei. Por mais modesta que tenha sido, essa foi minha primeira declaração pública de fé. Levei muito tempo para tomar coragem de escrever essa palavra de nove letras. Depois desse pequeno triunfo, fiquei chocada ao receber de volta os formulários com o carimbo *Cristão*. A religião não é segredo pessoal no Egito; quando se tem um nome cristão, o governo só reconhece a conversão ao islamismo depois que se recita a *chahada* frente a um *sheik* autorizado pelo estado. Tive de rir. De forma bizarra e autocrática, isso me lembrou que eu não deveria me levar tão a sério – por mais monumental que a religião seja ao fiel, sua face pública é sempre ridícula. Tendo de sobreviver como muçulmana em um país muçulmano, eu precisava desenvolver uma apreciação saudável pelo absurdo.

Era inevitável – eu teria de ir a Al-Azhar, uma das instituições jurídicas mais respeitadas do islamismo sunita e a mais antiga universidade em operação na face da Terra, para uma conversão patrocinada pelo estado. Eu tinha um motivo que ia além da necessidade burocrática: cansados de sermos questionados pela polícia quando estávamos juntos em público, eu e Omar decidíramos "registrar o certificado", o primeiro de vários passos necessários para formalizar um casamento egípcio. O registro de certificado ou *katb el kiteb* refere-se à elaboração e à assinatura de um contrato nupcial no qual estipula-se o dote, decidem-se os termos do divórcio e estabelece-se o status legal de qualquer propriedade compartilhada. Em alguns aspectos o *katb el kiteb* se parece mais com um acordo pré-nupcial ocidental do que um contrato de casamento; embora considerem-se duas pessoas religiosamente casadas após a assinatura do *kiteb*, socialmente o são apenas depois da realização das bodas, antes das quais não deverão consumar o casamento.

O período entre o registro e o casamento é confuso para os mais jovens, casados perante Deus, mas proibidos pelas famílias de passarem muito tempo juntos. Esse período de espera não se fundamenta na religião e, no Egito moderno, tornou-se um pretexto para realizar-se uma festa espalhafatosa entre o noivado e o casamento. Omar e eu decidimos registrar por uma razão diferente: queríamos viajar juntos, o que era legalmente impossível a menos que apresentássemos um *kiteb* nos postos de vistoria militar e nos hotéis. Se eu me casasse com Omar como cristã, teria menos direitos como esposa. Se quiséssemos viajar juntos, devíamos elaborar um contrato nupcial e, antes disso, eu tinha de me converter "legalmente". Era um conjunto chato e complexo de requisitos, exigido e providenciado apenas por um estado repressor islâmico. E era preciso ainda que se discutisse meu nome.

– Chame-a de Zeinab – sugeriu tio Sherif, pois ele gostava de mim. Esse era o nome de sua mãe, avó de Omar, também usado por sua filha. Era um nome um tanto antiquado, em homenagem a uma neta encantadora e destemida do Profeta, e incomum em uma geração de Laylas e Yasmins.

– Quando Zeinab era bebê, o Profeta Maomé a carregava durante a oração – disse Omar quando o nome foi sugerido. – Ele a colocava no chão ao se ajoelhar e a tomava no colo ao se levantar novamente.

Próximo a nós, Ibrahim embalava um priminho recém-nascido, de forma que a cena não era difícil de imaginar. Embora Omar tentasse ajudar, a questão de meu nome muçulmano causava-lhe certo desconforto.

– O nome Willow não é anti-islâmico – ele disse, com um olhar protetor em minha direção. – É uma espécie de árvore.* Ela não pode abdicar do próprio nome, também... – o *kamen* (também) o entregou; aquela frase era para terminar: *porque ela abdicou de tanta coisa para estar aqui que não deveria ter de fazer isso também*. Como eu não era egípcia, não ia ser assim tão mal – eu não era legalmente obrigada a mudar de nome, como acontece com um convertido egípcio. E como os outros expatriados discretamente muçulmanos que eu conhecia, o mundo continuaria a me chamar pelo nome inglês. *Zeinab* ia se tornar meu nome somente para os que tivessem dificuldade em pronunciar *Willow*.

– Zeinab também é uma árvore! – exclamou tio Sherif. – Uma árvore pequena, perfumada...

– Uma árvore no paraíso – interrompeu Omar.

Apesar de minha emoção frente a tamanha boa vontade que meus futuros familiares demonstravam em me ajudar, eu não estava lá muito contente com a ideia de uma conversão normal. Senti-me insultada, como se a *chahada* que eu recitava com Deus como minha testemunha não fosse o bastante para os velhos secos de turbante, que examinavam a interseção da religião e do Estado. Independentemente do fato de aprovarem legalmente seu nome muçulmano, a conversão formal requer que o convertido escolha um. Se por um lado a ideia de adotar um novo nome simbólico era satisfatória,

---

* "Willow", em inglês, significa "salgueiro". (N. do E.)

por outro deixava-me dividida. Eu já tinha um segundo nome. *Willow* era um derivado adolescente de Gwendolyn, meu nome legal, que era uma palavra muito longa para se referir a uma criança durante uma conversa. Surgiu então Willow, que acabou ficando. A adição de outro nome parecia redundante.

– Eu já tenho muitos nomes – falei com Omar.

– Deus tem 99 – respondeu ele, sorrindo e apertando-me a mão. – Você vai ter três. Não é tão ruim assim.

Na manhã seguinte, eu e Omar fomos ao enorme campus de Al-Azhar. Ziguezagueamos entre prédios, que ora nos obrigaram a estar descalços, ora calçados, em busca de um *Ish'har al Islam* indicando el Aganeb, "estrangeiros declarando islamismo". Estávamos ambos com os nervos à flor da pele. Eu estava irritada com todo aquele processo; era mais uma burocracia egípcia. Caso tivesse tentado analisar a situação com certo distanciamento, provavelmente eu teria me sentido privilegiada em declarar formalmente minha fé em um local tão histórico. Só que na verdade sentia-me vulnerável. Quando finalmente encontramos o prédio certo, eu estava à beira de um ataque de nervos. A conversão é um processo pessoal e ainda acho que é um pouco cruel burocratizá-la. O tempo transcorrido entre minha chegada a Al-Azhar e a hora de dormir naquela noite ainda não consigo explicar muito bem.

Levaram-me até uma sala onde havia um *sheik*. Ele parecia inanimado, sorrindo em um sofá, uma criatura com a gravidade espiritual de um pequeno sol. Foi a primeira vez que encontrei-me com um *sheik*. Ele conversava com uma norte-americana de lenço na cabeça que parecia organizar alguma espécie de evento. Finalizaram a conversa enquanto eu preenchia os formulários exigidos. (Por que deseja converter-se ao islamismo? A pergunta parecia impossível de ser respondida. Rabisquei alguma coisa cortês e genérica.) Então o *sheik* virou-se para mim.

– Olá, Gwendolyn – cumprimentou-me, com um inglês perfeito.

Pena que eu não me lembro muito de nossa conversa. Ele fez uma série de perguntas e alguns comentários encorajadores. Quando levantei-me novamente, ele ainda sorria. Eis o que apreendi do que ele me disse: fomos colocados nesta Terra para fazer o bem e devemos nos lembrar dessa obrigação todos os dias.

– Já escolheu um nome?

– Zeinab.

– Irmã Zeinab, quando repetir a *chahada*, você se tornará um pequeno bebê. Imagine! – Ele riu. – Começará do zero. O que fará com isso é entre você e Deus.

Depois, pediram-me para assinar um livro bem grosso, cheio de assinaturas de outros convertidos e as datas em que proferiram sua fé. Ao ver centenas de nomes – britânicos, alemães, japoneses, espanhóis, russos – comecei a me acalmar. Até aquele momento, o islamismo significara algo muito pessoal e íntimo para mim – definia minha relação com Deus e com Omar. Eu nunca me sentira parte de uma religião mundial com mais de um bilhão de adeptos. Durante o silencioso processo interno e pessoal de conversão, acho que não percebi que o islamismo é isso. Entretanto, ali estava eu, olhando para os nomes de homens e mulheres que agora eram *akh* e *ukht*, meus irmãos teológicos. O mundo pareceu substancialmente pequeno.

Agora que eu era "oficialmente" muçulmana, Omar e eu podíamos fazer nosso *katb el kiteb*, dando-nos a liberdade de viajar juntos. Deveria ter sido romântico, análogo a tirar uma licença nupcial no fórum, mas como eu era estrangeira, isso também se enrolou na burocracia. Primeiro, tive de conseguir uma permissão oficial da embaixada norte-americana, que foi entregue com felicitações proferidas pelo canto da boca; provavelmente acharam que eu fosse uma boboca caindo no conto do casamento para garantir um *green card* a um espertalhão. Em seguida, Omar e eu precisamos pegar esse documento de permissão mais o certificado oficial de minha conversão, aprovada pelo Azhar, e levar a outro aglomerado de estabelecimentos governamentais. Quando finalmente chegou o momento de sentarmo-nos com um tabelião e elaborarmos um contrato nupcial, eu estava derretendo de calor e irritadíssima.

– Nome? – ele foi logo perguntando. Falava em árabe formal, bem devagar para que eu compreendesse.

– Gwendolyn Wilson.

– Onde nasceu?

– Nova Jersey, *Al Willayet Al Mutaheda Al Amrikaya*.

– *Yoo Ess Ayy*. – Ele abreviou meu alongamento sarcástico e sorriu, com brilho nos olhos. – Dote?

– Uma libra egípcia. – Suficiente para comprar suco de tamarindo depois que tudo isso acabar, pensei.

Ele fez que sim, tomando notas rápidas em uma série de formulários.

– Uma libra egípcia agora e duas caso, Deus nos livre e guarde, precisemos nos divorciar.

Omar tirou uma nota de uma libra da carteira e a mostrou para mim com um sorriso, dizendo:

– *Itfaddali. Não há de quê.*
– Quanto você tem em espécie? – perguntei. – Eu deveria ter pedido mais.

O tabelião, revelando uma perfeita compreensão da língua inglesa, riu.

Omar e eu assinamos os quatro contratos de casamento – um para ele, um para mim, um para o governo e um para sabe Alá quem – e com alguns carimbos oficiais, tornamo-nos marido e mulher perante a República Árabe do Egito. O contrato determinava os termos de nosso casamento: eu tinha direito a várias coisas caso Omar se casasse com outra mulher (os egípcios podem legalmente casar-se com quatro esposas, segundo o Alcorão), meu dote revertido para ele caso rompêssemos antes do casamento etc. Como quase-esposa de um egípcio, eu podia mais rapidamente tirar um visto de residência ou cidadania, se fosse de meu interesse. De repente, passei a ter direitos no Egito, não como membro da elite de estrangeiros, mas como meio-egípcia.

Omar e eu deixamos o Ministério da Papelada e fomos para a rua. A poeira pairava no ar e depositava-se em camadas sobre os prédios, atenuando seus contornos. Omar tomou-me a mão e a beijou – ele agora podia fazer isso em público.

– Conseguimos, *ya meraati* – disse. *Oh, minha esposa.*

Eu ri.

Com isso, Omar e eu estávamos tecnicamente casados antes de ficarmos publicamente noivos. Hoje, costumamos dizer de forma jocosa que somos *mitgowezeen awee* – *muito* casados. Juntando todos os rituais sociais e jurídicos, casamo-nos três ou quatro vezes. Essa foi a primeira.

Encontros no deserto

> Assim que conseguiu, Eliza levou o marido para o interior, e faz-se necessário, agora, que se relatem algumas das aventuras do casal. A caneta de Eliza é... controlada apenas pelo seu medo do censor turco e pelo seu desejo de ocultar seus pressentimentos dos amigos e familiares.
> – E. M. Forster, "Eliza in Egypt"

LOGO DEPOIS, EU E OMAR partimos para nossa primeira viagem juntos. Tomamos um ônibus público onde havia de tudo: caixinhas de som berrando versos gravados do Alcorão, poeira, homens circunspectos cuspindo sementes de girassol no chão. Passamos seis horas ali dentro, cruzando o Saara, rumo a um pequeno oásis chamado Farafra. Quando chegamos, eram duas da manhã, e as planícies ao redor eram de um incrível azul e branco: a lua no céu tornara a areia da cor de gelo. Cães selvagens nos observavam inquietos enquanto nós, alarmados pelo profundo silêncio após o barulho constante do Cairo e da estrada, caminhamos do ponto de ônibus em direção a nosso hotel.

Sob a luz do sol da manhã seguinte, Farafra tomou um aspecto mais real. Era uma série de estradas de terra ladeadas por prédios de um e dois andares, pontuados por plantações de tâmaras alimentadas por nascentes de água fria. Depois de dar uma volta pela cidade – a maioria dos turistas hospedava-se em hotéis locais espalhados pelos arredores e não se arriscava a passar pelo distrito agro-comercial, de forma que acabamos por chamar a atenção – Omar e eu decidimos fazer um passeio de jipe pelas profundezas do deserto. Essa parte do Saara, conhecida como Deserto Branco, era possível de se cruzar, porém inabitável, e fora deixada praticamente intacta. Ouvimos dizer que havia formações de calcário a 20 ou 30 quilômetros na direção do interior, que valiam a pena ser vistos. Saad, um famoso guia local, estava viajando para um de seus campos na área e pegamos carona com ele. Um de seus filhos, um garoto de 5 ou 6 anos, dormiu em meu colo durante a ida, ignorando os solavancos de quebrar a espinha na jornada pela estrada de areia. Chegamos meia hora depois, com o corpo todo mole.

Longe do oásis, a paisagem mudara – a areia ficou bege, salpicada, em alguns pontos, de depósitos de material mais escuro. Formava pequenas dunas, ponteadas com arcos e morros de calcário branco que desmoronavam-se quando tocados. Ao caminhar, deslumbrada, e tropeçar em um depósito mais escuro, descobri que o que parecia uma extensão de areia branca era na verdade os restos quebrados de conchas fossilizadas, de uma época em que o Saara era um mar raso, milhões de anos atrás. O calcário era feito disso. Depois, todas as vezes em que olhei para cima, tive visões de peixes extintos e enormes tubarões paleolíticos fervilhando no ar.

Passamos a tarde subindo e caindo de dunas, rindo feito bêbados, e à noite, juntamo-nos a Saad em seu acampamento. Havia uma fogueira acesa e, a seu redor, dez ou 12 turistas norte-americanos, meia dúzia de eruditos do Cairo e alguns homens da tribo de Saad, todos passando latas de cerveja uns para os outros. Apareceram, então, um tambor e uma flauta de junco; o beduíno e um casal de cairotas politicamente liberais começaram a cantar canções palestinas de libertação. Os turistas, alegres, sem a menor ideia do conteúdo das letras, acompanhavam a cantoria batendo palmas. Omar e eu entreolhamonos e sorrimos, com uma expressão irônica, mas sem amargura. Já tínhamos aprendido que, com muita frequência, essas colisões inconscientes entre ocidentais e não ocidentais eram tão cômicas quanto trágicas. Devem ser cômicas; elas traem uma impotência mútua que é arrasadora se não puder ser cômica. Omar pegou em minha mão.

Afastamo-nos da fogueira e subimos um dos aterros de calcário para admirar as estrelas. A terra brilhante abaixo inundava-nos as faces com uma luz azul suave.

– Quando criança – disse Omar –, imaginava poder viajar pelo espaço em qualquer recinto que eu estivesse. Imaginava que podia ver as estrelas assim dessa forma, só que de minha janela.

Fitei-o sem me lembrar de ser norte-americana, e pela primeira vez não vi um egípcio. Vi meu parceiro. Ele fora um garotinho, crescera, marcara o ar com estrelas; um dia seria um velho – se eu desse sorte, e tudo desse certo, eu envelheceria com ele. Percebi que um dos melhores privilégios – na verdade, o único e exclusivo – é o fato de alguém confiar em você e contar sua própria história. Compreendi as palavras que diziam que Deus proferira a Amir Abdul Qadir, o erudito argelino, em seu exílio no século XIX: "Hoje, reduzo sua linhagem e aumento a Minha." Havia uma divindade inconsciente de herança étnica, uma verdade escondida, mas não apagada da geografia. Exigia ser reconhecida e protegida.

– Vou começar a usar um lenço – avisei.

Omar permaneceu calado por um instante. Nunca faláramos sobre o *hijab*, o véu islâmico; ele nunca esperara nem me encorajara a usá-lo. Meu comentário deve tê-lo assustado consideravelmente. Ele se inclinou e beijou-me a testa duas vezes.

– Qual o motivo de sua decisão? – indagou.

– Quero fazer algo que separe isso de tudo o mais. Quero lhe dar algo maior do que qualquer coisa que eu já tenha dado a outra pessoa.

Era um impulso mais espiritual do que religioso; o *hijab* prestou-se a meus propósitos, mais do que eu aos dele. Tendo lido os versos relevantes do Alcorão e o Hadiz, bem como os argumentos dos principais eruditos, eu ainda não estava convencida de que o *hijab* era *fard*, ou obrigatório, em vez de *suna*, preferível. Minha decisão, tomada naquele momento especial, foi quase defensiva; era uma forma de dizer que quem não conseguia enxergar Omar pelo que ele era de fato, tampouco conseguia me enxergar como eu era verdadeiramente.

Durante os últimos anos, minha relação com o véu mudou, mas persistiu; tornou-se uma forma de definir a intimidade em um senso mais amplo, e no círculo de homens que viram meu cabelo, incluí alguns amigos íntimos meus e de Omar. Quando estou nos Estados Unidos, ainda ando com a cabeça exposta em algumas circunstâncias. Ou seja, nunca fui uma *muhajeba* modelo, mas até certo ponto isso me permitiu manter uma apreciação pelo véu que, de outra forma, podia ter desaparecido depois que enfrentei alguns momentos desagradáveis por trajá-lo.

Quando terminei de falar, Omar emudeceu-se novamente.

– De onde você veio? – finalmente indagou. – Como a encontrei?

– Não sei, não sei – respondi aos risos.

Ele me chamou de *aziza*, "preciosa", uma palavra desprovida de quaisquer implicações irônicas de sua homóloga em inglês. Uma palavra usada para descrever uma criança ansiosamente aguardada, uma amiga querida, um poço no deserto.

Recebi um e-mail de Ben um pouco depois disso. Dizia estar deixando os Estados Unidos e voltando ao Cairo na semana seguinte. Pretendia estudar árabe para tentar arrumar serviço na inteligência federal quando voltasse para casa. Eu e Omar ficamos nervosos com sua chegada. Ele era um amigo em comum – foi por seu intermédio que nós nos conhecemos –, mas, embora ele respeitasse as diferenças culturais, achava absurdas as restrições árabes quanto à liberdade pessoal e me dissera isso. Omar e eu temíamos que Ben não fosse compreender o que estávamos fazendo – na verdade, o que *eu* estava fazendo. Decidimos contar a Ben que estávamos namorando. Ele não acreditaria de imediato, já que Omar não namorava, mas isso lhe daria tempo para se acostumar a nos ver juntos. Também decidi esperar mais duas semanas para começar a usar o véu.

Fomos pegá-lo no aeroporto. Foi fácil encontrá-lo, usando sua boina de sempre e seus óculos de armação preta, parecendo um Ernest Hemingway dos últimos dias no mato cubano. Havia nele um ar de expatriado clássico, achei; o tipo que rejeitara a mentalidade da raça dominante, mas ainda trazia a aura safári consigo em qualquer lugar. Ele nos cumprimentou em árabe, com um sotaque bem pesado.

– Que bom ver você – disse Omar, esticando-se para abraçá-lo.

Ben suspirou e fez que não com a cabeça.

– Não acredito que estou de volta ao Cairo – sorriu. – O que aconteceu?

– Está feliz por voltar? – perguntei.

– Vou responder à sua pergunta depois de fumar um *shisha*. Olha o que trouxe pra você! – Ele me deu uma pilha de gibis. Segurei a emoção, e Omar lançou-me um olhar engraçado; ainda não sabia que eu lia gibi.

– Aqui essas coisas são apenas para a criançada – disse ele.

– Em nosso país a história é outra – respondeu Ben.

Em um segundo quase presciente, percebi como as coisas se desenrolariam a partir dali e senti medo.

Omar pareceu desconfortável. Para os padrões do Oriente Médio, já tínhamos abusado das regras; o presente que Ben trouxe e me entregou em público conferiu uma ambiguidade a nossa relação. Ele era meu irmão? Ou talvez Ben fosse o noivo e Omar um guia ou um chofer? Ben, entretanto, não percebeu sua própria transgressão; sabia apenas que algo tinha dado errado e parecia preocupado. Nenhum de nós sabia como proceder.

– O que foi? – perguntou Ben.

– Nada! – assegurei, com um sorriso aflito.

– Devemos ir – anunciou Omar.

– O que eu fiz? – indagou Ben.

– Nada – repetiu Omar.

Ben me olhou com uma expressão que dizia, *Então já começou*. Percebi que Omar estava apreensivo – não que o simples fato de Ben ter me dado um presente o tivesse incomodado, mas tal situação (um homem desembarca de um avião, entrega uma pilha de gibis a uma mulher que não é sua parenta) jamais teria justificativa no mundo árabe. Não havia protocolo para isso. Ele não sabia como reagir, de forma que estava nervoso. Os dois precisavam que os tranquilizassem, ação que deveria partir de mim, mas só consegui ficar ali parada, sem falar, certa de que a coisa ia piorar.

No dia seguinte, concordei em ir ao encontro de Ben para tomar café da manhã em um café de expatriados em Maadi. Precisava resolver uma coisinha em Al-Azhar depois – não lhe contei que ia lá pegar a tradução para o inglês dos meus documentos "oficiais" de conversão.

– Você se converteu – ele disse, enquanto sentávamo-nos à mesa. Os pisos de madeira, os cartazes propagando hambúrgueres e batatas fritas, e Ben com aqueles óculos, tudo aquilo me trouxe a sensação de que ele e os Estados Unidos conspiraram para colocar em cena aquele café da manhã como uma intervenção.

– Pois é – respondi surpresa. – Como soube?

Ele suspirou.

– Por que outro motivo você precisaria ir a Al-Azhar? Não rola muita coisa por lá além do islamismo.

Fizemos uma pausa.

– E então? – finalmente perguntei.

– Acho que não é chocante – respondeu, no mesmo tom que usara uma vez para me repreender por estar bebendo demais. – Quero dizer, você fez mesmo aquela tatuagem.

– Ben, metade dos textos religiosos que possuo vem de você. Quando você voltou para passar o Natal em casa em seu primeiro ano aqui, levou-me uns... seis Alcorões.

– É, mas achei que você fosse essencialmente ateia. Não achei que... deixa pra lá. Quer dizer então que agora é muçulmana. Por quê?

– A cada semana tenho uma resposta diferente para essa pergunta.

– Escolha a melhor, então.

– Gosto do islamismo.

Ele sorriu e pareceu mais natural.

– Que bom. Ainda bem que gosta. Talvez eu não tivesse acreditado se você dissesse outra coisa.

Meu chá chegou e tomei um gole bem longo; estava quente e acabei queimando a garganta.

– Quer dizer então que bebedeira e sacanagem nunca mais! Não vai sentir falta? – Ben parecia melancólico.

Senti um pouquinho de pena. Foi por intermédio de Ben que eu desenvolvera uma apreciação particular por uísque e Tom Waits, a combinação que parecia ter-me acompanhado em muitos percalços.

– Claro que vou. Pelo menos da bebedeira, sim.

– Muito bem. – Ele parou. – O que vai dizer ao pessoal lá nos Estados Unidos?

Embora ele tivesse se referido a nossos colegas de faculdade, a palavra "pessoal" me incomodou: em minha cabeça, a palavra se expandiu completamente, abrangendo pessoas que conheci em outros estágios e apartamentos alugados. Todo o mundo. Relaxei e repousei a cabeça no encosto.

– Não sei. É assustador.

– Acha que vai ser tão ruim assim? – A pergunta soou de um jeito que sugeria que ele não estava mais otimista que eu.

– Sorte minha se não for pior. Se você, que já morou em um país muçulmano, não parece lá muito feliz com isso tudo, já posso imaginar os outros.

Ele parecia magoado.

– Só estou preocupado com você.

– Eu sei. Acredite, eu não suportaria essa espécie de julgamento vindo de pessoas que não tivessem o direito de se preocupar comigo.

– O que acha que o pessoal vai dizer?

– Vão dizer que sou hipócrita. Porque o islamismo tem a ver com o apedrejamento de gays e mutilações de partes do corpo, como sabemos. Vão dizer que sou hipócrita e que não há o que eu possa fazer para que elas mudem de opinião.

Era como se eu conseguisse me proteger com o cinismo; como se o sarcasmo, a timidez e a pretensa expectativa pelo pior fossem abrandar a dor causada pelo medo e o constrangimento que estavam por vir. Só mais tarde, eu me daria conta de que meus amigos – talvez até minha própria família – achariam que minha conversão era um julgamento desfavorável de seus valores e vidas.

Alguns anos mais tarde, eu me encontraria com uma garota no Cairo que eu conhecera em um final de semana em Nova York, amiga de uma amiga, com quem eu heroicamente me embebedara e com quem vagara pelo átrio do World Financial Center à meia-noite. Depois de 11 de setembro, circularam umas fotos mostrando as ruínas tristonhas daquele átrio, as palmeiras quebradas e cobertas com tanta cinza que estavam até brancas.

– Parece que já faz séculos que estivemos lá – a garota me disse no Cairo, com seus olhos escuros e jeito meio tímido. Para ela, havia apenas um conflito de estilos de vida: naquela época eu estava com o cabelo cor de rosa, bem curto e segurava minha bebida e agora eu era muçulmana praticante. Ela não conseguia entender, e eu não poderia ter-lhe mostrado, que, para mim, havia uma história maior na qual os dois modos de vida se conectavam de forma essencial: um que abraçava aquela noite e essa, além do átrio, as palmeiras cobertas de cinza, a necessidade emergente de que certas coisas fossem compreendidas. Embora seu jeito de se vestir e de falar continuassem o mesmo desde a época em que passamos aquela noite em Nova York, ela deixara o átrio; eu, no entanto, sob algum aspecto, ainda estava lá. Todos os dias, minha vida era afetada pelo que acontecera no dia 11 de setembro; todos os dias, eu tinha de me levantar e negociar as fronteiras entre aquela tragédia e minha religião. Todos os dias.

Ben emudeceu por um minuto, considerando alguma coisa.

– Talvez, não sei. Você pode se surpreender. Eu posso ajudar: posso servir de apoio. As pessoas ficarão menos preocupadas se eu estiver lá para lhes dizer que você continua sã.

– Obrigada – respondi, cansada demais para indignar-me.
– Então, quer vir comigo a Al-Azhar?

– Claro.

Pagamos a conta e tomamos um táxi; ensaiei as coisas que agora sabia que tinha de dizer àqueles que eu deixara para trás.

Chegadas e confissões

Ó homens! Por certo Nós vos criamos de um homem e de uma mulher, e vos fizemos como nações e tribos, para que vos conheçais uns aos outros.

– *Alcorão 49:13*

EU NÃO ESPERAVA QUE A REAÇÃO DE BEN com relação a minha conversão pudesse servir-me de apoio e deixar-me tão animada. Manter o segredo claramente não era uma solução prática a longo prazo. Vivendo em um país muçulmano, sentia-me ainda mais culpada com todo aquele segredo; a família de Omar sabia, mas eu não tinha contado aos colegas de trabalho e nem sabia ao certo se corria o risco de perder o emprego caso revelasse minha religião. Foi principalmente por isso que adiei a adoção do véu.

O temor que eu sentia quanto à reação a minha conversão se estendia tanto aos amigos muçulmanos quanto aos não muçulmanos. Eu não queria ser especial, simbólica e muito menos temida; queria ser uma muçulmana comum, para quem o islamismo era uma realidade natural, independente da censura ou do mérito. Eu estava tão cansada pelo que tive de passar junto com Omar que nem sequer aguentava aceitar elogios; a normalidade era tudo que eu desejava.

Frente à inevitabilidade da crise, decidi forçá-la. Levantei a bandeira, por assim dizer, colocando um *hijab*. O primeiro véu que comprei e usei era vermelho-maçã, cor que certamente deixaria meus colegas de trabalho ultraconservadores tão chocados quanto os não muçulmanos. O primeiro dia em que apareci na escola "enfaixada", como diz Jo, a diretora parou, com os olhos arregalados, e sem pausar perguntou:

– Estou vendo mesmo um véu?

Por um segundo não consegui dizer uma palavra sequer.

– Digamos que se trate de um artifício religioso permanente para disfarçar um cabelo rebelde – respondi, finalmente.

Ela riu. O momento de tensão passou. Mantive essa atitude durante todo o dia; quando as pessoas se surpreendiam, eu reagia de forma alegre e neutra, o que confundia alguns, divertia outros, alarmava uns e encantava tantos outros. Consegui o que queria, ou seja: evitar conversas filosóficas com quem não era muçulmano e euforias espirituais batidas com quem era.

Pensando agora, aprendi algo essencial com a forma que escolhi para "sair do armário": qualquer coisa realizada com intenções sinceras pode ser defendida com justiça. Em nenhum momento, em palavras ou ações, declarei possuir uma verdade mais alta ou universal, mas apenas uma verdade pessoal. Creio ter sido essa uma das principais razões pelas quais consegui aderir discretamente ao islamismo "comum", sem a fanfarra que acompanha a conversão. Nunca tentei me tornar uma mascote; eu era simplesmente uma pessoa, com esquisitices e defeitos comuns, que agora se tornara muçulmana.

Os colegas e amigos muçulmanos mais moderados – moderado é uma palavra horrorosa, já que muitos deles são amantes fervorosos da religião – aceitaram-me sem pestanejar. Ninguém pulou de alegria ao saber da conversão abençoada, ninguém me tomou a sabatina para checar meus conhecimentos teológicos. Simplesmente passaram a me cumprimentar com *as-salamu alaikum* ao invés de "oi", e me incluíram nos olhares silenciosos de desaprovação que rolavam no recinto quando os colegas não religiosos ou ocidentais começavam a criticar a religião. Os homens passaram a me tratar com o mesmo cavalheirismo protetor estendido a outras muçulmanas; as mulheres, tipicamente enojadas pela androgenia das ocidentais, pararam de me tratar como um homem. A transição foi silenciosa e tranquila, mas completa.

Os professores ultraconservadores, dos quais havia poucos, ficaram alarmados e sem graça quando passei a usar o véu. Os convertidos são presas preferidas dos fundamentalistas: ficam sempre isolados, confusos e carentes de apoio, que os muçulmanos radicais com toda satisfação dão. No meu caso, ficaram confusos. A forma com que eu usava meu véu e as cores que escolhi deixavam claro que eu não estava gritando por socorro, tampouco buscando apoio. O islamismo convencional é uma coisa abstrata e comum demais para oferecer muito conforto para o iniciante mediano; exige que a pessoa acredite silenciosamente e sem comemoração, oferece algumas respostas inquestionáveis e requer que o sujeito recrute muito mais seus recursos espirituais internos do que os comunais. Deve ter sido perturbador para os radicais engolirem o fato de uma convertida achar o islamismo em si mais interessante do que o fechadíssimo círculo social. Este é o sinal da morte do radicalismo: muçulmanos que alcançaram uma compreensão pessoal da religião podem inspirar dúvidas em extremistas simplesmente parando em frente a eles. É um fato simples, mas com potencial de mudar o mundo.

Escrevi uma carta a meus amigos e parentes imediatos nos Estados Unidos. Com eles não havia espaço que eu pudesse ocupar além daquele de uma convertida; o islamismo para o norte-americano mediano não era algo comum. Jamais poderia sê-lo. O dia em que escrevi e enviei essa carta por e-mail está gravado na memória como um alívio profundo; e o mais doloroso é que se trata de algo que eu preferia esquecer. Mais tarde, eu examinaria mais cuidadosamente essa carta, usando seu conteúdo nestas páginas, uma linha aqui, um parágrafo ali. Foi a primeira e mais honesta explicação que dei para minha fé, por mais dolorosa que seja. Um amigo escritor muçulmano certa vez me perguntou por que achamos esse tipo de escrita apologética tão horrível.

– Acho que é porque não deveria ser necessária – respondi.

Tentávamos decidir por que nosso melhor trabalho, em vez de nos dar mais confiança, causava-nos crises de depressão.

– Não deveria ser necessária – continuei – e o fato de significar algo é um erro terrível.

Parece algo óbvio de se dizer; claro que há algo errado. Basta que se assistam aos noticiários. Mas eu não estava falando do erro óbvio, o ciclo de guerra e *jihad*, mas sobre a realidade emocional criada por ele: o fato de que agora exigimos prova de humanidade comum. Fornecer essa prova é abdicar de nossa dignidade em prol do ideal de paz. A utilização de uma história pessoal para explicar algumas diferenças triviais entre o Oriente e o Ocidente, ou fazer com que um leitor simpatize com alguém que ele acredite ser seu inimigo, não traz felicidade – apenas um senso degradado de ter sido útil.

Eu não teria conseguido colocar essa ideia em palavras ao escrever a tal carta anunciando minha conversão às pessoas que eu amava nos Estados Unidos. A habilidade de articular o tipo de dor que isso causou viria mais tarde. Mas a senti, profundamente, assustadoramente, como uma vertigem. Conseguia praticamente enxergar a distância que eu estava colocando entre mim e meu passado e as pessoas que faziam parte dele. Como eu podia explicar para elas que eu não havia me desviado, mas que estava caminhando em uma linha reta, mantendo-me verdadeira – mais verdadeira – à minha essência e aos meus princípios? Fiz o melhor que pude, mas a carta pareceu bizarra àqueles que a leram; desde o dia em que a enviei, não a reli por completo.

As respostas foram chegando lentamente, o que me deixou criando as maiores caraminholas na cabeça. Eu estava bloqueada por minha própria recusa birrenta de conversar com Omar sobre meus temores. *Alguém* tinha de permanecer incólume a minha vida inconveniente. Era uma forma ilusória de se pensar, mas eu me agarrei a ela e aguardei.

Tudo a meu redor parecia silencioso, sem cor. Eu demorava a responder a perguntas e dar conta dos afazeres. A vida se desenrolava ali em minha frente, inexpressiva: não sou o tipo de pessoa que consegue se afastar das pessoas que ama, ou nem mesmo das pessoas que amou. Eu não conseguia sequer imaginar continuar a viver sem elas.

Mas não precisei disso.

Com muito cuidado, como se eu fosse desmoronar, meus parentes e amigos começaram a se pronunciar. Meus pais deram força, mas sem muito entusiasmo, meio que se recriminando, como se minha decisão de fazer algo de natureza tão horrível resultasse de um defeito em suas habilidades ao me educar. Embora não tenham dito, havia uma culpa permeando suas palavras. Entretanto, culpa e aceitação eram melhores do que medo e negação, de forma que comecei a tranquilizá-los, garantindo não ter sofrido nenhuma lavagem cerebral e que o islamismo era uma tradição espiritual de 1.400 anos e não o resultado de um defeito nas habilidades de educar ninguém. Foi um processo que levou meses.

Alguns amigos reconheceram que minha conversão resultara de um processo que havia começado anos antes: que meu acúmulo regular de textos islâmicos, meu interesse extracurricular pelo árabe e a famigerada tatuagem não eram meras coincidências. Um deles, um cara que eu conhecera na Boston University, chegou a dizer:

– Só quem estava desligado não previu que isso aconteceria.

As reações em sua maioria foram mais ou menos assim. Nos anos subsequentes, as conversas que minha carta provocou têm sido reveladas a mim aos poucos, sempre acidentalmente; as pessoas de fato reagiram com a mistura de medo e repulsa que eu antecipara, mas no fundo havia uma corrente de carinho que eu não esperava. Não queriam que eu percebesse a negatividade e se esforçaram – às vezes em um esforço conjunto – para ser gentis. A reação foi, considerando-se o estado do mundo pós-11 de setembro, formidável.

Escrevi usando palavras mais íntimas do que aquelas aplicadas para descrever afiliações políticas, teologias e estratégias absolutistas; palavras que colocavam nossa relação e não nossas ideologias no centro do diálogo. Não lhes pedi que compreendessem o islamismo, mas que compreendessem a mim. Não dava para ridicularizar uma súplica que depositara tamanha credibilidade ao que já tinha sido estabelecido – afeição e vulnerabilidade mútuas. Meses depois, cansada do ataque violento das informações truncadas e da esterilidade emocional que eu via na mídia, mudei a atitude e comecei a pregar sobre a religião; entretanto fui repreendida no ato.

– Nossa, pra que tanta chatice? – um amigo perguntou-me em um e-mail. – *Estamos bem. Amamos você.* Pode parar de bancar a professora de catequese.

O primeiro obstáculo tinha passado. O peso do segredo que eu vinha guardando se foi e senti-me fisicamente mais leve; eu não seria irrevogavelmente excluída de minha família e manteria o contato com as pessoas que eu amava. Restava, entretanto, a questão de meu casamento, e à medida que o mês de dezembro se aproximava, uma tensão irritante voltou a infernizar-me. Meus pais e minha irmã mais nova, Meredith, viriam para passar o Natal. Omar e eu planejávamos anunciar nosso noivado quando eles chegassem.

– E se eles não gostarem de mim? – Era a pergunta frequente de Omar.

– Talvez não seja uma boa ideia usar o véu enquanto estiverem aqui – aconselhou Sohair.

Nos dias que antecederam a chegada de minha família, eu e Sohair tentamos organizar as coisas de forma que tomassem um aspecto mais ocidental possível. Era preciso isolá-los dos imames fundamentalistas que berravam às sextas-feiras, protegê-los do assédio nas ruas, mantê-los em um ambiente limpo e organizado. Ocorreu-me que ela e Omar tinham muita consciência de quão assustadora sua cidade era para os ocidentais – o barulho, a poluição, as mulheres sem faces, os soldados com rifles semiautomáticos. Aceitavam o fato com resignação; foram criados sabendo que eram vistos como exóticos na melhor das hipóteses e bárbaros, na pior delas. Caso tivessem ficado magoados ou tristes, eu poderia tranquilizá-los, mas a resignação é incontestável.

– Que tipo de assunto devemos evitar? – perguntou Sohair.

– Israel – respondi no ato; aqui pelo menos era um assunto tangível. – Qualquer coisa relacionada à Segunda Guerra, na verdade. Melhor evitar o assunto por completo. – Omar tinha opiniões muito fortes sobre Churchill.

– Acha mesmo que alguém mencionaria a Segunda Guerra em um bate-papo? – indagou Sohair duvidosa.

– Seguro morreu de velho, Sohair.

Finalmente meus pais chegaram com minha irmã, trazendo ainda o pai de Jo. Distribuímos todos em camas extras. Ben, que saíra da cidade para passar as festas de fim de ano, cedeu o apartamento a minha família. Adiando ao máximo o momento de anunciar as novas, planejamos viajar para Luxor e lá passar alguns dias visitando os antigos templos faraônicos depois do Natal e, nesse ínterim, perambular pelas vielas do Cairo, fazendo trajetos que eu aprendera seguindo Omar.

– Estou impressionado com o nível de segurança daqui – disse meu pai depois de alguns dias. – Pelo jeito não há qualquer tipo de violência trivial nem roubo.

Eu me dei conta de que era verdade; nunca me sentira fisicamente desprotegida no Cairo. As pressões do código moral islâmico e da política rígida do governo relativa ao comportamento criminoso faziam com que praticamente inexistisse violência nas ruas e comparativamente um índice ínfimo de roubos e furtos. Entretanto, à medida que o Egito avança em direção ao século XXI, tem-se visto uma drástica mudança na sorte do cidadão mediano, de forma que isso vem se tornando cada vez menos verdadeiro; a elite fica mais rica enquanto o resto do país afunda cada vez mais na pobreza. A frustração e o ódio causados por esse desequilíbrio têm gerado violência. Porém, em 2003, ainda era possível caminhar de uma ponta a outra do Cairo sem medo de um assalto ou ataque físico. Na época, era o lugar mais seguro em que eu vivera.

Sohair nos convidou a todos para jantar dois dias antes de nossa partida para Luxor. Omar e eu teríamos de dar a notícia lá – caso contrário, minha família descobriria quando chegássemos ao hotel e, nós dois, tivéssemos de apresentar nossos *katb el kiteb*. Comecei a passar mal. Eu temia muito mais a tolerância de má vontade do que a histeria. Se houvesse alguma confusão, se ele se magoasse ou magoasse minha família, eu não sabia o que faria.

Na noite do tal jantar, Jo e eu conduzimos nossa pequena tropa de parentes ao apartamento de Sohair. Ao passarmos pela porta, senti-me estarrecida: na mesa, aguardava-nos uma refeição de cinco pratos; Ibrahim vestia gravata e cortara o cabelo e Omar, todo barbeado, estava na entrada segurando-se em seu *oud*. Aquelas pessoas ali não tinham nada de inseguras; tinham consciência de seu próprio valor e em certo ponto deve ter-lhes ocorrido que a situação na qual foram atirados ao aceitarem uma norte-americana no seio de sua família era um tanto quanto injusta. Eram articulados, gentis e inteligentes; não deveriam ser obrigados a se esforçarem dessa maneira para provar que eram civilizados. O fato de que de uma forma ou de outra eles assim o fizeram, sem reclamar, deixou-me sem palavras. Eu não sabia como retribuir tão lindo gesto. Balancei a cabeça recompondo-me e comecei a apresentar as pessoas.

O jantar superou todas as minhas expectativas. A boa vontade mútua era tão óbvia que as pessoas imediatamente começaram a reagir umas às outras como indivíduos e não como diplomatas. Eu não disse muita coisa; observei minha mãe conversar com a mãe de Omar sobre trabalho e viagem, observei o monólogo entusiasmado de Ibrahim sobre sua guitarra elétrica – ao qual meu pai escutou com toda atenção, sorrindo – e vi os olhares encorajadores de Jo para Omar quando ele falava. Comecei a pedir a Deus que essa gentileza bastasse para que chegássemos aonde precisávamos.

Após o jantar, Omar e eu acompanhamos meus pais e minha irmã de volta ao apartamento de Ben.

– Você está bem? – perguntou-me Omar em árabe enquanto subíamos as escadas até o apartamento.

– Veremos – respondi.

Sentados na sala de estar, Omar e eu puxamos um papo aqui, outro acolá, mas ficou parecendo um bate-papo tenso demais para me deixar à vontade. Observei meus pais em seu estranho entorno e senti uma pontada de culpa. Meu pai sorria por baixo de sua barba de professor, ainda com poucos fios grisalhos, sem fazer ideia do que eu estava prestes a dizer. Apesar das aplicações diárias de protetor solar, sua nuca estava bronzeada.

– Então, gostaram de Sohair e de Ibrahim? – arrisquei.

– Muito – respondeu minha mãe –, são maravilhosos.

Ela estava sentada de pernas cruzadas em uma cadeira. Sentava-se assim à enorme mesa de fazenda da casa no Colorado quando lia o jornal. A normalidade que faltava em minha vida e que eu tanto desejava de repente me irritou; eu não queria ter de explicar a pessoas boas nada sobre outras pessoas igualmente boas, proteger pessoas boas de pessoas boas, mas por várias vezes foi isso que senti-me obrigada a fazer. A idade adulta chegou a minha vida da seguinte forma: eu me dei conta de que mais ninguém pilotaria este voo.

– Gostariam de tê-los como parentes? – indaguei.

Silêncio. Segurei a respiração.

– Seria uma honra – respondeu minha mãe com toda cautela.

– Tudo bem – respondi, meio ofegante. – Tudo bem.

Depois disso, apressamo-nos todos para tranquilizar um ao outro. Meus pais queriam ter a certeza de que a lei matrimonial egípcia não limitaria meus direitos humanos; garantimos-lhes que não. Então eles nos garantiram terem achado Omar um sujeito maravilhoso e que acharam o mesmo do Egito e do islamismo. Tudo isso saiu assim de uma vez, mas eles estavam claramente sendo sinceros. Aquilo vinha do desejo que tinham de confiar em nós e de nos proteger. Senti o sangue correr para a cabeça e mal senti que Omar tomara-me a mão e não a soltara.

Voltamos correndo a meu apartamento para contar as novas a Jo e seu pai. Creio ter sido um pouco incoerente, mas Jo assumiu, dado meu comportamento, que as coisas deviam ter corrido bem e se jogou em meus braços.

– Vamos ter um *casamento*! – gritou animada.

Seu pai deu um tapinha nas costas de Omar e disse:

– Bem-vindo à família!

Omar riu, encantado. Eu lhe dissera mais cedo que *família* no sentido norte-americano referia-se a parentes e amigos próximos.

– Está vendo aí – eu lhe disse mais tarde –, nós, americanos, temos mesmo uma cultura.

– Nunca duvidei disso – respondeu.

A partir daí, as coisas aconteceram rapidamente. Quando retornamos de Luxor, outros parentes de Omar começaram a ligar, ansiosos para conhecer meus parentes. Decidimos fazer uma pequena festa de noivado. Às pressas, contei com o apoio de Jo e minha mãe para juntas organizarmos uma recepçãozinha, arrastando todos os móveis da sala de estar até a escadaria para abrir espaço. Meu pai apareceu na festa trajando uma túnica que ele comprara em Luxor, a cabeça enrolada, com surpreendente facilidade, em um turbante. Amu Fakhry, vestindo um costume, estava encantado e passou cinco minutos rindo incessantemente.

– Ele está um *saidi*! – exclamou, dizendo que meu pai estava parecendo um egípcio da alta nobreza. – Seu pai está um *saidi*!

Com isso, estabeleceu-se o clima geral; ninguém se comportou de maneira totalmente norte-americana ou totalmente egípcia, e todos passaram pelo menos uma parte da noite falando em uma segunda (ou terceira) língua. Marcou-se a data do casamento para novembro seguinte.

Tudo que fiz a partir desse ponto foi em homenagem àquele dezembro. O que aconteceu foi algo tão frágil e corajoso que é difícil expressar em palavras; nossas famílias concordaram em se amar por nenhum outro motivo além de porque lhes pedimos. Nada mais importaria tanto; não mais me importava profundamente que regras eu seguia, árabes ou norte-americanas, orientais ou ocidentais, e as palavras em si perderam o significado. Eu tomara o controle e vira outros tomarem o controle de algo que não podia ser tocado pela geografia. Alan Moore o chama de "o último centímetro de nós", aquela integridade imutável. Viver além do princípio da identidade e assim fazê-lo em nome de uma paz que ainda não ocorreu, mas que é infinitamente possível – isso é revigorante, necessário e factível.

A Mesquita Borboleta

> A mais distante das mesquitas não foi construída com terra, água e pedra, mas com intenção certa, conhecimento verdadeiro e sentimento justo.
>
> – Rumi

Durante o inverno e a primavera que seguiram, Omar e sua família guiaram-me o mínimo possível para que eu desfrutasse de certo grau da independência americana à qual eu estava acostumada. Considero aquele ano como minha infância árabe, pois tive a mesma liberdade de cometer os erros sociais, práticos e religiosos concedida a uma criança e depois, apesar do grau incomum de liberdade de ação e apoio que recebi, tive de assumir as responsabilidades de uma árabe casada. O tio de Omar, Ahmad, empresário bem-sucedido e chefe da família, disse, depois do anúncio de nosso noivado, que ninguém deveria questionar minha integridade – o que é comumente chamado de honra – e quem o fizesse ganharia sua antipatia e que todos deveriam ter o máximo de paciência e compreensão.

Eu queria merecer essa confiança. Assim sendo, corrigime de forma incessante sempre que, acidentalmente, eu agia de maneira rude, o que não era raro durante os primeiros meses: eu me intrometia em reuniões dos chefes da família (olhavam-se espantados e ofereciam-me café até que alguém vinha me buscar), esquecia de ajudar tias e primas com as cadeiras, pratos e comida e metia-me em discussões políticas da pior espécie com pessoas mais velhas cujas opiniões eu deveria acatar com respeito.

O que me faltava em equilíbrio eu tentava compensar em dedicação. Passava cinco horas em um velório sentada, caladinha, dançava em um casamento até os pés não aguentarem mais e ouvia as histórias que a avó de Omar contava com total atenção sem entender mais de uma em cada três palavras. A alegria que isso gerava na família de Omar – agora minha família – fez com que o processo de adaptação à vida de classe média egípcia parecesse um fardo leve. Até hoje, vira e mexe uma tia me agarra e coloca-me no colo como um bebê enorme e me diz que sou o amor de seu coração. Nesses momentos esqueço-me do cansaço que tem tomado conta de mim, e penso que não há nada que eu não estivesse disposta a fazer pelas pessoas – no Egito e nos Estados Unidos – que me amam e me defendem.

Eu precisaria delas nos meses seguintes. A princípio, pareceu que a quebra de barreiras daquele dezembro bastaria para deixar todos confortáveis. Entretanto, a boa vontade não é o suficiente. Entre a minha cultura e a de Omar havia um abismo cheio de perigos: pobreza, terrorismo, guerras de atrito, racismo, colonialismo e maldade. Os egípcios estavam furiosos porque seus "aliados" norte-americanos pregavam a democracia sob coerção no Iraque, mas permitiam que os reformistas democráticos egípcios apodrecessem na prisão sob o regime do presidente Mubarak. O sentimento de terem sido humilhados e enganados pelo Ocidente era arrasador e afetou clara e intensamente o modo com que os egípcios tratavam os ocidentais. Consequentemente, tenho visto inúmeros expatriados norte-americanos virem para o Oriente Médio com o que achavam ser mente e coração abertos, contratados para trabalhar em escolas ou ONGs e deslumbrados com o desejo de curar civilizações hostis e beligerantes, acabando por serem rejeitados e humilhados pelo povo que eles vieram ajudar. Viram as costas e voltam para casa, levando experiência direta para os grupos de cínicos antiárabes.

Não conseguem perceber que não se pode esperar que o povo que perdeu a dignidade e oportunidades para o "choque de civilizações" receba de braços abertos os pacificadores que nada perderam. Esse ódio precisa ser canalizado e escoado para algum lugar. Expatriados mimados são alvos convenientes para a raiva. Se eu não tivesse um motivo tão forte para ficar, teria tornado-me igualmente cínica e deixado o país. A família de Omar me acolheu, meus colegas de trabalho me aceitaram, mas o resto do Egito não seria tão caridoso.

Pouco depois da visita de nossos pais, Jo e eu deixamos nosso apartamento caro em Maadi e nos mudamos para um bem menor em Tura. Dessa forma, Omar e eu podíamos morar mais próximos um do outro e daria para eu economizar. Ao descrever Tura, devo lembrar-me de que para muitos de seus habitantes morar lá não é pouca coisa. As verdadeiras favelas do Cairo são muito piores. Quando Omar era bem pequeno, morou em uma delas com a família. Ele conta que tinha de atravessar rios de esgoto para chegar à escola e passava dias sem água corrente ou eletricidade conforme os serviços básicos de saneamento, carentes de manutenção – e geralmente pirateados – falhavam. Um telefone só apareceu em sua casa quando ele já tinha dez anos.

Comparado a isso, Tura deve ter sido como um golpe de ar fresco: ruas planejadas e pavimentadas, prédios regulares e razoavelmente sólidos, água e luz confiáveis. Sohair trabalhava com uma determinação que eu invejo e uma coragem que receio que jamais terei para comprar o apartamento onde ela morou com os filhos. Apesar de nossas diferenças, admiro a tenacidade das pessoas que moram em Tura; muitas têm histórias semelhantes à de Sohair e passaram a melhor parte da vida fugindo da miséria trabalhando com afinco.

A área melhorou um pouco desde a época em que morei lá. Hoje há pequenos jardins ao redor dos prédios residenciais de propriedade militar, onde alugamos nosso apartamento, e em alguns prédios, as escadas foram ladrilhadas e os elevadores passaram a receber manutenção. Quando eu me mudei para lá com Jo, entretanto, a situação era outra. No exterior, a vizinhança parecia pior do que a pior favela norte-americana que eu tinha visto. O lixo se empilhava na beira dos estacionamentos esburacados; os prédios institucionais eram escuros e imundos, e suas escadas de cimento caindo aos pedaços eram decoradas com fezes de gatos, pedaços de ossos e cartilagem que os animais retiravam dos sacos de lixo. O ar era denso, carregado de gases industriais e às vezes tornava-se irrespirável, causando dolorosos inchaços nos nódulos linfáticos sob as orelhas, queixos e braços. Tura fica espremida entre três marcos importantes: o infame presídio político, uma fábrica de cimento e o rio Nilo. Antes de ser imortalizada no romance *Os pequenos mundos do Edifício Yacoubian*, de Alaa Al Aswany, Tura era conhecida apenas por sua proximidade da fábrica, e é ainda comumente mencionada como *Tura El-Esment*, Tura do Cimento.

Lembro-me de Tura como um lugar angustiante, sem luz solar, e sempre que pronuncio o nome em voz alta, uma vívida memória ressurge: estou caminhando com muita dificuldade pela poeira imunda do lado de fora do presídio carregando uma sacola de frutas e quando olho para cima em direção aos muros cinzas coroados por arames farpados, dou-me conta dos jornalistas, reformistas e dissidentes presos ali dentro. Então vejo a mesquita, uma coisinha parecida com uma joia, aparentemente muito mais velha do que o próprio presídio. Acima do muro, vê-se o topo adornado de seu minarete, despontando feito uma súplica de socorro; a mesquita, como os detentos, encontrava-se ali aprisionada pela simples razão de estar no caminho.

Eu nunca soube como se chamava. No Cairo há uma mesquita em praticamente toda esquina, de forma que apenas as maiores e mais antigas recebem títulos memoráveis; as demais geralmente são chamadas pelos nomes das ruas onde se localizam. Omar vivera naquele bairro com sua família por muitos anos e nunca soube o nome da mesquita atrás do muro da penitenciária. Depois de várias semanas em Tura, comecei a chamá-la de Mesquita Borboleta, pois a construção lembrava-me de uma borboleta presa em um pote de vidro. Eu fantasiava libertá-la e, em seu lugar, aprisionar a mesquita moderna, feia e chamativa que era o ponto central da atividade religiosa de Tura e era visível (o bastante) da janela do banheiro do apartamento que eu compartilhava com Jo.

Não demorou muito para que odiássemos essa mesquita. Seu muezim anunciava as cinco horas diárias de oração aos berros, muito irritantes, propagados no volume máximo por um conjunto de caixas de som, comicamente caras e bem cuidadas comparando-se ao grau de miséria na qual a maioria dos frequentadores da mesquita vivia. Chamar essa instituição de mesquita fundamentalista parece até piada; era furiosamente conservadora, e se fosse localizada em um bairro menos negligenciado, provavelmente seus líderes agora viveriam na prisão somente a meio quilômetro de distância. Tura era um local conveniente para os extremistas se inflamarem, e assim acordávamos prontamente às quatro da manhã, todos os dias, aos berros do muezin, que estremecia as janelas e fazia com que os cães soltassem uivos audíveis em um raio considerável. Pouquíssimos eram os que reclamavam. A maioria das pessoas tinha muito medo dos extremistas e não se manifestava; outras já estavam cansadas demais da brutalidade do cotidiano em um bairro pobre de um estado repressor para se incomodarem. E o dia a dia era cruel. É a palavra mais gentil que se pode utilizar aqui.

Tura era um bairro que precisava de entrega e assimilação. Não bastava ser amável ou atento nem mesmo muçulmano; para ser aceito lá teríamos de ter convertido-nos à igreja da classe média baixa do Cairo, um segmento social puritano e de pouca bagagem educacional. Os fundamentalistas ao sul de Tura pelo menos tinham uma dose de idealismo; o conservadorismo de nossos vizinhos originava-se do puro desespero. A cultura deles era de desconfiança, avareza e ganância, cujas regras elaboradas e limitações eram produtos do constante estado de alerta à proximidade da ruína, a real possibilidade de a família de alguém recair na miséria. O desconforto e a insegurança eram comuns para aquelas pessoas, de forma que eu e Jo, com nossas roupas estranhas, peles brancas como papel e hábitos intrigantes, éramos consideradas ameaças.

Quando Omar nos alertou que Tura era muito mais conservadora que nosso antigo bairro, e disse que deveríamos prestar um pouco mais de atenção, prontamente concordamos, mas a verdade é que não fazíamos ideia *de no que* devíamos prestar atenção. Achávamos que "mais conservadora" significava que tínhamos de estar nós duas em casa quando aparecessem hóspedes masculinos e evitar usar camisetas ou calças justas. Não sabíamos que "mais conservadora" significava que duas mulheres solteiras não deveriam morar sozinhas e se por acaso não tivessem alternativa, não deviam ter qualquer espécie de contato com membros do sexo oposto, deveriam fazer o mínimo de barulho e não deveriam sair à noite.

Acho que Omar também não sabia disso. Para os homens, o Oriente Médio é uma coisa e para as mulheres, algo completamente diferente. Ele ficou quase tão confuso e chocado quanto nós com a rejeição sumária de nosso bairro com relação às suas residentes mais brancas. Levei muitos meses para compreender por que inspirávamos tanto temor e inferi que perguntas meus vizinhos deviam estar se fazendo. Será que trairíamos alguém? Poderíamos levar o filho de alguém para o mau caminho? Provocaríamos a ira de nossa infame embaixada e, dessa forma, arruinaríamos uma família? O local respirava um pânico que acabamos por intensificar e, por conseguinte, o povo nos odiava.

Tenho como princípio o uso dos bons modos e da educação. Em uma tarde de sexta-feira, eu comprava frutas em uma venda local – laranjas empoeiradas que, quando descascadas, soltavam um aroma delicioso, em contraste com os gases da fábrica – quando encerraram a última sessão de oração na mesquita fundamentalista e um grupo de homens saiu para a luz nebulosa da rua. Mantive o olhar baixo e tentei evitá-los, mas acabei entre um homem e seu pequeno filho, que perambulara a alguns passos de distância do pai.

– *As-salamu alaikum* – cumprimentei o homem, achando que seria mais rude não dizer nada. Ele me olhou por um instante antes de pegar o filho nos braços sem dizer uma palavra sequer. Enrubescida, olhei ao redor na esperança de que ninguém tivesse ouvido aquilo. Uma das piores maneiras de se insultar um irmão muçulmano é recusar-se a responder a esse cumprimento tradicional. Corri para casa.

Quando descrevi o ocorrido para Omar, ele não acreditou em mim.

– Provavelmente ele ficou confuso, só isso. Ele não espera um *as-salamu alaikum* de uma estrangeira.

– Mas eu estava usando um véu, gente.

– Vai ver ele achou que você estivesse usando o véu por sensibilidade cultural.

– Omar, ele olhou bem para mim.

Omar esticou o braço para brincar com a barra de minha manga.

– Fico muito preocupado com você. Se eu soubesse... é que as pessoas não costumam agir dessa forma. Não agem assim uns com os outros.

Era verdade. Os vizinhos imediatos de Sohair, que sabiam muito bem de minha situação, eram muito gentis comigo. E vi meus próprios vizinhos sendo gentis uns com os outros. Mas aquilo não me servia de grande consolo.

Alguns dias após nossa mudança, acordei com a campainha, tão tarde da noite que era quase cedo. Assustada, permaneci onde estava, aninhada na colcha azul manchada que combinava com meu colchão azul manchado. Depois de uma pausa, continuaram a tocar a campainha. Como tinha o sono pesado, Jo ficara com o quarto virado para a estrada agitada que corria ao longo do Nilo, de forma que não fiquei surpresa quando não vi nenhum movimento de sua parte. Tropeçando no escuro, vesti uma túnica e fui até a porta. Pelo olho mágico, vi um guarda e um dos *zabaleen* locais, os intocáveis cairotas, cujas vidas e sustentos giram em torno de coletar e selecionar o lixo da cidade. Hesitei ali na porta. Segundo as regras egípcias, eu tinha todo o direito de não atender; eu era mulher, eles, dois homens no meio da noite. Por outro lado, a simples recusa em atender não implicava necessariamente a possibilidade de os homens desistirem. Já que um deles era um guarda militar, podia ser algo importante – eu não duvidava nada que as autoridades locais fossem capazes de anunciar um incêndio enviando delegações chatas de porta em porta. Abri um pouco a porta.

– *Aiwa?* – perguntei friamente.

– *Mise' al'khayr hadritik* – respondeu o guarda, usando a forma educada do pronome *você*. O *zabell* estava com os olhos educadamente baixos. Os dois homens não pareciam especificamente ameaçadores, de forma que decidi parar e ouvir o que tinham a dizer. O *zabell*, concluí, depois de sua solicitação ter sido simplificada diversas vezes, queria comprar um antiquíssimo aspirador de pó quebrado que encontráramos em um armário e do qual nos desfizéramos colocando-o do lado de fora. Olhei bem para ele.

– Pode levá-lo – respondi, sem acreditar naquilo.

– Mesmo? – indagou o guarda.

– Sim, pelo amor de Deus; tchau.

Ele se desculpou, eu fechei a porta e voltei para a cama.

Na manhã seguinte, encontrei-me com Omar na sala dos professores na escola e contei-lhe a história.

– Aconteceu uma coisa pra lá de esquisita ontem à noite – contei, tentando decidir se deveria usar um tom casual ou sério e optando pelo casual. – Apareceu um guarda lá na porta de casa às duas da manhã acompanhado de um *zabell*, tentando comprar aquele aspirador de pó velho que encontramos.

Ele se inclinou para frente.

– Como é que é? – Em sua voz, uma raiva cuidadosamente contida. Tentei esconder meu desconforto.

– Pois é. Apareceram como se estivéssemos no meio da tarde em dia de mercado...

– Ele bateu à *sua porta* no *meio da noite* com *outro homem*?

Percebi que havia algo muito errado.

– Sim.

Omar levantou-se abruptamente.

– Preciso fazer uma ligação – disse, pegando o celular.

– A coisa foi séria assim? – perguntei, sentindo-me ridícula.

– Isso foi um teste – respondeu sumariamente, indo para a porta.

No ônibus de volta para casa, pressionei-o para me contar maiores detalhes, porém ele foi evasivo. Acabei concluindo que os guardas militares que patrulhavam nosso complexo gostavam de abusar de seu poder com os habitantes que eles consideravam fracos. Não que estivessem tentando fazer nada tão óbvio como estuprar ou roubar, mas algo psicológico – em política internacional e em suas próprias ruas, os ocidentais os maltratavam; agora eles tinham uma chance de maltratar mulheres ocidentais vulneráveis. Melhor ainda, uma dessas mulheres estava prestes a se tornar membro de uma família egípcia, fato que trazia possibilidades ímpares.

Fora do mundo luxuoso dos expatriados e da elite ocidentalizada, uma família egípcia de classe média funciona como uma corrente criada para proteger virtudes intangíveis (e para um ocidental, impensáveis) como honra e status – que, na verdade, representam a influência daquela família sobre qualquer que seja a pequena esquina da socioeconomia egípcia que eles tenham conseguido conquistar. Os guardas identificaram-me como o elo mais fraco de minha nova família. Agora tentavam descobrir meus limites e, por extensão, os de Omar.

Os limites de Omar eram ínfimos. Ele se dirigiu à região administrativa local e o guarda em questão acabou tendo de passar oito dias na prisão. Omar voltou a nosso apartamento e nos contou isso, tranquilizando-nos.

– Na prisão? – Jo me olhou ansiosamente.

Mordi o lábio. Queria resolver a situação, mas não suportava a ideia de mandar alguém para trás daqueles terríveis muros cinza de meio quilômetro de extensão, coroados por arames farpados.

– Não sei muito bem se alguém precisa ir para a prisão por isso – comentei. – Acho que ele foi muito idiota ao pensar que podia se safar; não creio que quisesse fazer mal a ninguém.

– Depois dessa ele vai aprender – murmurou Omar, mas percebi que ele começava a titubear.

Mais tarde, ele falaria com o superior do guarda em seu nome e a sentença seria reduzida a uma suspensão.

Apesar das orações que eu e Jo fizemos com todo fervor, o guarda não foi transferido para outro prédio. Continuou sentado em nosso imundo saguão de concreto feito um Cérbero de duas pernas, cantando o Alcorão e metralhando-nos com o olhar, abertamente hostil, sempre que passávamos. Somente pela manhã tínhamos algum alívio, quando ele dormia no banquinho com um cobertor sobre a cabeça. Aprendemos a passar por ele nas pontas dos pés ao sairmos para a escola no frio das sete da manhã.

Depois deste desentendimento com nosso guarda, eu e Jo passamos a contar com a boa vontade dos comerciantes locais, gerentes de um *duken* em uma rua lateral próxima ao nosso prédio. Uma vez que não havia um café, provavelmente devido à influência dos fundamentalistas, o *duken* era o centro da vida local. Todos passavam por suas portas para comprar ovos, azeitonas, queijo, pão e também óleo de cozinha, fósforos e outras necessidades domésticas. Por algum motivo – não sei qual, embora eu seja grata por isso – os comerciantes sentiram pena de nós e graças a eles nossa permanência em Tura não foi completamente insuportável.

A princípio, eu ficava nervosa na presença deles; aprendi a duras penas que deveria me fechar ao máximo com os homens aos quais eu não tivesse sido apresentada formalmente. Nas primeiras semanas, praticamente movimentava-me sorrateiramente pela loja, pegando tudo de que eu precisava, em vez de pedir diretamente ao garoto que trabalhava como atendente, e evitava o contato visual sempre que possível. Nem sempre era fácil. Na faculdade, estudei árabe padrão moderno, a língua da imprensa; o dialeto coloquial do Egito usava um vocabulário completamente diferente. Para compreender o rótulo em um saco de feijão, eu passava muito tempo olhando para ele, o que dava aos outros clientes tempo suficiente para interromper o que quer que estivessem fazendo para me observar. Um dia, enquanto eu estudava atentamente os rótulos acima de uma fileira de potes de temperos, ouvi uma voz sobre meu ombro.

– *Erfa* – disse, e um dedo apontou para um dos potes.

Olhei para cima enfurecida. Era um dos comerciantes. Tinha aproximadamente trinta anos, um bigode e sorria discretamente.

– *Ismaha erfa* – repetiu.
– *Shokran* – murmurei.
– *Afwan* – disse o comerciante gentilmente. – *W'da camoon. Camoon.*
– *Camoon* – repeti, *cominho*. *Erfa*, eu estava quase certa, era canela.
Ele fez que sim.
– *Sah, hadritik.*

Era o início do padrão que caracterizaria nossa interdependência, pois tal relação não pode ser chamada de amizade no mesmo sentido que damos no Ocidente. Jo e eu comprávamos no *duken* de Mohammad e Namir, e eles nos ensinavam árabe da rua. Entrávamos, juntas ou separadas, e depois de nos desejarem bom dia, boa tarde ou boa qualquer outra hora avançada do dia que só se cumprimenta no Cairo, Mohammad e Namir tomavam-nos a lição:

– O que é isso aqui? – perguntava Mohammad, segurando alguma coisa.
– Um ovo – eu respondia.
– Vermelho ou branco?
– Vermelho.
– E isso aqui?
– Queijo.
– De que tipo?
– *Falamank?* Não sei muito bem.
– É *falamank* e está fresquinho, prove só um pedaço.

Os dois eram sempre corteses e afáveis e ao nos tratar assim na presença de outros clientes creio que ajudaram a afastar parte das desconfianças que nossos vizinhos criaram a nosso respeito. Mohammad e Namir sutilmente defenderam nossa honra ao fazerem questão de, em seu estabelecimento, tratar-nos como árabes, ou seja: com o grau apropriado de respeito. Percebi isso pela primeira vez quando estava na loja em uma tarde comprando pão, como era de costume diário, e um sujeito de meia-idade e rosto redondo se aproximou e me perguntou, sem a menor cerimônia:

– Com licença, você é norte-americana?

Tal pergunta, inócua nos Estados Unidos, era absurdamente direta em Tura. Na fração de segundo que levei para decidir se eu deveria respondê-la segundo minhas regras ou as do bairro, percebi que Namir e Mohammad pararam de estocar as gôndolas e congelaram, olhando para o homem com uma expressão nada simpática. Sem falar, porém muito claramente, diziam: *"Pare aí mesmo; comece tudo de novo e aborde-a com mais sutileza."* O homem captou a mensagem e abaixou a cabeça de forma que levantasse os olhos ao invés de baixá-los ao olhar para mim, um gesto simbólico de submissão.

– Queira desculpar, senhora – disse ele em árabe.

– Não foi nada – respondi.

Mohammad e Namir relaxaram, mas continuaram prestando atenção.

– Só perguntei porque minha esposa também é norte-americana – continuou o sujeito, falando agora em inglês –, e achei que talvez a senhora quisesse visitá-la. Ela tem muita vontade de encontrar rostos familiares. Está nos Estados Unidos agora, mas voltará mês que vem.

Ele passou-me seu endereço, de forma recitada, e curvou-se levemente.

– Seria um prazer – respondi, encantada e confusa ao mesmo tempo. – Muito obrigada.

Para mim era inconcebível a existência de qualquer outro ser norte-americano ali em Tura.

– Não há de quê – disse o homem, curvando-se novamente e saindo em seguida.

Seguiu-se então um suspiro quase audível quando a porta se fechou atrás dele, e os donos do *duken* voltaram a varrer e estocar as prateleiras.

– *Kulu tamem?* – indagou Namir. *Está tudo bem?*
– Sim – respondi. – Está tudo bem.

Ele fez uma expressão como se quisesse dizer mais alguma coisa, mas se controlou, decidindo, ao invés disso, colocar de brinde mais um pão *fino* sobre as compras em minha sacola – um gesto de simpatia que nunca compreendi muito bem. Nas semanas seguintes, prestei atenção às mulheres que eu via na vizinhança, esperando encontrar a misteriosa norte-americana, mas nunca dei sorte. Talvez fosse uma das mulheres cobertas por véus, evitando a identificação, além do alcance de raça e procedência. Ou, talvez, apesar de minha própria experiência, ora cometendo gafes, ora acertando, segundo os padrões de comportamento de Tura, eu, também, pudesse ser enganada.

Ainda carrego as cicatrizes externas e internas daquele lugar. Incubei tantos parasitas intestinais que aprendi a distinguir disenteria provocada por ameba daquela causada por bactéria só pela presença de certo tipo de dor. Uma infecção renal ficou séria e quase fui parar no hospital. E os insetos: os enxames de mosquitos que deixavam caroços em nossos pés e braços – meus e da Jo –, as larvas e lagartas completamente crescidas que encontramos na comida; as aranhas que deixavam picadas tão delicadamente coloridas quanto margaridas, que ficavam dormentes, formavam hematomas e abriam em feridas se não fossem tratadas. Desenvolvemos um problema que eu jocosamente batizei de "anorexia bacteriosa": um nojo arraigado que surgiu em função da exposição repetida a coisas asquerosas em nossa comida, o que nos obrigou a comer refeições cada vez menores, com intervalos cada vez maiores entre si, até chegarmos ao ponto em que comíamos apenas quando estávamos tontas e depois que desmaiávamos. Passei um bom tempo sem conseguir aguentar a sensação de estômago cheio, e raramente comia mais do que o suficiente para cortar a fome. Se comesse um pouquinho a mais, começava a imaginar estar cheia de carniça e apodrecendo. Nossas fotos dessa época revelam duas mulheres vagamente reconhecíveis: sérias, de tez acinzentada, com olheiras muito, muito profundas e escuras.

Tudo isso poderia ter sido evitado: uma egípcia teria aprendido desde muito cedo a distinguir um tomate bom de outro infestado de larvas. Por meio de uma rede de mulheres da vizinhança, ela teria identificado os açougues bons e baratos (sem essa rede, eu e Jo simplesmente não comíamos carne); com a mãe, a egípcia teria aprendido a pendurar os tapetes ao sol uma vez por semana para matar os germes e ovos de insetos. Teria posto *feneek* e querosene embaixo da porta para afastar baratas e formigas, e colocado o pão na geladeira para evitar que mofasse da noite para o dia.

Eu também aprendi a fazer essas coisas, só que bem mais tarde do que minha situação exigia. Omar mostrava-se solidário, mas confuso. Para ele, Tura era o estado natural do mundo; não conseguia imaginar por que alguém não conseguiria funcionar ali. Eu e Jo éramos orgulhosas demais para pedir ajuda a Sohair que, por sua vez, era sensível demais à nossa necessidade de independência para interferir. Anos depois, quando lhe contei a forma com que tínhamos sido forçadas a viver, ela se sentiu tão desanimada e culpada que ficou visivelmente chateada. Tentei não mais tocar no assunto – compreendendo, àquela altura dos acontecimentos, por que minha confissão a tinha pego de surpresa. Para ela, uma carcaça de búfalo pendurada na vitrine de um açougue parecia cortes de carne para guisado e *kebab*; para mim, a coisa mal parecia comida. Não há praticamente nada a dizer quando os instintos combinam tão mal. Ela desconhecia nosso total estado de desamparo.

Ao mesmo tempo, aprendi uma lição tão crucial quanto debilitante: toda educação formal do mundo, nas melhores universidades e sob as melhores autoridades, não consegue nos ensinar a compreender um ambiente que nunca vimos com os próprios olhos. Acabei por entender o conceito de *especialista* como algo beirando um mito; não pode haver nenhum especialista em Oriente Médio que jamais tenha vivido sem ajuda de ninguém no Oriente Médio. O uso da teoria acadêmica para explicar e prever o comportamento de seres humanos reais sob estresse é, na melhor das hipóteses, impreciso. Vivendo naquele apartamento que mais se assemelhava a uma caixa de concreto em Tura, o que eu conhecia intelectualmente tornou-se cada vez menos útil para mim e o que um egípcio comum sabia praticamente tornou-se mais e mais importante e útil. Uma compreensão razoável da arte safávida, uma apreciação pela gramática árabe? Eu teria trocado toda minha educação por uma casa sem insetos e três refeições decentes por dia, todas com comida limpa.

A proximidade dos fundamentalistas, que nos odiavam, e dos egípcios simples e comuns, que nos temiam, no fundo teve uma vantagem: ajudou-me a compreender a diferença entre o tipo de aversão ao Ocidente que gera o terrorismo e aquele tipo que não gera. Nos anos desde o famoso 11 de setembro, têm-se proposto teorias ligando o terrorismo islâmico à miséria de muitos países muçulmanos – apesar dos fatos de que os homens-bomba de 11 de setembro tenham se originado de classes mais abastadas, os terroristas nos atentados no metrô em Londres no dia 7 de julho de 2005 fossem de classe média, e a atividade de terroristas *pobres* tenha se limitado a campanhas nacionalistas de muçulmanos para muçulmanos (ou para judeus) em Israel-Palestina, Paquistão e Afeganistão e Iraque pós-guerra. Há quem possa argumentar que simplesmente é necessário mais dinheiro para colidir um 747 com um arranha-céu do que para armar uma bomba caseira em um caminhão de legumes, o que significa que apenas extremistas abastados podem se envolver em atos internacionais de terror e que os pobres se envolveriam se tivessem oportunidade. Entretanto, permanece como verdadeiro o fato de que os extremistas violentos foram isolados de todo cenário econômico imaginável.

Obviamente, o que catalisa toda essa situação é algo muito mais complexo do que as condições econômicas. Nossos vizinhos em Tura não nos odiavam por motivos religiosos; odiavam-nos porque nos viam como um perigo a sua segurança. Sua aversão pelo Ocidente, de fato, nascia da economia, mas não tinha nenhum elemento de natureza *jihad*. Na verdade, creio que se tivéssemos sido ameaçadas fisicamente, nossos vizinhos teriam corrido para nos defender. Se tinha algo que eles queriam evitar a todo custo era qualquer problema com um governo ocidental.

Creio que isso se estenda a uma escala maior: dos médio-orientais que conheci e que se ressentem com o Ocidente (e especificamente com os Estados Unidos), a maioria ressente-se por percebê-lo como um rolo compressor que bombardeia outros países e os deixa completamente destruídos, eliminando permanentemente as atividades das indústrias locais (embora esse título esteja aos poucos passando para a China) e acumulando vitórias consecutivas onde o Oriente Médio fracassa. A religião nunca entra em questão.

Por outro lado, os fundamentalistas que víamos da janela de nosso banheiro nos odiavam por vários motivos religiosos. Ficou claro para mim, vivendo à sombra daquele minarete acéfalo, que o ódio de nossos extremistas locais pouco tinha a ver com os Estados Unidos militar. Embora a situação no Iraque lhes desse legitimidade política, direcionamento e uma perigosa influência emocional sobre os muçulmanos medianos, esse não era o *motivo* de sua raiva. Odiavam os Estados Unidos que exportavam cultura. Ficavam consternados com a ideia de que o conhecimento podia ser comprado em fitas cassete e com a flexibilidade moral do conceito de certo e errado. Odiavam que lhes obrigassem a compreender os casais adúlteros nos filmes norte-americanos. Odiavam o materialismo que se espalhava pelo Egito e pelo Golfo como parasitas, transformando cidades inteiras – Dubai, Jeddah – em shoppings virtuais, e responsabilizavam a influência ocidental por esse materialismo.

Eu lutava para explicar aos amigos egípcios (a aversão não se limitava aos extremistas) que no Ocidente a cultura de consumo funcionava de um jeito surpreendentemente complexo e sofisticado – certamente nocivo, mas ainda assim sofisticado – tirando vantagem da subcultura e do senso comum para criar um sistema de símbolos inteiramente novo. Uma vez que o materialismo, no sentido da palavra que usamos hoje, surgiu no Ocidente, lá é sua casa; um retrovírus silenciosamente presente na composição genética da civilização sem causar grandes estragos. O Oriente Médio, entretanto, é povoado por culturas que lutam há séculos para se livrar de qualquer coisa icônica, gráfica ou desnecessária; lá, o materialismo atua como uma espécie de varíola cultural, fazendo o mesmo com a ostentação imprudente e a esterilidade artística.

O que mais parecia ameaçar os fundamentalistas, lendo as entrelinhas de sua retórica e de seu comportamento, era a *acessibilidade* direta da cultura ocidental: o fato de tudo que alguém quisesse, desde bens de consumo a euforias emocionais induzidas, de sexo a espiritualidade, era público e disponível. Nada era escondido, nada exigia esforço sério para se obter. No Ocidente, desconfia-se de qualquer coisa que deve ser escondida; há uma interligação direta entre a disponibilidade e a honestidade. Isto se choca de forma irreconciliável com o islamismo tal como é praticado no Oriente Médio, onde as coisas mais preciosas, mais perfeitas e mais sagradas são sempre escondidas: a Kaaba, as faces dos profetas e dos anjos, o corpo feminino, o Paraíso. Os fundamentalistas, de uma forma muito própria, lamentavam a perda das ideias legitimamente belas. Eles sabiam da impossibilidade de tornar a cultura ritualizada, moralmente estimada do islamismo árabe tradicional – na qual somente os merecedores têm acesso ao amor, à verdade e a Deus –, mais atraente do que o estilo de vida endossado no Ocidente. Assim, demonizavam a atração em si.

Pensei muito sobre o extremismo às sextas-feiras, ao escutar os sermões dos vizinhos imames. Eu parava na porta do banheiro e olhava para o minarete que despontava ao longe feito um dedo esquelético e além dele, olhava para uma curva graciosa no Nilo contornada por arbustos verdejantes. Eu só acompanhava pequenas porções do *khutba* ou sermão; Omar e Ibrahim sempre me inteiravam do resto. Um *khutba* típico realizado pelo Martelo do Infiel, como minha mãe batizaria o imame, limitava-se às coisas cotidianas: a forma correta de se comportar em oração pública, o comprimento das roupas, o pé com o qual deveríamos entrar e sair do banheiro. Entretanto, em algumas semanas, aparentemente irritado pela fadiga religiosa dos homens obrigados pela lei Shari'a a comparecer aos cultos das sextas-feiras (a presença das mulheres era decidida por eles), o imame apelava e mandava bala: amaldiçoava os soldados norte-americanos no Iraque; condenava a imoralidade dos muçulmanos que não respeitavam os rigorosos códigos de conduta *wahhabi*; pregava, aos berros, sobre os perigos e pecados do mundo material. Tomava o cuidado de jamais tecer nenhuma crítica ao regime de Mubarak nem explicitamente endossar a violência, e conseguia, de alguma forma, miraculosamente, evitar desagrados com as forças de segurança do governo.

Ao refletir sobre minha vida, percebo que se não fosse por Omar, não sei se eu teria permanecido no Egito. Passei grande parte daquele ano exausta, isolada e doente; embora a família de Omar fizesse o possível e o impossível para me deixar feliz, tendo crescido ali, eles não entendiam por que este ambiente permanecia tão estranho a mim e me assustava tanto.

Apesar de estar meio-casada com Omar, que eu tanto amava, e do apoio que recebi de sua família, evitei, conscientemente, retornar aos Estados Unidos antes de completar um ano de Egito. Eu sabia, embora só tivesse falado com Jo, que se eu saísse, havia uma chance de eu não ter forças para voltar. Apesar de meus esforços hercúleos para disfarçar, alguns parentes de Omar sentiram isso. Tio Sherif, que dera-me um nome muçulmano, olhava para mim com preocupação e avaliação silenciosa. Era como se eu fosse uma flor murchando e ele estivesse tentando decidir se eu precisava de mais ou menos sol, mais água ou mais calor, para sobreviver em um clima estranho. Eu não queria contar a ele ou a qualquer membro da família de Omar do que eu realmente precisava, pois não poderiam me dar e ficariam tristes: eu precisava ser capaz de andar pelas ruas sem ser assediada; sentar-me em um café sozinha; precisava de proteína. De livros. Eu não acreditava que a cor de meu passaporte me dava o direito de ter e fazer tais coisas em um país cujo povo não tinha direito de ter ou fazer essas coisas, de forma que, em sã consciência, eu não podia me mover entre outros expatriados. Estava presa entre dois tipos de silêncio: o silêncio que me impedia de dizer o que eu precisava às pessoas que me amavam e o silêncio que me impedia de buscar o apoio dos ocidentais.

Mas que silêncio! Tornara-me verdadeira e fervorosamente crente em algo que eu percebera maior do que a cultura; não havia ódio nem oposição que pudesse abalar minha fé. Para mim, a fé no potencial humano está entrelaçada com a fé em Deus e inseparável dela. Em nossa vida privada, eu e Omar – e, gradualmente, nossas famílias – poderíamos crescer em nossa terceira cultura, a qual, com o passar dos meses e anos desenvolveu suas próprias verdades e praticamente sua própria língua: árabe e inglês distorcidos e unidos para expressar um conjunto mais amplo de ideias. Em público, nossos mundos ainda estavam divididos. Mas a existência dessa revolução privada despertou uma nova esperança: comecei a crer que coisas similares eram possíveis na esfera pública. Depois de ver e compreender a ligação entre os hemisférios, não dava para esquecê-la, mesmo nos momentos em que eu desesperadamente desejava o contato com algo familiar, quando eu não achava ter forças para continuar.

Pela primeira vez na vida, minha paixão pelo que eu tinha a fazer era maior do que pelo que eu queria fazer; não sei se esse fervor pelo dever originou-se do islamismo, ou do desejo de lutar por Omar ou por ter enxergado e compreendido algo mais persistente do que as civilizações indispostas entre as quais eu transitava. Dentro da vida humana, há um espaço infinito. O que eu tinha a fazer era viver da melhor forma no Egito e engajei-me nessa tarefa com uma dedicação que eu não percebera possuir e que se manifestou de formas totalmente inesperadas e surpreendentes.

Um dia, eu estava no vagão do metrô destinado às mulheres e quando as portas começaram a se fechar, ouvi uma garota gritar: um som bem alto e estridente, como se tivessem-na ameaçado ou atacado.

– O que está havendo? – perguntei a uma senhora de meia-idade a meu lado.

Ela checou com outra passageira; nesse ínterim a garota parou de gritar e foi imediatamente cercada por enfermeiras que providenciaram lenços, água e doces.

– Ela prendeu a mão na porta – respondeu a mulher. – Conseguiu se desvencilhar e está bem agora.

Percebi que, sem pensar, eu tinha me levantado e dado dois ou três passos em direção à garota ao ouvir seu grito. Caso tivesse ocorrido um problema real – se tivesse sido um ladrão ou alguém com uma faca – eu teria me enfiado diretamente no meio do conflito para intervir. Por um instante, senti uma tontura. Lembrei-me de um incidente semelhante no metrô de Boston vários anos antes, quando uma garota gritara em um trem lotado na hora do rush. Ela fora apenas espremida entre dois outros passageiros à medida que o povo entrou no vagão, mas quando ela gritou, recuei instintivamente em meu banco. Algo mudara com os anos. Percebi que, apesar dos inúmeros comportamentos que eu tivera de mudar para sobreviver na esfera pública egípcia, minha essência continuava a mesma – na verdade, eu estava melhorando. Não sabia que era capaz de crescer e me tornar o tipo de pessoa que se levanta e caminha na direção de uma briga. À medida que o metrô avançava em sua jornada, tive, pela primeira vez em meses, a sensação de que tudo acabaria bem. Meus ganhos suplantavam as perdas.

Lembrei-me da situação contrária: quando Mohammad e Namir apoiaram-me e defenderam-me sem pensar, simplesmente acreditaram que era o certo. Compreendi o que isso significava: para fazer o que é certo, às vezes temos de defender quem não nos entende ou quem nos teme ou quem está chateado conosco. Há momentos em que devemos agir puramente pela fé e continuar a confiar na decência humana mesmo quando esta não é mais visível. Não importava que houvesse egípcios que me temiam por eu ser norte-americana e que haveria norte-americanos que me temiam por eu ser muçulmana; o que importava era que quando eu me retirava do recinto, eles amavam seus cônjuges, brincavam, choravam pela perda de entes queridos e lutavam para manter seus filhos. Não havia nada tão grande que não pudesse ser construído naquela esfera de semelhança.

Por mais inesperados que venham sendo os acontecimentos em minha vida recentemente, a meus olhos eles estão conectados por um tênue fio condutor. Um fio que parte das montanhas do Colorado, passa pelo átrio do World Financial Center, pelo perfume do sabonete nas mãos de Omar, pela Mesquita Borboleta, pelo momento no metrô. Se essas coisas não pudessem ser estimadas e defendidas, estaríamos de frente a um colapso muito maior do que um choque de civilizações. Não havia distinção entre as lutas pelo islamismo e pelo Ocidente que eu amava; foi dentro dessa luta que o choque de civilizações se erradicou.

Zawaj Fígaro

> Busco um tesouro
> fora de mim;
> desconheço quem o tem
> e o que é.
>
> – QUERUBINO em *As bodas de Fígaro*

UM POUCO DEPOIS QUE JO E EU mudamo-nos para Tura, pedi demissão da Language School para escrever em tempo integral. Alguns de meus artigos foram publicados nos Estados Unidos, e no Cairo um novo jornal da oposição, escrito em inglês, o *Cairo Magazine*, acabara de ser lançado. Compareci à primeira reunião aberta sem expectativas, levando alguns clippings do trabalho que eu fizera para o *Weekly Dig* em Boston. A revista tinha escritórios alugados em um prédio em um bairro elegante – embora pobre – próximo a um dos palácios construídos para o rei Farouk na época que antecedeu a revolução. Os prédios da época da Segunda Guerra Mundial tinham um vago estilo europeu, com fachadas hexagonais de estuque completamente empoeiradas, de frente para as ruas. Ao subir as escadas do prédio que ficava no endereço que eu anotara, dei de cara com uma porta prestes a soltar-se da estrutura; lá dentro, vozes falavam muitas variações de inglês.

– Eu te disse, só não gosto do papel brilhoso.
– É apenas uma amostra! A segunda edição vai ser em...
– Está tabloide demais!

– Eu sei. Sim. Concordo. Na segunda edição usaremos papel fosco. Tem alguém na...

Quem abriu a porta foi uma mulher com mais ou menos a minha idade e que imediatamente reconheci como norte-americana. Vestíamos suéteres de gola alta, praticamente idênticos, sobre blusas de botão. Esforcei-me para me recompor e assumir uma postura de uma norte-americana culta, e fiquei feliz por conseguir.

– Veio para a reunião? Entre.

A mulher sorriu e abriu mais a porta: atrás dela, meia dúzia de pessoas caminhava em meio à fumaça de cigarro, carregando computadores portáteis e folhas de papel A4. O escritório era uma série de salas com paredes claras, iluminadas por lâmpadas fluorescentes à mostra, sem luminária. Janelões démodé davam para uma viela escura, do tipo sobre o qual Mahfouz teria escrito, cenário de milhares de histórias descartáveis. Na sala principal, havia um quadro branco cheio de lembretes de prazos e ideias de pautas; a seu redor, em semicírculo, havia umas oito ou dez pessoas, quase todas com menos de 35 anos, com seus cadernos em mãos.

– Já estamos quase começando – disse a mulher que abrira a porta para mim; chamava-se Faye, redatora-chefe. – Entre e sente-se.

– Obrigada.

Sentei-me em uma cadeira na extremidade do semicírculo enquanto Faye deu início à reunião. Apresentamo-nos uns aos outros. O redator de cultura, um sujeito de cabelo grisalho e expressão animada, era Richard Woffenden, figura já muito antiga na comunidade dos expatriados. O restante do staff compunha-se de jovens repórteres egípcios e norte-americanos. Havia dois estagiários do curso de jornalismo da Universidade do Cairo, que mal tinham deixado a adolescência. Mesmo naquela primeira reunião, percebi que os envolvidos eram determinados, que seu objetivo não era apenas contar as grandes histórias, mas formar jovens escritores egípcios que, em virtude de sua experiência direta, podiam contá-las melhor. Eis um tipo de altruísmo raro de se encontrar entre repórteres lutando a todo custo para publicar alguma coisa e ganhar visibilidade.

 Minha primeira tarefa foi bem simples: encenariam *As bodas de Fígaro*, em árabe, no Opera House do Cairo, e a revista precisava de alguém com conhecimentos suficientes da língua e de ópera para escrever sobre o evento. E assim, pouco depois, acabei em uma sala de ensaio em uma tarde, sob uma luz fraquinha, ouvindo uma jovem soprano chamada Reem cantar a parte de Querubino, e pensando sobre como os eventos se ligam na teia do destino. Na faculdade, logo depois que adoeci, assisti a uma produção estudantil de *Fígaro* com alguns colegas. Naquela época, eu não estava acostumada a acordar *doente* dia após dia, sem me divertir, com as notas na corda bamba, aturando as dores e a insônia. Não conseguia ficar sentada por muito tempo e só me sentia confortável movendo-me ou deitada; durante o segundo ato, comecei a sentir uma tonteira e um pouco de dor. Mas quando forcei-me a focar no palco, fiquei surpresa ao descobrir que aquela ópera cômica era de fato *engraçada*.

 – Que tal? – perguntou Reem em inglês, sentando-se em uma cadeira. Estava radiante e levemente ofegante. No palco, a condessa lamentava-se pelo marido infiel; o conde estava sentado em um canto com seu substituto, discutindo sobre o café turco ("faz mal à voz!" afirmava o conde). Sobre as janelas, treliças em padrões de estrelas que conferiam ao local uma aura de mesquita; através das treliças, o céu estava azul; o corriqueiro cobertor pálido de poluição e poeira havia se dissipado.

– Adorei – respondi. – É mais engraçado em árabe do que em italiano. O árabe clássico é tão sério, sabe? Qualquer coisa sub-alcorão soa histérica em árabe clássico de qualquer forma, então quando aparecem coisas do tipo "Quem é aquela à porta?" e "Se quiser tocar, pequeno sr. Conde", dá vontade de se jogar da cadeira.

– Sub-alcorão. – Reem achou graça. – Nunca ouvi essa expressão.

– Eu a inventei. – Abri o caderno. – Embora você esteja representando *Fígaro* em árabe, manteve os vestuários e o ambiente originais da Itália. Acredita na existência da arte universal? Arte que qualquer um pode apreciar, não importa de onde seja?

– *Você* acredita?

– Não. Não acredito. Há ideias universais, creio, mas não existe uma forma de arte universal para descrevê-las.

– Talvez você tenha razão – disse Reem educadamente.

– Discorda? – Fiquei na dúvida se o que eu dissera fizera sentido para ela.

Reem inclinou a cabeça.

– Acho que todo o mundo sabe o que são histórias. Isso é universal.

Revirei essa frase na cabeça, sem saber se tínhamos atingido uma profunda compreensão ou absolutamente nenhuma, algo recorrente nas várias conversas por meio de segundas línguas e exposições de pontos de vista herdados.

Eu sempre me perguntava o mesmo sobre a situação em Tura. Jo e eu nunca nos integramos ao bairro, e duvido que tivéssemos conseguido nos integrar mesmo se morássemos lá por décadas. Porém, com o tempo, a hostilidade escancarada dos vizinhos passou à tolerância forçada. Vez ou outra, eles até se esqueciam e agiam de forma cordial, pois a gentileza lhes era muito mais comum; eram gentis uns com os outros, e a forma abrupta e fria com que nos tratavam – a mim e a Jo – sinalizava o quanto nós os assustamos. Quando descrevo para outros norte-americanos nossa estranha relação com os vizinhos, peço-lhes que imaginem que em uma cidadezinha de Oklahoma duas indianas solteiras, que só falam hindu, trajando sáris e com intenções obscuras abram um negócio. É muito provável que essa situação gere um desconforto, mas não devemos tomá-la como símbolo de um possível fracasso maior; não significa que não há esperança de compreensão. Ou seja, no fundo, refletimos e analisamos, testando nossa própria suposição inata de humanidade comum, que, agora acho, equivale a uma necessidade comum de gentileza. Somos mais cruéis com aqueles que nos lembram de nossa disposição à crueldade. Foi isso que tornou a relação entre nós e os vizinhos tão amarga: era claro que eles não gostavam daquilo em que se transformavam em nossa presença.

Também já vi o contrário: ocidentais extremamente liberais, de religiões bem tolerantes e flexíveis, verem-se incapazes de funcionar em uma sociedade onde tenham de viver tão conservadoramente e em circunstâncias tão limitadas. São forçados a recorrer às táticas sociais de soberania racial, que eles odeiam, para conseguir viver, e então odeiam os egípcios por lhes fazerem odiar a si mesmos. Eis o cerne do choque de civilizações: não é o ódio pelo outro, mas por si mesmo produzido pelo outro. É isso que facilita a propagação do ódio; e é muito difícil se opor a isso, mesmo para os que questionam sua autenticidade.

Embora nossa relação com os vizinhos estivesse melhorando, a vida em Tura permaneceu um tanto quanto arbitrária, como se o objetivo do lugar fosse cultivar a ambivalência. Um dia o fruteiro nos passava as primeiras tangerinas da estação com um sorriso e recusava o pagamento; no dia seguinte, uma tempestade de areia *khamaseen* mandava pó asfixiante pelas mínimas rachaduras em nossas paredes, invadindo-nos as bocas e narinas e passávamos dias expectorando um limo escuro. Ou o Martelo, tomado por alguma espécie de impulso piedoso, passava alguns minutos recitando, durante seu chamado de oração da alvorada, o Alcorão, de forma tão bela que eu acordava em êxtase. Então, inevitavelmente, ele começava seus uivos irados e eu ficava sem saber como deveria me sentir.

Reconciliei-me com essas contradições persistentes de forma inesperada. Quando contei a Omar sobre o gatinho preto que eu tinha quando era mais nova, ele comprou uma siamesa e me deu de presente. Descobri que a gatinha estava prenha. Jo e eu a vimos crescer, passando de uma felina magra e elegante para algo que mais se parecia com uma bola e passamos muito tempo conectadas em nossa internet discada, pesquisando tudo sobre gestação e parto felinos. No dia em que a gatinha entrou em trabalho de parto, deitou-se aos meus pés e olhou para mim desamparada: o primeiro filhote estava preso.

– O que fazemos? – perguntei a Jo, cuja expressão de pavor refletia minha própria expressão.

– Nos filmes, o pessoal sempre ferve água e estica um lençol.

Passamos mais um minuto sentadas no sofá, em silêncio.

– Vou ligar para Sumaya – Jo quebrou o silêncio, referindo-se a uma conhecida nossa. – A gatinha dela teve filhotes dois meses atrás.

Ela se levantou e saiu da sala correndo. Acariciei a cabecinha marrom e bege pressionada contra meu tornozelo.

– Sumaya disse que precisamos ajudar a tirar o filhotinho – declarou Jo, retornando com o telefone em uma das mãos. – Ela está dizendo que provavelmente ele está morto. Se não o retirarmos, os outros gatinhos vão morrer também.

Olhei fixamente para Jo, sentindo uma náusea.

– Tudo bem – respondi. – Eu... tudo bem. Como fazemos isso?

Jo olhou para a gata, que gemia de dor, bem baixinho.

– Acho... acho que uma pessoa tem de segurar a gata enquanto a outra puxa o filhote. Deixe que eu seguro – apressou-se, antes que eu tivesse a chance de escolher.

Lavamos as mãos e colocamos a gata sobre uma fronha limpa e desbotada. Com um olho fechado – a forma com que assisto a filmes de terror – puxei um corpinho minúsculo, libertando-o da mãe. Sumaya tinha razão: o pobrezinho estava morto, com o nariz e a boca sem ar e pálidos, sem sangue. Seis outros filhotes vieram em seguida. Quatro eram pretos ou cinza e preto, e dois, marrons com pintas cinza, feito pequenos leopardos. O pai devia ter sido um dos selvagens egípcios, supostamente descendente dos gatos dos templos dos faraós. Hoje em dia ninguém deseja ter essas pestes que perambulam as ruas fuçando lixo.

Os filhotinhos imediatamente começaram a morrer. Jo encontrou os restos mutilados dos dois mais fraquinhos na manhã seguinte. A gata-mãe os tinha comido. Outro filhote era deformado e fraco demais para ser amamentado; sobreviveu apenas mais umas horinhas. Quando encontramos um quarto filhotinho morto, dois dias depois, Jo se debulhou em lágrimas.

— Estou cansada de recolher corpos — disse soluçando, cobrindo os olhos com as mãos.

Eu a abracei, sentindo-me enjoada. Havia um odor adocicado e fétido no ar: um cheiro de morte. O absurdo de nosso entorno de repente ficou demais para mim. A camada de sujeira — terra, gordura e coisa pior — que encontramos em todo o apartamento quando nos mudamos nunca tinha saído totalmente, por mais que esfregássemos e limpássemos. Um quarteirão adiante, a fábrica de cimento descarregava seu gás horrendo. Até mesmo o Nilo, tão enganosamente sereno, era empesteado de esgoto e cadáveres de animais. Não era para menos que os gatinhos estivessem morrendo. Esse era um lugar onde aproximadamente 3% dos bebês humanos morriam antes de completarem um ano. Como podia sobreviver qualquer coisa que nascesse neste ambiente?

Apenas os dois filhotinhos com pintas conseguiram sobreviver à primeira semana. Observei-os apreensiva, tentando identificar quaisquer sinais de fraqueza. Eles me surpreenderam. Ambos comiam ferozmente e em duas semanas cresceram fortes e peludinhos. Quando estavam um pouco maiores que uma xícara de chá, começaram a cambalear pelo apartamento sobre pernas instáveis. Jo e eu os pegávamos para evitar que pisássemos neles, apertando-os contra o rosto para sentir aquele cheirinho morno de leite. Minha atitude com relação àquele drama começou a mudar. Se não fosse por mim e Jo, todos os animais teriam morrido. Entretanto, lá estavam eles: dois gatinhos e sua mãe, vivos e saudáveis. O que acontecera? Foi algo terrível ou maravilhoso? Eu deveria agradecer ou desistir?

Precisava livrar-me da necessidade de compartimentalizar. Em Tura – e é tentador estender essa generalização para o resto do mundo em desenvolvimento – o belo quase sempre é precedido pela dificuldade arbitrária. Omar, seus parentes e vizinhos conseguiam funcionar em um ambiente tão imprevisível porque não esperavam que a vida fosse certinha, organizada e sua felicidade não dependia de experiências que pudessem ser rotuladas. Em egípcio coloquial, não existe um termo para *um bom dia*. E, devo acrescentar, tampouco há um termo para *um dia ruim*. Há dias bonitos, dias negros e dias abençoados; os dias podem ser descritos, mas não categorizados. Esse era o segredo da vida à beira do Nilo. *Kun*; "Seja". Bom e Mau, caos e ordem, alegria e tragédia – todos são expressos com a mesma palavra. *Kun fa-yakun*. "Seja, então é."

Embora já houvesse seis meses desde que eu me tornara muçulmana, nunca tinha ido à mesquita para as orações das sextas-feiras. Após aguentar por meses os sermões do Martelo do Infiel, eu desconfiava que comparecer às orações das sextas-feiras fosse pior para minha fé do que ficar em casa. Em minha cabeça, o islamismo praticante estava dividido em um presente banal e agressivo, representado pelo Martelo, e um passado etéreo, inatingível, representado pela Mesquita Borboleta. Entre os dois, flutuava o Alcorão, que às vezes parecia não se relacionar com nenhum deles; suas palavras representavam um relance acidental de universalidade, um momentâneo levantar das cortinas entre verdades menores e maiores. Algo tão complexo que a religião organizada não poderia fazer-lhe justiça.

Já conversei com membros de outras religiões sobre este dilema; sobre a música peculiar dos livros sagrados, tão raramente refletida na legalidade das crenças. Uma amiga cristã fervorosa do Colorado uma vez leu para mim sua passagem favorita do Livro de Jó: "E pelos vermes destrua meu corpo, porém nesta carne verei Deus." Ela parou e, então, disse:

– Jamais chegaremos lá.

Eu estava no Egito havia um ano e meio quando entendi o que ela quis dizer. Eu tinha visto um número suficiente de conversões burocratizadas e *sheiks* despreparados para me questionar se os muçulmanos modernos algum dia "chegariam lá" também. Na primeira vez em que compareci à oração da sexta-feira em uma mesquita, fui preparada para me decepcionar.

Eu deveria ter confiado em Omar, que crê na persistência da bondade que o destino tende a recompensar; ele consegue ver poesia em qualquer lugar. Omar levou-me para orar em Sultan Hassan, uma enorme mesquita medieval na Cidade Antiga, logo abaixo da cidadela construída por Saladino no século XII. Durante a semana, ela fica aberta aos turistas antes das orações do pôr do sol; mas, às sextas-feiras, fica lotada de fieis e fechada aos observadores casuais. Estacionamos alguns quarteirões adiante e nos aproximamos a pé, acompanhando uma multidão – mil pessoas, talvez até mais – que ia rezar. Na porta da mesquita, a entrada elevava-se diversos andares acima de nós e, então, retiramos os sapatos. Um corredor largo de pedra conduzia ao pátio central. Como em muitas mesquitas de partes áridas do mundo muçulmano, o espaço principal de oração de Sultan Hassan fica a céu aberto. O efeito é de uma catedral sem teto: um pátio quadrado, azulejado, contornado em cada lado por um meio-domo todo trabalhado, um para cada uma das quatro escolas de lei sunita. O meio-domo diretamente oposto ao imame é reservado às mulheres; os homens oram no pátio aberto. Já que o domo oferece sombra e a plataforma de pedra abaixo é elevada, permitindo uma boa vista do imame que conduz a oração, Sultan Hassan é uma das raras mesquitas em que o espaço das mulheres é de fato melhor do que o dos homens. Quando cheguei lá com Omar, homens e mulheres organizavam-se em filas perfeitas, aguardando o início da oração. O sol do meio-dia cozinhava os azulejos do pátio, cuja temperatura eu sentia nas solas dos pés. Andorinhas mergulhavam e rodopiavam nos meio-domos, capturando insetos que buscaram a sombra. Omar soltou minha mão.

– Ficarei aqui embaixo com os homens. Depois nos encontramos na beira da plataforma das mulheres quando a oração acabar.

Olhei para ele, ansiosa.

– Tenho medo de fazer alguma coisa errada.

Omar sorriu.

– Se fizer, elas cuidarão de você.

– "Elas" quem?

– Suas irmãs.

Assim, ele virou-se e acenou para tio Sherif, no setor masculino, vestindo túnicas brancas e que, ao me ver, sorriu e apertou uma das mãos contra o coração. Retribuí o sorriso e então prossegui para guardar os sapatos na base da plataforma feminina e subi para tomar meu lugar. Fiquei próxima a uma mulher que parecia um pouquinho mais jovem que eu, vestindo um véu rosa bem claro caindo pelas costas. Outra mulher, cujos cílios negros emolduravam um par de olhos verdes surpreendentemente claros, aproximou-se e ficou a minha esquerda. Os perfumes das duas misturaram-se sob meu nariz: óleo de lótus e algo que parecia Chanel, mas provavelmente não era. Os aromas combinados com o cheiro acobreado de poeira tornaram-se parte integral de minha recordação daquele lugar.

Gritou-se então o chamado para a oração, vibrando pelo pátio. Sem dizer uma palavra sequer, a mulher a minha direita puxou-me para mais perto, de forma que meu ombro tocasse o dela. A da esquerda esticou o braço para gentilmente consertar meu véu, cobrindo uma pequena porção exposta de minha clavícula. Não houve naquele ato nada de condescendente, nem um traço de irritação ou sinal de completa consciência do gesto; as duas estavam simplesmente preenchendo um vazio na fila. Esperariam de mim a mesma atitude, caso seus véus escorregassem ou sem querer elas se distanciassem das irmãs ao lado. Para mim, o ritual da oração foi transformado por este contato físico. Enquanto inclinava-me, ajoelhava-me e levantava-me, sentia ombros contra meus ombros, joelhos contra meus joelhos, as costas de uma mão contra as costas da minha. A fila nivela a todos. Nenhum muçulmano escapa disso; um santo deve ficar ombro a ombro com um assassino caso estejam um ao lado do outro.

Em um dia comum, as pessoas a meu redor recusavam-se a fazer fila para qualquer coisa – comprar pão ou passagens de ônibus; quando queríamos algo, tínhamos de abrir caminho em uma multidão. Entretanto, ali na mesquita, elas se encaixavam na fila com uma precisão orgânica, tomando todo o cuidado para que ninguém se distanciasse por um milímetro que fosse da pessoa ao lado. A voz do imame enchia o pátio, só que no estranho espaço acústico do meio-domo, eu ouvia a respiração das mulheres a meu lado. Abaixo de nós, no setor dos homens, alunos da Azhar da Ásia Central e Oriental enfileiravam-se, lado a lado, com tintureiros e fruteiros que geralmente se queixavam das gorjetas dos estrangeiros. Convertidos sufi europeus com barbas ruivas e louras e coletes azuis bordados estavam ao lado de seus adversários naturais, os conservadores de túnicas curtas, em um momento de companheirismo. Comecei a entender o que preenchia aquele hiato ideológico entre a mesquita fundamentalista e a Mesquita Borboleta: uma tradição viva que podia ser dinâmica, podia evoluir e ser tocada em breves, porém valiosos momentos – as palavras que eu amava. Ali naquela fila houve coisas dignas de se guardar.

O *sheik* que fez o sermão naquele dia era alguém que eu mais ou menos conhecera em um casamento várias semanas antes. Eu estava confiante na ocasião: vestia uma túnica vermelha bordada e um véu acortinado em um estilo popular e finalmente eu conseguira guardar os nomes de todos e, por conseguinte, tive a esperança de parecer menos inadequada do que de costume. Circulei entre as mesas de convidados sob a supervisão de três das quatro primas mais novas de Omar, garotas animadas e risonhas que se ofereceram para serem minhas guardiãs. Depois que o banquete acabou e as pessoas começaram a se dirigir à pista de dança, o humor das meninas mudou: realizaram uma conferência urgente, tudo aos sussurros, e então começaram a puxar minha manga. Levei um minuto para decifrar que alguém importante chegara e precisávamos sair do caminho. Outros já estavam abrindo alas próximo à porta. As garotas tentaram me puxar com elas, mas tropecei na barra do vestido e cambaleei alguns passos até conseguir me desvencilhar. Em meio a esse drama, percebi que estava prestes a pisar na barra da elegantíssima túnica de alguém. Levantei a cabeça, alarmada.

Era Ali Gomaa, o grande *mufti* do Egito, tão assustado e surpreso quanto eu.

Havia apenas uma ou duas semanas que ele fora indicado para essa posição, promovido da noite para o dia, de seu magistério na Universidade Al-Ahzar para uma das posições mais proeminentes do mundo muçulmano. Antes de sua promoção, Ali Gomaa instruíra alguns dos tios maternos de Omar na religião, o que explicava sua presença no casamento. Sua indicação ao cargo foi uma fonte de esperança renovada para os moderados sunitas, que por muitos anos defendiam-se da onda crescente de fundamentalistas vindos do Golfo. Como *mufti* do Egito – o posto religioso mais alto da nação árabe mais populosa e ligado à mais antiga instituição de lei sunita no mundo – dr. Ali, como era chamado carinhosamente no Cairo, era capaz de fazer uso de muito poder, e assim o faria.

Registrei o breve encontro com dr. Ali como uma história interessante e acabei esquecendo-me dela. Mais ou menos uma semana após a primeira oração da sexta-feira, entretanto, Omar anunciou que o tio Ahmad providenciara algo especial para mim.

– Você tem uma entrevista com o *mufti* domingo que vem.

Pisquei.

– Oi?

– Uma entrevista. Com o *mufti*. – Omar sorriu. – Ficou feliz?

Levei a semana inteira pensando nas perguntas certas. *É possível que eu jamais tenha uma oportunidade dessas novamente*, eu pensava, de forma que meu desejo era aproveitá-la ao máximo. Eu vinha lendo Irshad Manji, que acabara de publicar seu infame desagrado no livro *Minha briga com o Islã*. No todo, odiei a obra. Eu via Manji como a face de Jano do imame fundamentalista de Tura: ambos se diziam especialistas que desentranhavam o islamismo com o objetivo de politizá-lo de um modo particular. Só que o livro de Manji expressava agravos reais, e eu queria saber o que o estabelecimento tradicional sunita faria com as ideias por ele propostas.

Minha primeira pergunta era simples: no Ocidente, onde não há hierarquia entrincheirada de clérigos treinados, os muçulmanos comuns têm o direito de praticar o *ijtihad*?

A palavra *ijtihad* vem da mesma raiz de *jihad* – a raiz em si significa, grosso modo, "lutar". Mas, enquanto *jihad* refere-se à luta física e psicológica, *ijtihad* refere-se especificamente à interpretação; lutar para corretamente interpretar a vontade de Deus por meio do Alcorão, do Suna e do Hadiz. Durante séculos, o poder oficial do *ijtihad* tem sido de posse dos *sheiks* versados em jurisprudência islâmica. Esses *sheiks* são chamados de *mujtahids*. Tipicamente, a pessoa deve estudar em uma espécie de seminário para tornar-se um *mujtahid*. É onde os novos muçulmanos – os do Extremo-Oeste – discordam. Muitos ativistas na Europa e na América do Norte acreditam que todos os muçulmanos devem ter o direito de praticar o *ijtihad*. O islamismo, argumentam, cresceu mais do que a região do Crescente Fértil, e as opiniões de um grupinho de idosos têm pouca relevância em Los Angeles. Essa ideia era o ponto crucial do livro de Manji. "Abram os portões" começava a se tornar o grito de guerra entre os que acreditavam que cada muçulmano deveria ser livre para interpretar e aplicar a lei islâmica segundo seu próprio intelecto.

Minha segunda pergunta era sobre religião e cultura. Com o debate sobre as vestes islâmicas na França e em vários outros cantos, eu queria saber quanta liberdade cultural o *mufti* achava que o islamismo concedia tratando-se de vestimentas e vida social. O que um muçulmano deveria fazer em um país não muçulmano para conciliar o islamismo com as normas culturais locais?

A terceira pergunta era a mais abstrata de todas e, na verdade, mais do que um pouco insolente. Sua introdução era a seguinte: no islamismo, a vontade de Deus é supostamente absoluta. Como assevera o Alcorão, "Nada ocorre sem que Ele deseje". Esse era um verso sempre usado pelos muçulmanos homossexuais – gays e lésbicas – para defender sua sexualidade como natural e normal. Uma vez que os conservadores sempre declaravam que a homossexualidade era "contra a vontade de Deus", criou-se uma contradição interessante. Qual era a posição do *mufti* sobre a questão?

No dia em que minha entrevista estava marcada, Omar e eu chegamos à mesquita de Al-Azhar logo após a *maghrib*, a oração do pôr do sol. Retiramos os sapatos e cruzamos o pátio de mármore até o setor mais antigo do prédio, construído no século X. Encontramos tio Ahmad em um corredor comprido contendo uma série de salas de aula, adicionadas nos séculos XIII e XIV: uma sala para cada dialeto árabe, turco e persa, falados pelos alunos medievais da Universidade Azhar. Hoje, as salas são usadas como escritórios.

— *Habibi!* Eu amo você! — Um *sheik* de túnica cruzou o corredor de frente para um dos escritórios e deu dois beijinhos no rosto de tio Ahmed. Depois que todos se apresentaram, o *sheik* nos conduziu a seu escritório, de onde ele saíra.

— *Itfaddali* – disse-me, apontando para uma cadeira. Olhei em volta, puxando o drapeado não familiar de meu véu que eu colocara em um estilo particularmente conservador para a ocasião. O escritório era amplo, com o pé-direito alto, caiado, com uma pequena antecâmara que servia como saleta de espera. Um quadro em uma parede continha uma enorme lista de nomes escritos à mão – uma linhagem religiosa, Omar contou-me depois, ligando o *mufti* ao seu *sheik* e esse com seu *sheik* e assim por diante, indo ao passado tão longínquo que chegava ao Profeta – que, segundo o que dizem, fundou a ordem sufi do *mufti*.

— Gostaria de beber alguma coisa? – o *sheik* perguntou-me em árabe, vasculhando uma pequena geladeira.

— Sim, obrigada.

Tomei um gole da Pepsi que ele me serviu, sentindo-me um pouco deslocada. Eu não fazia ideia de quando o *mufti* apareceria nem o que eu deveria fazer quando isso acontecesse. A oração do pôr do sol me salvou por um curto intervalo de tempo, já que todos se dirigiram a ela; mais tarde encontrei Omar e juntos retornamos ao escritório tendo de vencer uma enorme multidão que se juntara. O animado *sheik* que conhecêramos – que era, agora entendo, responsável pelas relações públicas do *mufti* – abriu a porta o suficiente para vencermos a multidão e entrarmos espremidos. O *mufti* estava sentado atrás de uma mesa nos fundos da sala, vasculhando uma pilha de papéis. Na mesinha a sua frente estava minha Pepsi, parecendo um pouco idiota. O *sheik* pediu-nos para sentar e saiu em seguida.

Colocando os papéis de lado, o *mufti* ergueu a cabeça.

– *Salaam alaykum*. – Educadamente evitou fazer contato visual comigo.

– Pode deixar que eu traduzo pra você – sussurrou Omar.

Virou-se para o *mufti* e começou a fazer a minha primeira pergunta. Apesar de meu ceticismo com relação à ideia de que *ijtihad* era a bala de prata da reforma islâmica – tão dependente que era da perspectiva individual, a *ijtihad* conseguia apenas produzir seitas secundárias, como visionários iluminados – achei que seria maravilhoso se eu fosse a fonte da "abertura dos portões". Parabenizei a mim mesma por ser uma revolucionária. Mas enquanto Omar falava, percebi que estava orgulhosa de mim mesma precipitadamente. Eu deixara para o *mufti* uma forma simples de escapar da pergunta.

– É desnecessário para todos os muçulmanos ocidentais praticar a *ijtihad*. Há alguns *mujtahids* muito bons no Ocidente – disse o *mufti* por Omar. – Muitos nos Estados Unidos, na verdade.

Ele começou a escrever nomes em um pedaço de papel. Entre eles, percebi, estava Hamza Yusuf, um jovem *sheik* norte-americano que ganhara atenção da mídia por suas ideias de reconciliação entre o islamismo e o Ocidente.

– Nem todo mundo está qualificado para tomar a decisão de um *mujtahid* – continuou o *mufti*. – Há muito o que aprender: história, língua, as passagens do Alcorão, como utilizar o Hadiz; trata-se de um estudo em si. Se cada pessoa tomasse uma parte ou outra da lei e a interpretasse a seu bel-prazer, quer dizer, usando-a segundo suas próprias conveniências, haveria um caos total.

– É preciso entender – Omar me diria mais tarde – que os ocidentais veem a *ijtihad* como uma forma de deixar o islamismo mais aberto, mais diverso. Aqui, a vemos como a forma com que chegamos ao fundamentalismo. *Ijtihad* é a desculpa que os fundamentalistas usam para projetar sua corrupção no islamismo.

Omar passou então para minha segunda pergunta – reconciliando a cultura não islâmica com os costumes sociais muçulmanos. Citou o véu e o temor que esse inspirava na maioria dos ocidentais.

O *mufti* pausou. Estava claro pela expressão em seu rosto que ele pensara muito sobre isso.

– Em uma cultura não islâmica, você é um embaixador do islamismo. Nossa religião ensina que não é certo se isolar de sua comunidade, das pessoas ao redor. É errado afastá-las. É importante apresentar o islamismo de maneira positiva, de uma forma compreensível às pessoas ao redor. O islamismo é maior que o véu. O véu é importante, mas o islamismo é maior que ele. Se a utilização do véu em um país não muçulmano causar apenas hostilidade, melhor não usá-lo.

Fiquei estarrecida. Essa era uma declaração muito forte; a partir de então não seria possível para o *mufti* dizer qualquer coisa inócua. Aquilo era um *fatwa* – um decreto pessoal dirigido a mim apenas, mas que não deixava de ser uma política de conduta. Sentado de frente para mim, Omar estava imensamente surpreso. No Egito e na maior parte do mundo árabe, o véu – um ponto relativamente secundário na lei islâmica – tornara-se um símbolo para toda a religião. Sua importância tomara tamanho vulto que muitos consideravam uma blasfêmia qualquer espécie de concessão. Para alguém em uma posição de poder religioso realizar tamanho gesto conciliatório era preciso muita coragem.

– Mais alguma coisa? – indagou o *mufti*.

Havia uma fila de pessoas na antecâmara, todas já impacientes. Omar fez minha terceira pergunta. Dava para perceber que ele tentava fazer com que não soasse tão impertinente quanto era na verdade.

O *mufti* suspirou, olhando em minha direção, cansado.

– É claro que a vontade de Deus é onipotente. Entretanto há uma diferença entre o que Deus deseja e o que Deus pede de nós. Cabe a nós decidir obedecer ou não, fazer o que Ele pede ou não. Quando não obedecemos, não estamos nos afastando da vontade de Deus... estamos simplesmente desobedecendo.

Tendo afirmado a existência do destino e do livre-arbítrio, o *mufti* sorriu para Omar e entregou-me a lista de *mujtahis* norte-americanos com um gesto afirmativo e educado com a cabeça. Compreendemos que esse era o sinal de que chegara nossa hora de partir. Agradecemos – Omar muito mais eloquentemente que eu – e saímos do escritório, esbarrando com a multidão lá fora no corredor.

No táxi de volta para casa, Omar perguntou o que eu achara de tudo aquilo. Hesitei antes de responder.

– Por um lado eu queria encontrar um líder cheio de projetos arrebatadores e visionários. Ele não é assim; mas ainda bem que ele não é mesmo. Ele pode fazer muito mais estando no centro do que no extremo. Para criar qualquer espécie de mudança, o *mufti* tem de ser um político astuto. E isso ele é com certeza.

– E ele não se lembrou de você do casamento.

– Graças a Deus!

Aulas de árabe

Al qitu cat'u, far rat'u, al nahr river'u.
— Canção do início do século XX
utilizada no ensino do árabe.

À MEDIDA QUE MINHA CONFIANÇA AUMENTOU, comecei a pedir as coisas de que eu precisava e a descobrir formas de tornar-me mais independente. Primeiro, precisei procurar um curso de árabe coloquial que eu vinha aprendendo aleatoriamente de fontes como Mohammad e Namir. Comecei a fazer aulas com um professor chamado Sameh duas vezes por semana em um centro linguístico em Maadi. É irônico, ou talvez coerente, que uma das pessoas que mais me ajudaram a avançar no Egito tenha sido um homem e, para completar, cristão.

Sameh viria a ser meu professor de árabe por quase dois anos. Talvez pelo fato de também fazer parte de uma minoria no Egito, ele entendia os mecanismos do local da forma com que a minoria ou um forasteiro deve entender. Isso não lhe afetava o entusiasmo pelo próprio país. Sameh, como Omar, amigos e parentes que eu mais admirava, parecia ter os olhos treinados permanentemente no horizonte como se pudesse aproximá-lo de si. É uma espécie de idealismo que tenho visto somente nesta parte do mundo, onde é urgente que tudo renasça e se reforme, pois todos estão conscientes de que este exato momento é a última e melhor chance de salvar uma civilização claudicante. Omar e Sameh, cada um de sua própria maneira, eram arquitetos de um Oriente Médio que ainda não existe exatamente, mas no qual pessoas determinadas já poderiam começar a viver. Quem está disposto a participar disso não é estrangeiro, de forma que para Sameh eu deveria aprender a falar com a naturalidade local. A primeira tarde em que cheguei a sua sala de aula, acho que quis me exibir; enquanto conversava com o aluno que tivera aula antes de mim, rabisquei uma frase em árabe no quadro. Quando Sameh entrou, deu uma parada para ler.

– Você escreveu isso? – indagou.

Respondi que sim. Sem falar, ele cuidadosamente apagou os acentos que escrevi, trocando-os pelos corretos, então sorriu como se me desculpasse dessa vez, mas no futuro acharia irritante esse tipo de precocidade. Foi aí estabelecido o tom de nossas aulas.

Uma noite, ele fez uma pergunta estranha.

– Por que você veio para o Egito?

Surpresa, levantei a cabeça. Sameh estava com uma das mãos sob o queixo, revelando a região do punho, onde havia uma delicada tatuagem azul de uma cruz que o distinguia como copta. Estávamos separados pela mesa: nunca nos sentávamos lado a lado e jamais, de maneira alguma, nos tocávamos, nem mesmo para apertar as mãos. A porta do jardim ficava aberta, mesmo no inverno; foi o que fizemos para tornar nossas aulas apropriadas. Ao encontrarem-se a sós sem serem casados, um homem e uma mulher estão violando a lei de Shari'a; essa tensão aumenta pelo estigma social quando o homem é cristão e a mulher, muçulmana. Ao deixarmos a porta aberta, tornávamos a sala de aula um local público, tecnicamente falando – embora o centro linguístico em si fosse público, metade do tempo não havia aulas em andamento. Por precaução, raramente falávamos de assuntos pessoais e por isso fiquei surpresa com sua pergunta.

– Vim porque queria ver como era viver em um país muçulmano – respondi, lembrando-me, tarde demais, de que esse era seu país também e ele não era muçulmano.

Ele não se ofendeu.

– Agora tente em árabe.

– Fui para o Egito porque quero viver entre os que se renderam – obedeci.

– É um país bom/legal/agradável? – Ele também começou a falar em árabe, usando um adjetivo versátil que tornava sua pergunta cuidadosa. Eu devia entender que ele estava realmente perguntando se eu estava feliz.

– Os egípcios são o máximo. – Recorri a uma espécie de gíria educada.

Sameh riu.

– *Beged*. Sério.

Pensei por um instante.

– O Egito é um país bom/legal/agradável – repeti suas palavras. – É muito poluído, obviamente, e muito populoso, mas as pessoas têm... – Fiquei sem palavras e levei uma das mãos ao peito, em um gesto que pode significar "obrigado"; "não, obrigado"; ou "estou profundamente emocionada".

– Educação/caridade – disse Sameh – ou gentileza?

– Sim – respondi. E pela primeira vez, percebi que era verdade; que apesar dos terríveis estresses da vida no Egito, apesar do caos e das desconfianças que caracterizavam a vida pública, os egípcios tinham preservado partes de uma época melhor e sabiam tratar os estranhos com delicadeza. Eu testemunhara isso havia poucos dias, ao ficar parada em um terrível congestionamento de pedestres, inalando fumaça dos carros, presa atrás de duas mulheres extremamente gordas. Eu precisava tomar um ônibus e me peguei pensando: *Por que alguém iria querer morar aqui?* Era sujo demais, difícil demais, isolado demais. Corri em disparada enquanto o ônibus lentamente se afastava do ponto. As egípcias, via de regra, jamais correm; quando necessário, arrastam os pés elegantemente. Minha preocupação era muito mais com o ônibus do que com elegância e bons modos, e saí me batendo contra o lixo derrubado na calçada.

Um carro parou a meu lado – dentro dele estava um casal de meia-idade.

– Entre! – gritou a mulher no banco de passageiro, abrindo a porta traseira. Entrei esbaforida, dizendo *salaam alaykum* quando o homem que dirigia sorriu para mim, quase rindo. Ele acelerou para alcançar o ônibus, buzinando alucinadamente. O motorista do ônibus conteve a irritação e parou ao entender a situação. Apertei a mão contra o peito, agradeci ao casal e saí do carro.

– Vamos, corra! – disse a mulher.

Eu nunca tinha visto o casal e jamais voltaria a vê-lo.

O ônibus estava lotado, então encostei-me a um balaústre no corredor, vermelha de vergonha ao perceber que os outros passageiros estavam achando graça daquilo. Uma mulher sentada ali perto esticou-se para puxar a barra de minha blusa. Durante a corrida, a barra se erguera alguns centímetros, revelando um pedacinho de pele.

– Da próxima vez é melhor colocar um casaco – ela disse e eu pensei: *Por que alguém iria querer morar em outro lugar que não fosse esse?*

— É verdade — disse Sameh em inglês. — Às vezes penso em ir embora, então me bate a dúvida se eu seria feliz em outro lugar, por maior que fosse a organização e menores as chateações.

— E mais limpo — completei, nostálgica.

— E mais limpo. É difícil começar bem a vida aqui, mas...

— Ele parou, absorto.

— Alguém tem de ficar — comentei. Era uma frase que eu ouviria milhares de vezes, proferida por amigos egípcios de boa formação cultural, os que poderiam ter arranjado emprego no exterior, onde usariam seus talentos, mas que decidiram ficar aqui. Cristãos ou muçulmanos, eles eram profundamente religiosos, românticos, cultos; tinham feito a pergunta: *O que é o Egito?* e descobriram que cabia a eles responder. Isso era algo que agora eu conseguia compreender. O que não faltava eram perguntas difíceis. Mas havia demasiado número de coisas e pessoas boas em jogo de forma que era melhor que não buscássemos as respostas.

— Sim — disse Sameh. — Alguém tem de ficar.

Eu sabia que Omar também se sentia assim. Por maior que fosse o número de blitz que nos paravam, por mais alto que fossem os brados dos extremistas ao amanhecer, ele estava comprometido com esta cultura. Sua mente estava sempre ocupada por ela. Em todo pequeno afazer encontrávamos uma oportunidade de ter uma lição de história, um ensaio oral sobre o pensamento islâmico, uma digressão sobre as contribuições árabes à matemática e à astronomia. Vindo de qualquer outra pessoa podia ter sido irritante, mas o amor, se não cego, é certamente surdo. Ele tinha o entusiasmo intelectual dos autodidatas e era contagiante. Aprendi muito mais perambulando com Omar do que nos quatro anos de faculdade.

– Reza a lenda – ele contava sempre que passávamos pelas paredes amareladas da Cidadela – que Bey el Alfi uma vez escapou do assassinato...

– Pulando daquela janela, aterrissando diretamente sobre seu cavalo.

– Eu já lhe contei essa história.

– Sim, milhares de vezes.

– Desculpe! – Ele ria e eu o consolava, encostando a testa em seu ombro enquanto os transeuntes nos olhavam.

Não levei muito tempo para absorver a dedicação de Omar para com a paisagem. O Cairo é tão cheio de monumentos que muitos – como a Mesquita Borboleta – já caíram no esquecimento, ignorados com um encolhimento de ombros. No extremo ocidental da cidade, em direção à estrada Suez, havia uma torre de observação em ruínas que passei a adorar, mas que não tinha nome. Um muro baixo de concreto entre ela e a estrada declarava que ali era terreno militar e, logo, inacessível; todas as vezes que passava por ela, eu a olhava da janela do carro e imaginava sua história.

– Saladino – eu disse. – Ele deve tê-la construído para vigiar os militantes das cruzadas.

– Ou Napoleão – disse Omar –, para vigiar os ingleses. Ou os ingleses, para vigiar todo o mundo.

Fiz que não com a cabeça.

– Praticamente não sobrou nenhuma argamassa entre as pedras. Esse tipo de erosão leva muito tempo.

– Pode ter sido Mamluk.

– Foi Saladino – repeti, elevando a voz, fazendo um charme. Omar sorriu.

– Então tá.

Jamais saberíamos ao certo. Uma torre de observação atrás de um muro, uma mesquita atrás de outro; a maioria dos cairotas achava estranho qualquer tipo de interesse nessas coisas. Muros são construídos por algum motivo, sobretudo em uma ditadura militar. Omar era um dos poucos cuja alma conseguia relaxar em uma cidade vista como sufocante pela maioria. Por meio dele, aprendi a não me incomodar com os muros – a aceitá-los como parte da paisagem, em vez de lutar contra eles ou ignorar sua existência. Omar tinha uma habilidade surpreendente de manter-se livre em um país cheio de fronteiras. Por mais admirável que fosse, a situação causava-me certo desconforto pelo que representava para mim. Não havia nada que os Estados Unidos pudessem oferecer a Omar que ele já não tivesse. Em certos momentos, comecei a me perguntar se algum dia voltaria a viver em meu próprio país.

Irã

> Oh, venham a Shiraz com o soprar do vento do Norte!
> Lá se encontra a paz do anjo Gabriel
> Com ele que é o senhor de seus tesouros; a fama do
> açúcar egípcio há de se reduzir e morrer.
>
> – HAFEZ

ÀQUELA ALTURA, PERCEBI que era melhor para mim mesma começar a considerar o Oriente Médio como meu lar. Não estava certa se ele o seria permanentemente ou algo assim, porém meu futuro estava firmemente amarrado a esse local. Senti uma enorme vontade de viajar para o Leste e ver mais coisas. Talvez eu pudesse encontrar um país tão bizarro que faria o Egito parecer menos estranho a mim. O Irã, sendo persa e xiita, parecia um bom ponto de partida, caso eu quisesse visitar uma parte do Oriente Médio muito diferente daquela em que eu morava. Estudara a revolução iraniana – eu conhecia os nomes, as datas e os fatos dos quais as experiências individuais humanas não poderiam ser deduzidas. Da mesma forma, eu sabia como o islamismo *Shi'a*, dos xiitas, desenvolveu-se como um movimento, mas ao ver as fotografias de uma procissão no dia da Ashura ou uma representação *Shi'i* da Paixão de Cristo, havia coisas que fugiam a minha compreensão.

– E quem *de fato* compreende *Shi'a*? – indagou Omar filosoficamente quando toquei no assunto. Estávamos sentados em um café com seu amigo Mohammad, um músico cego.

— Os *Shi'i*, pressupomos — respondeu Mohammad. — Caso contrário, não há por que tentarmos entender.

Mohammad passara os primeiros seis meses desde que nos conhecemos dirigindo-se a mim apenas em árabe ou francês. Ele acabou cedendo em função de eu não ter fugido do país nem ocidentalizado seu amigo, e havia pouco que ele começara a usar o inglês — no qual era perfeitamente fluente — para minha sorte quando falávamos de coisas complicadas.

— Creio que seja mais como um movimento político do que uma seita separada — declarou Omar. — Quando se pensa no que ocorreu depois que Karbala...

— Não, não, não — discordou Mohammad. — Não é assim que eles encaram a questão. Trata-se de uma ideia espiritual completamente distinta.

— Mas em termos religiosos básicos, eles são iguais a nós — respondeu Omar. — Jejuam e oram.

— **Não rezam a *juma'a* às sextas-feiras. Só o farão quando o Mahdi chegar, entende?** (Mahdi é o futuro salvador da tradição islâmica.)

— Como é que é? Não!

— Bem, agora, eis a questão: você deve descobrir, Willow, se os iranianos oram às sextas-feiras.

Ao pesquisar as maneiras de entrar no Irã, surpreendeu-me o fato de haver muito pouco contato cultural do país com grande parte do mundo árabe. Os egípcios viam o Irã praticamente com tanto temor e desconfiança quanto os norte-americanos e ficavam igualmente confusos quanto às complicações de sua vida religiosa. Apesar das centenas de canais pagos disponíveis por todo o Oriente Médio — inclusive uma dúzia fora do Iraque —, o Irã manifestava-se apenas por meio da ocasional transmissão da encenação da Paixão de Cristo. Meu desejo de ir lá não agradou muito a Omar, que resistiu à ideia logo de cara. Por fim, minha teimosia acabou prevalecendo, e ele se contentou a aprender um pouco de fársi rudimentar para conseguir ameaçar as pessoas apropriadas caso eu me metesse em confusão.

Dei início ao complexo processo de obtenção do visto. Uma vez por semana durante quase dois meses, peguei o metrô para o centro da cidade e andei até o consulado do Irã, sediado em uma lindíssima casa vitoriana em Doqqi. Os funcionários já me conheciam pelo nome. Fazíamos um jogo cortês no qual eu mentia dizendo ter alguns conhecimentos das políticas iranianas e eles fingiam acreditar em mim. Então conversávamos sobre arte safávida. Pareciam tranquilizados pela minha religião e minha disposição em cooperar, e no final obtive meu visto de turista com prazo de um mês, o que foi – apesar do tempo que levou – muito mais fácil do que geralmente era para os norte-americanos que passavam pelo mesmo processo.

Uma tarde durante esse projeto diplomático, Sohair me ligou do trabalho com uma pergunta intrigante.

– Minha querida, preciso que me ajude com uma frase.
– Claro; no que está trabalhando?

Percebi, pelo som, que ela estava folheando uns papéis.

– Estou traduzindo a mensagem mais recente da Al-Qaeda.

Levou um tempo para a ficha cair.

– A mensagem mais recente da Al-Qaeda?
– Sim; foi enviada para algumas agências de notícias há vários dias. Fala sobre o Iraque, é claro, e os bombardeios em Madri. Traduzi uma frase aqui e queria saber se faz sentido: "*fie upon the hypocrites*" (Malditos sejam os hipócritas).

Reagi com uma risada.

— Com certeza. É exatamente o que as pessoas no Ocidente esperam que a Al-Qaeda diga. Parece uma versão distorcida de Shakespeare.

Ela riu também.

— Que bom. Usaram aqui um tipo bem floreado e clássico de árabe, e daí eu queria manter o mesmo tom em inglês. Tem mais uma palavrinha que está me dando uma dorzinha de cabeça: *ghazwa*. Você a conhece?

— Não, nunca ouvi.

— Refere-se às batalhas do Profeta Maomé contra os pagãos. É usada para descrever a tentativa de uma força muçulmana em superar uma força não muçulmana. As opções que tenho em inglês são: *battle, siege, incursion, attack, foray...* o que você acha?

Dei uma mordida no lábio. Temos pouquíssimas palavras em inglês que expressam significados tão amplos; geralmente recorremos aos adjetivos para descrever o que um simples substantivo não consegue.

— Talvez seja melhor usar duas palavras. *Holy battle, holy attack* ou algo parecido.

Eu sabia que essas frases, na melhor das hipóteses, eram esquisitas.

— Hum... não é exatamente a ideia.

— Não é tão forte como *jihad*?

— Não, não, não tão forte quanto *jihad*. E *jihad* é mais abstrato; refere-se mais à luta do que ao ataque. Isso aí é muito específico.

Pensei, pensei e tive uma ideia.

— Que tal *crusade*?

Sohair ficou surpresa.

— *Crusade?* Sério?

– Sério. É a única palavra em inglês que expressa "ataque" e "sagrado" ao mesmo tempo.

– Acho que *crusade* não dá, minha querida; *crusade* tem um significado muito específico para os muçulmanos. A utilização desta palavra já causou vários problemas no passado. Quando George Bush a usou em um de seus discursos dois anos atrás, houve um rebuliço no mundo árabe.

– Mas é exatamente isso – eu disse, mais para o meu próprio benefício do que o de Sohair. – É um ataque por motivos especificamente religiosos, cujo objetivo final é superar outra crença. A Al-Qaeda está em uma cruzada.

Sohair foi um doce ao tolerar minhas opiniões fora de moda, desde a natureza de uma cruzada à razão que não se pode culpar uma criança israelense por ter nascido em Israel.

– Pode até ser – disse –, mas a palavra *crusade* certamente será mal interpretada. Para um leitor árabe, *crusade* poderia significar apenas um ataque ao mundo muçulmano vindo do Ocidente.

– Então existem duas cruzadas. Uma cruzada contra outra cruzada. Gente, será que temos uma palavra para isso em inglês?

– Acho que vocês chamam isso de *war*.

Um pouco antes de minha partida para o Irã, a guerra veio até a mim. Pensando bem agora, vejo que era inevitável. Havia pouco que Ben, tendo acabado de completar seus cursos de árabe, voltara para os Estados Unidos. Menos de 24 horas depois que Jo, Omar e eu nos despedíramos dele no aeroporto, o telefone tocou em nosso apartamento.

– Willow?

– Ben? Algum problema? O que está acontecendo?

Por um momento pensei que ele se esquecera de levar algo importante.

– Acabo de passar por um interrogatório de uma hora com o FBI.

Meu coração veio à boca.

– Como é que é? Por quê?

Ouvi um estalo. A ligação estava sendo monitorada. Não há nada de sutil com relação aos grampos telefônicos.

– Eles sabiam onde eu almocei no sábado passado. No Cairo.

– Aqui?

– Disseram que podiam me destituir de minha cidadania... por causa do Ato Patriota...

– O quê?

– Willow, os caras me perguntaram sobre você. Sobre você e Mehdi.

Mehdi era um amigo em comum da faculdade, que tinha o azar de ser persa e que era, pelo que eu sabia, um simples aficionado por computadores.

– Sobre mim e... por quê? O que fizemos?

Assim que terminei de fazer a pergunta, eu me dei conta de que a resposta era muito evidente.

– Queriam saber o motivo de minhas idas e vindas tão frequentes ao Egito. Queriam saber onde eu arranjava a grana. Respondi que meus pais pagavam as passagens, mas... Acham que somos terroristas, Willow. Eles acham que nós somos terroristas!

– Mas somos os mocinhos. – Foi a coisa mais coerente que consegui dizer.

– Está um inferno. Pediram informações sobre Ireland e acho que vão falar com ela.

Ireland era ex-namorada de Ben, filha de dois lobistas conservadores de Washington. Ben continuou:

– ... e sabe Deus quem mais eles vão envolver nessa confusão. Liguei pra você assim que cheguei em casa.

– O que eu devo fazer?

– Não sei; só achei melhor lhe contar o que está acontecendo. Não sei.

– Mas estou indo ao Irã daqui a duas semanas.

– Ficou maluca?

– Já até comprei as passagens. – Lembrei-me de uma conversa que tive com um amigo que trabalhava com pessoas em busca de asilo nos Estados Unidos: ele me disse que uma das perguntas que as autoridades fazem para determinar se é necessário dar asilo a alguém é "Você tem medo de voltar para seu próprio país?". Era o meu caso; naquele momento, e por muito tempo depois, temi retornar a meu próprio país. Era uma sensação tão estranha que eu não conseguia lidar emocionalmente com ela. Eu sempre fizera parte de uma maioria confortável: era de classe média, culta, branca, sem quaisquer tendências políticas. Eu sempre sentira, embora jamais tivesse admitido, que as leis me protegiam antes de qualquer outra pessoa.

Eu estava online alguns dias depois quando Ireland enviou-me uma mensagem instantânea com mais notícias ruins: o FBI a procurara e ela ficou profundamente perturbada pelo que ocorrera.

– Ok. Em primeiro lugar, eles não podem tirar sua cidadania. Isso é balela. O Ato Patriota não lhes dá esse poder – ela escreveu. – Estavam apenas tentando assustar Ben. Segunda coisa: você pode se recusar a conversar com eles sem um advogado. Peça que um advogado a encontre no aeroporto quando você vier aos Estados Unidos no verão, certo?

– Certo – escrevi, confusa. Pela primeira vez na vida, fiquei feliz por ter uma republicana do meu lado. Eu passaria a apreciar o quanto os verdadeiros conservadores tinham feito para combater alguns dos aspectos mais inconstitucionais do Ato Patriota: tanto quanto ou mais do que seus semelhantes liberais.

– Por favor, não vá ao Irã, ok? Por favor.

– O que isso provaria? – escrevi. – Não estou fazendo nada errado. Não estou tentando machucar ninguém. Se eu mudar de planos, será o mesmo que admitir que tenho algo a esconder. E não é verdade.

– Willow... por que estão te vigiando tanto? Não vá!

– Sou teoricamente cidadã de um país livre – escrevi, com mais entusiasmo do que de fato sentia –, e vou agir assim até me prenderem e dizerem o contrário. Além disso, não vão me devolver o valor que paguei pelas passagens. – E coloquei um desenho de uma carinha sorrindo.

Mandei uma mensagem instantânea também para Mehdi, para ver se ele estava sabendo dos fatos. Ele ficou triste.

– O que me incomoda – disse ele – é que enquanto estão na minha cola, observando cada passo que dou, é menos um terrorista de verdade que eles deixam de vigiar. E isso é deprimente. E, a propósito, seu e-mail está sendo monitorado; sei disso porque meus programas de criptografia estão devolvendo seus e-mails.

Eu não levara os Estados Unidos a sério. Em minha cabeça, eu tinha o país como um porto seguro; era meu lar, onde eu podia sempre ir caso as coisas dessem muito errado. Jamais me senti verdadeiramente desprotegida no Oriente Médio, mas percebi que isso era porque eu sabia que seria deslocada, resgatada e defendida caso houvesse algum problema sério. Agora que meus privilégios como norte-americana corriam risco, vi que eu gostava muito deles, e mais ainda, que eu tinha confiado neles inconscientemente.

Comecei a ter pesadelos. Sonhei que levava um tiro e morria esvaindo-me em sangue; sonhei que eu me perdia em aeroportos e não conseguia pegar um avião de volta para casa, e, uma vez, sonhei que Omar e eu ficáramos presos em uma fronteira imaginária entre o Egito, os Estados Unidos e Israel sem nossos passaportes. A entrada para cada país estava bloqueada com as barricadas de concreto que a polícia egípcia utiliza em suas barreiras. Não conseguíamos nos lembrar de que país vínhamos nem para onde íamos e ninguém nos deixava entrar.

Em um esforço para ser tão transparente e cooperativa quanto possível, enviei meu completo itinerário iraniano para o consulado norte-americano no Cairo. Então, levando 2 mil em espécie no bolso e coberta dos pés à cabeça em uma túnica preta de poliéster, fui para Teerã, meio febril e com a terrível sensação de que se eu fosse do FBI, investigaria a mim mesma também.

Minha primeira impressão do Irã começou em Dubai. Fiz uma breve parada lá a caminho de Teerã, e, sentada no portão, aguardando o momento de embarque em meu voo, comecei a me perguntar se eu tinha uma ideia certa do país ao qual eu me dirigia. Em minha mente, eu tinha imaginado o Irã como o Egito, só que pior; eu o projetara como um país árabe sunita e esperava encontrar a específica militância do extremismo árabe sunita. Não precisei estar lá para perceber que estava enganada. Nenhuma das mulheres em meu voo estava com um véu. Vi muitas calças jeans para lá de estilosas, cabelos com luzes e reflexos, batom, e me senti extremamente mal vestida. A agência de viagens com que negociei sugeriu que eu usasse uma túnica preta, a vestimenta que o Conselho de Guardiões tornou obrigatória durante a Revolução Islâmica em 1979. Não havia tal coisa no Egito, e assim sendo, vesti um *abaya*, um manto longo, tradicional, que mal se assemelhava à túnica.

Tendo como base a aparência das passageiras de meu voo, comecei a me perguntar se eu deveria ter me dado ao trabalho de colocar a vestimenta estranha. Quando aterrissamos em Teerã, os véus deram o ar da graça e foram parar nas cabeças com clara má vontade. As mais jovens mostravam uma ponta de rebeldia usando minúsculos véus nas cabeças, com rabos de cavalo despontando lá atrás. No Egito, poucas mulheres ali naquele avião seriam consideradas apropriadamente cobertas. Comparada à maioria delas, eu estava vestida como uma fundamentalista. A coisa estava muito diferente do que eu imaginara. Tendo como única fonte de confiança a imprensa para ter qualquer ideia sobre o Irã, eu esperava uma brutalidade angustiante: um regime de dominação total, um povo lutando contra o fanatismo. Mas o Eixo do Mal não se encontrava em lugar nenhum na cínica indiferença da "vestimenta islâmica obrigatória", e as garotas maldosas do avião não tinham nada de revolucionárias.

Meu guia me encontrou no aeroporto. Era um sujeito com seus sessenta e poucos anos, simpático, e foi tão educado e cortês quando começamos a falar sobre nossa programação que respirei aliviada. Estava morta de medo da situação que inevitavelmente teria ocorrido no Egito: ficar presa por uma semana com um cara desesperado de trinta e poucos anos que tomaria como missão me levar para a cama apesar do anel de noivado no meu dedo e do véu em minha cabeça. Entretanto, Ahmad era casado, tinha uma filha da minha idade e um filho um pouco mais velho, e ficou feliz com a possibilidade de servir de guia para alguém tão mais jovem do que ele.

– A maioria dos turistas que vêm ao Irã é de meia-idade ou casais mais velhos – contou. – Pouquíssimos jovens nos visitam porque não há bares nem boates. Não há formas saudáveis de se meter em confusão como essa moçada gosta. É muito triste.

Eu escutaria essa frase muitas vezes de muitas pessoas durante minha estada no Irã. O que aconteceu com o nosso país – "é muito triste".

A Teerã que encontrei era cinza e nublada. A cidade carregava poucas cicatrizes da guerra de oito anos com o Iraque; vi apenas um prédio com traços visíveis de tiros. Havia muitos parques no centro da cidade e as ruas eram impressionantemente limpas, as montanhas Elburz eram lindas ao fundo, mas senti o ar pesado e sem vida enquanto eu perambulava com Ahmad. Levei muitas horas para me dar conta de que isso era porque eu não ouvi nenhuma risada. Na verdade, a única voz mais alta que ouvi o dia inteiro foi em um restaurante, quando um garçom passou, aos gritos, os pedidos para o pessoal da cozinha. A inércia humana era tamanha que chegava a ser quase surreal. As pessoas foram invariavelmente simpáticas durante nossas visitas aos museus e casas de chá e encantaram-se ao saber que eu era norte-americana (os iranianos não odeiam os norte-americanos, todos me asseguraram disso ansiosamente), mas o clima era sempre solene.

— Dez anos atrás uma mulher podia acabar na prisão por rir alto — Ahmad explicou —, e de vez em quando os casais não casados sofrem assédio quando saem juntos. Talvez seja esta a origem do que você está sentindo.

Fiz que não com a cabeça, atordoada. Talvez.

Passamos pela velha embaixada dos Estados Unidos no caminho de volta ao hotel.

— Deixaram-na exatamente como a encontraram — disse Ahmad. — Depois da revolução, apenas trancaram o portão. E pintaram os slogans no muro.

O muro externo — de tijolos, assim como os prédios lá dentro — estava coberto com murais mostrando a Estátua da Liberdade com uma caveira no lugar da cabeça e uma variedade de slogans antiamericanos. Todas as janelas lá dentro eram pequeníssimas e protegidas com grades; uma insinuação sutil e agourenta de que os Estados Unidos sabiam que a revolução era iminente muito antes de estourar.

— Foi para cá que trouxeram os reféns?

— Sim. — Ahmad acompanhou meu olhar em direção à Estátua da Liberdade com a cabeça da morte. — Não tenho nada a dizer. — Ele sorriu sem graça.

Naquela noite encontrei Hussain no hotel. Como diretor da agência de viagem que eu estava usando, ele quis me dar as boas-vindas no Irã e certificar-se de que estava tudo bem; além disso eu tinha de efetuar o pagamento. Tomamos um chá no saguão do hotel e ele quis ser simpático, puxando papo.

— Esses lugares estão sempre lotados — observei, olhando em volta para a disposição das poltronas e mesinhas de centro; o saguão estava repleto de gente. Seu inglês era perfeito, com um sotaque vagamente irreconhecível.

– Somente cerca da metade desse pessoal está hospedado aqui.

– É mesmo?

Os hotéis não me pareciam alternativas de lugares para encontros e diversão.

– Sim. Nos hotéis internacionais, é menos provável que se esbarre com a polícia religiosa. Os garotos podem vir aqui para se encontrar com as garotas.

– Acho que faz sentido. – Fiz uma pausa, tentando achar as palavras para o que eu queria dizer em seguida. – Enquanto eu caminhava por Teerã hoje pareceu que a maioria das pessoas estava um pouco... infeliz. É o jeito do pessoal daqui? Como os nova-iorquinos?

Hussain puxou um cachimbo e pegou seu tabaco, com um leve aroma de baunilha.

– Você conhece o romancista russo Gorky?

– Tento evitar a literatura russa. É depressiva.

– Certa vez Gorky disse que um povo que não dança morre. Não sabemos dançar e olhe só em volta! – Gesticulou com o cachimbo. – Somos um povo morto. Não dançamos, não damos festas animadas, as mulheres não podem nem cantar. Não temos nenhuma dessas coisas que ajudam as pessoas a viver. É claro que somos infelizes.

Fiquei mortificada por ter conduzido a conversa naquela direção tão deprimente. Eu ainda não aprendera que apesar da ênfase na privacidade e discrição, os iranianos, ao contrário dos norte-americanos, não têm a menor vergonha da tristeza.

– Mas pelo visto, a geração mais nova consegue aprontar muitas e se safar em todas – comentei. – Vejo moças praticamente sem *hijab* acompanhadas de rapazes em todos os cantos. Não parecem muito preocupadas.

– É porque o governo sabe que se os jovens quisessem fazer uma contrarrevolução, tudo isso acabaria em cinco minutos. Os jovens colocaram esse governo no poder e poderiam destituí-lo; 70% do povo deste país tem menos de 30 anos de idade.

Baixei a voz para que ninguém mais ouvisse minha pergunta:

– Então por que não fazem uma contrarrevolução?

Hussain suspirou.

– Porque os iranianos estão cansados de guerra. Nos últimos cem anos, lutamos duas guerras sangrentas e tivemos duas revoluções, um golpe e um contragolpe. Ninguém quer passar mais por tudo isso. O povo quer reforma, não revolução.

– Entendo perfeitamente. É o que eu também iria querer.

– Rolei um cubo de açúcar na boca: não estava acostumada à forma com que os iranianos tomam chá, sugando-o de um torrão de açúcar mantido ao lado da boca. – Mas um monte de expatriados persas com quem já falei parece achar que uma contrarrevolução é iminente.

– É mesmo? – Hussain deu um sorriso amargo. – Bem, estamos no Oriente Médio. Algo está sempre prestes a acontecer. É muito comum que a mesma coisa esteja prestes a acontecer por muitos e muitos anos.

Eu ri e então enrubesci, pois várias pessoas se viraram para olhar em minha direção.

Teerã, a cidade triste, capital de uma hiper-realidade islâmica, praticamente jamais se tornou real para mim. Pareceu um romance vivo; uma história que não para de se reinventar, sempre à custa das pessoas reais que nela vivem. A forma tímida com que as descoladas mulheres locais usavam seus véus; os murais dos mártires enfeitados com rosas, com alturas de dois a três andares e pintados nos muros dos prédios; os slogans moralistas; tudo sugeria que o islamismo era muito mais como um método de controle do que uma religião. Funcionava do mesmo jeito com que a burocracia funcionava no Egito: uma forma de criar impasses e atrasos tão infinitos que as pessoas ficavam cansadas demais para lutar contra os tiranos locais. Pelo que pude ver, era igualmente eficaz. Jamais senti tanto alívio em deixar um local quanto senti ao sair de Teerã.

Minha próxima parada foi Shiraz, uma cidade a mais ou menos 600 quilômetros ao Sul. Importunada pela insônia em Teerã, embarquei no avião quase dormindo; estava com os fones de ouvido escutando Delerium para aliviar o mau humor, e quando começaram a fazer uma oração transmitida pelo sistema de comunicação do avião, pedindo que o voo fosse seguro, simplesmente aumentei o volume da música. A mulher ao lado me olhou alarmada. Só mais tarde eu me dei conta de que provavelmente eu fizera algo ilegal. Em Shiraz, fui recebida por Azin, mulher espirituosa, de altíssimo astral, com seus trinta e poucos anos, cujo véu não parava na cabeça. Construída em um semicírculo envolvendo uma curva de um rio seco, Shiraz era, para meu espanto, completamente adornada por lindas roseiras e ciprestes verdejantes, e repleta de santuários e palácios de verão com abóbadas azuis. É o que mais se vê no Irã; grande parte do país é montanhosa e seca, porém mesmo as menores vilas que vi ostentavam plantas muito bem cuidadas. Como eles conseguem água e solos aráveis permanece um mistério para mim. Shiraz não era exceção: uma cidade de beleza cultivada em uma paisagem natural e arrebatadora.

Azin levou-me à tumba de Hafiz, um dos poetas e místicos mais celebrados da história islâmica, reverenciado no Irã como um santo. A tumba – um mausoléu com um gracioso domo cercado por um jardim – ficava ao lado de uma *chai khaneh* ou casa de chá, um pequeno pátio de pedras com um chafariz central e nichos construídos nas paredes com almofadas para sentar-se. Quando entramos, algumas mulheres que estavam em grupo, vestindo chador, olharam-me discretamente, todas curiosas.

– Seu marido é egípcio? – indagou Azin, agilmente manobrando chá e cubos de açúcar em uma bandeja de latão, quando nos sentamos.

– Sim, palestino-egípcio.

– E ele permitiu que você viajasse sozinha?

– Permitiu – respondi, toda animada.

Incrédula, Azin fez um sinal negativo com a cabeça.

– Temos uma ideia estereotipada de que o marido árabe é muito conservador, comparado ao marido persa.

– Pra ser justa, acho que a maioria dos egípcios é mais dominadora que Omar. Quando finalmente o convenci a me deixar vir, ele estava todo empolgado: deu-me uma lista de coisas para procurar e me pediu que descobrisse se há sufis no Irã.

– Sufis? – Azin pareceu incrédula. – Talvez antes da revolução, mas não agora. – Ela ajeitou o véu sem muito cuidado, da forma com que as mulheres em outros países mexem no cabelo. – Você gosta de viver no Egito?

– Gosto. – Era verdade. E eu estava certa: comparada a Teerã, Tura era um paraíso.

– Por quê?

– Porque tudo de interessante ou importante, oriental ou ocidental, mais cedo ou mais tarde passa pelo Cairo. Parece até o centro do mundo aquilo lá. Pelo menos, tem sido o centro de meu mundo, por enquanto.

Pela primeira vez consegui verbalizar o que impossibilitava-me de cortar relações com a cidade. Mesmo que meu casamento não desse certo, o Cairo era o motivo pelo qual eu jamais conseguiria fingir que os Estados Unidos eram de alguma forma separados do resto do mundo. Em seu livro *O Profeta*, Khalil Gibran diz que não podemos deixar os lugares nos quais sofremos sem arrependimento, que esses lugares tornam-se nossa segunda pele. O Cairo era minha segunda pele. Lá eu adoecera, ficara suja e irritada, enfrentara uns problemas, resolvera outros e conhecera Omar. O local tornara-se parte indelével de minha história, e como é normal que amemos qualquer coisa familiar, eu só conseguia pensar no Cairo com afeição.

Azin sorriu.

– O centro do mundo – repetiu. – Parece um poema.

Ficamos em silêncio por um tempo, sugando chá dos cubinhos de açúcar. Por fim as mulheres levantaram-se, cobrindo as bocas com os véus, e foram embora.

Mais tarde visitamos um santuário erguido para um cunhado de um dos imames. Era pequeno e tinha uma abóbada nada interessante – achei melhor fingir o espanto que meus guias persas esperavam. No Egito, as coisas eram tão grandes – desde as pirâmides ao caos constante das ruas – que eu achava difícil me chocar com qualquer outra coisa.

Eu e Azin tivemos de vestir chador dentro do santuário; usamos os que eram convenientemente oferecidos no próprio local, dentro de uma caixa enorme na porta. Cobri a cabeça, segurei a ponta do chador, e desejei que não fosse esquisito uma estrangeira usando um daqueles na rua. O chador, um símbolo de opressão para a maioria dos não muçulmanos, concedia à mulher um tipo de dignidade inexistente nos atarracados mantôs que são, no final, o meio-termo indiferente dos mulás com relação ao vestuário ocidental.

Ao entrarmos, meu assombro tornou-se genuíno. Todo o interior era coberto por um mosaico de espelhos. Eu nunca vira nada parecido em toda minha vida. A cada passo eu ficava mais desnorteada, à medida que minha imagem partida e espalhada ia mudando ao redor do recinto. Parei no centro e balancei para frente e para trás. Umas 12 pessoas oravam e liam sentadas no chão.

– Se quiser, pode tirar uma foto – sussurrou Azin.

Fiz que não.

– Não enquanto estiverem rezando.

– Não tem problema, você é estrangeira. Vão entender.

– Não, não quero ser grosseira. Eu não gostaria que fizessem isso comigo.

Contente, Azin fez que sim.

– Que bom. Honestamente, isso é ótimo. Faz uma enorme diferença.

Ela tomou-me a mão e a apertou. Sorri para ela. Saímos em silêncio, registrando o santuário espelhado apenas na memória.

O santuário de Fátima

> E, assim, nós os provamos uns pelos outros.
> – *Alcorão, 6:53*

NAQUELA NOITE, AHMAD EMBARCOU em um avião e foi me encontrar, vindo de Teerã. Pela manhã pegamos a estrada, dirigindo uma longa distância rumo ao Norte, cruzando as montanhas Zagros em direção à cidade de Isfahan. Não consegui, em Shiraz, livrar-me do baixo astral contraído em Teerã, mas as montanhas Zagros, todas aquelas altas planícies empoeiradas, com encostas íngremes listradas com minerais, prendiam a atenção o suficiente para distrair qualquer pessoa dos choques culturais.

– Se não se incomoda com minha pergunta – disse Ahmad –, o que lhe despertou a vontade de vir ao Irã?

Mordi o lábio.

– Alguns motivos. Interesso-me pela história persa. Estou no Egito há algum tempo e queria ver algo mais. Queria ter uma ideia de outro país.

– Uma ideia?

– É. Uma noção de como as coisas funcionam aqui, a forma com que o povo pensa sobre as coisas.

– Mas você está muito calada – disse, de um jeito que insinuou *muito entediada*.

– Oh, não – respondi, alarmada. – Não, o Irã é lindo. É provavelmente o país mais bonito que já vi. E as pessoas são muito simpáticas. – Eu buscava as palavras certas. – É que já faz quase um ano que não paro de ver coisas novas; já estou ficando sem ar para tanta surpresa e espanto.

Passamos alguns minutos calados.

– Acho que você está se tornando um pouco árabe – ele finalmente disse, gentilmente.

A observação foi tão repentina que fiquei assustada.

– Por que diz isso? – perguntei.

– Pela maneira com que você anda e fala com as pessoas. É diferente do comportamento dos outros norte-americanos que conheci.

– Oh, Deus. Acho que já virou um hábito.

– Para agradar sua nova família?

– Para eu não me destacar. Para não criar uma cena em qualquer lugar aonde eu for.

Ahmad fez um gesto afirmativo com a cabeça, considerando minhas palavras. Dirigimos por um tempo sem falarmos nada, os dois sem-graça em função da franqueza do contato. Senti uma dor na lombar e um pouco de febre, de forma que o cenário a minha frente ficou nebuloso, enquanto eu sentia uma enorme vontade de tirar um cochilo, o que foi impossível.

– Olhe a sua direita.

Obedeci, olhando para fora da janela e vi um aglomerado de tendas com domos pretos.

– Nômades?

– Sim, tribais. *Shahsevan*, talvez.

Despertei por completo.

– Sério?

Ahmad sorriu.

— Sério. Vamos lá falar com eles?

Cruzamos um caminho de terra, pegando o barranco onde os tribais acampavam e paramos a 10 metros da primeira tenda. Um cachorro bem grande disparou o alarme, rodeando o carro enquanto saíamos. Vi uma cabeça envolta em um véu espiando de uma barraca desaparecer rapidamente e então reaparecer como uma moça de 16 ou 18 anos. Trajava um vestido vermelho coberto com bordados, cortado como um *salwar kameez*. Um longo véu acortinava-lhe a testa e pendia por suas costas. Ela sorriu quando Ahmad se aproximou e nos apresentou.

— Ela nos convidou para tomar um chá.

Entramos na primeira tenda, que tinha um cheiro forte de lã crua. Lá dentro, garotas de véus gargalhavam, sentadas em círculo. Sorri e me sentei, apertando a mão contra o peito, tomando o lugar indicado pela garota de vermelho. Ela retribuiu meu gesto de agradecimento com um sorriso e ocupou-se com um pequeno fogão a querosene. Olhei para as outras garotas. A maioria trajava-se como a primeira, com túnicas brilhantes, verde, vermelho ou azul, com bordados dourados. Seus véus eram usados com o claro propósito de adornar — não de esconder — os cabelos, todos em tranças grossas. Fizeram um zum-zum-zum ao organizarem-se a nossa volta. Ahmad fez uma pergunta que causou ataques de risos em várias das garotas.

— Perguntei se alguma delas é casada.

Terrivelmente direta no Egito, essa pergunta era comumente usada para dar início a uma conversa no Irã. Uma era casada e tinha um filhinho de oito meses. Olhei bem para ela. A exposição ao sol e ao vento marcara-lhe a face com rugas prematuras, o que dificultava inferir sua idade. Seu corpo parecia que tinha, em algum momento, padecido com alguma doença ou desnutrição. Achei difícil imaginá-la grávida. Sua expressão, no entanto, era tão distinta e aberta que também não fiquei surpresa.

– De que tribo elas são? – perguntei a Ahmad.

Ele repetiu minha pergunta em fársi. Uma das garotas respondeu com um nome que pareceu surpreendê-lo, e uma rápida conversa seguiu-se.

– Dizem ser *Abd'el Khaneh*, de que nunca ouvi falar, e afirmam ser árabes.

– São? – Era uma afirmação estranha para uma tribo no Irã central. *Abd* é uma palavra árabe para servo e *khaneh* é casa em fársi (como em *chai'khaneh*, casa de chá), então *Abd'el Khaneh* significava, *grosso modo*, Servo da Casa. Fiquei imaginando se a "casa" enigmática referia-se à família do Profeta, conhecida como *"Ahl ul'Beyt"*, *família da Casa*, em árabe.

– Sim – respondeu Ahmad, visivelmente confuso. – Estão dizendo que o árabe é a língua de sua tribo.

Em árabe moderno padrão, perguntei à garota de vermelho se ela me entendia. Olhou-me de lado e disse algo que pareceu até uma voz saindo de um rádio cheio de estática, falando em uma mistura de árabe e fársi. Não entendi nada.

– Pode ter sido árabe antigamente – comentei com Ahmad –, mas agora parece uma mistura de dialetos.

– Ela não entendeu você também – informou Ahmed, que em seguida riu bem baixinho. – É o que estávamos falando anteriormente. Encontramos nômades árabes no meio da província de Shiraz.

Tomamos chá com as garotas, cujos irmãos, de volta do pastoreio, foram chegando aos poucos. Vários deles tinham incríveis olhos azuis pálidos. A maioria parecia ter entre 13 e 18 anos e, ao invés de se sentarem, agacharam-se para tomar o chá, como se em estado de alerta ao menor movimento repentino lá fora. Um deles vestia uma jaqueta velha do exército norte-americano, provavelmente pré-revolucionária, um vestígio surreal de uma época em que o Irã era um valioso aliado dos Estados Unidos.

Agradecemos às garotas pelo chá e Ahmad prometeu voltar para mostrar as fotos que eu tirara delas. Pegamos a estrada novamente e nos dirigimos a uma montanha além do Sul de Isfahan, onde subi em uma pedra e olhei para o oeste em direção ao Iraque e além dele, para o Mediterrâneo, o Atlântico e a minha casa, meu país. Apesar de tantas mudanças, as montanhas, assim como a paisagem que eu deixara para trás no Colorado, eram familiares demais para que eu sentisse medo.

Há um antigo verso persa que diz: *"Isfahan neisf-e jahan"*; Isfahan é a metade do mundo. Isso ainda pode ser verdade atualmente; embora a maioria das rotas comerciais tenha sido desativada e os poetas e as cortes reais tenham quase todos partido, a energia e a arquitetura permanecem. Construída sobre a Estrada de Seda, nos tempos áureos, Isfahan deve ter sido muito parecida com a Pérsia. Tinha de tudo – o palácio favorito de muitos xás, duas universidades e várias pequenas faculdades, um enorme bazar e artistas de todo canto do mundo, cortesia do império safávida. Além disso, nutria e ainda nutre uma das mais desenvolvidas culturas de casas de chá que já encontrei. Um grande número de antiquíssimas pontes de pedras abriga uma série de *chai'khaneh* ribeirinhas, a maioria construída bem no fundo das próprias pontes, de forma que ao sentarmo-nos em uma delas, temos a sensação de estarmos em um barco.

Entretanto, o coração da cidade é a Maidan Imam Khomeini, um círculo de estruturas de palácios e mesquitas da era safávida, de frente para um enorme bazar. Ali Ahmad e eu saímos à caça de um *sehtar*, tradicional instrumento persa que Omar implorara para que eu procurasse. Dois mercadores de tecidos informaram-nos sobre uma loja de instrumentos próxima ao *maidan*, para onde nos dirigimos. Quando lá chegamos, fiquei surpresa ao descobrir que seus donos eram dois caras mais ou menos de minha idade que, com suas camisetas de banda, jaquetas de cotelê e calças cargo, não ficariam nem um pouco deslocados em um show do Pixies. Os dois sorriram quando entramos na loja, e então tudo fez sentido. Os trajes, a loja de música – só podiam ser sufis. Depois de conhecer Azin, passei a crer que o sufismo chegara ao mundo underground por meio da revolução. Entretanto, aqui estávamos todos nós.

Nossa conversa foi dificultada por uma enorme barreira linguística; falavam pouquíssimo inglês e nada de árabe, e meu fársi limitava-se às expressões educadas que Ahmad vinha me ensinando. Assim sendo, Ahmad serviu de tradutor.

– Chamam-se Isma'il e Javad. Dizem-se membros da ordem *Ni'matullahi*.

Era uma vertente sufi de que eu nunca ouvira falar, mas depois que Ahmad contou-lhes que eu estava louca para encontrar sufis persas, eles explicaram tudo com entusiasmo. A música, disseram, era parte central de sua *dhikr* – uma espécie de oração como um cruzamento entre um hino e um mantra – e por isso tinham uma loja de música. Ambos ficaram curiosos sobre como os sufis egípcios realizavam a *dhikr*, quantas vertentes havia e como se chamavam. Respondi às perguntas da melhor forma possível, achando uma pena que Omar não estivesse ali para conduzir aquela conversa da maneira apropriada.

Quando contei-lhes que procurava um *sehtar* para meu marido, Isma'il saiu esbaforido da loja, dizendo que a qualidade dos *sehtars* que tinham em estoque não me atenderia. Voltou cerca de dez minutos mais tarde com outro, tocando uma melodia que escutamos pela rua a sua frente. Ele e Javad carinhosamente acondicionaram o instrumento em uma embalagem, incluindo pinos, cordas sobressalentes e travessões, explicando a Ahmad como afiná-lo. Ao sairmos, senti um alívio, como se estivesse deixando para trás o desconforto que me atormentava desde Teerã. O fato de que eu podia viajar meio mundo e encontrar pessoas como Javad e Isma'il fez com que eu me sentisse, de forma estranha, segura; eles me lembraram de que era possível se sentir em casa em vários lugares distintos.

Embora o mau humor tivesse passado, ainda havia algo profundamente triste sobre o Irã. Ahmad contou-me várias histórias de turistas que ele acompanhara e que choraram por causa de alguma coisa. Às vezes era simplesmente a abóbada de uma mesquita que os levava às lágrimas, porém, com mais frequência, o choro era em função de uma estranha sensação de perda ou arrependimento. Um norte-americano abastado com seus sessenta e poucos anos sentiu-se, de uma hora para outra, arrasado pelo fato de jamais ter encontrado um amor duradouro. Um diplomata inglês, que passara trinta anos no Irã como embaixador antes da revolução, chorou abertamente por tudo que tinha sido perdido nesses últimos trinta anos. Era muito estranho. Uma noite em Isfahan, eu e Ahmad estávamos sentados em um jardim de rosas tomando chá quando ele ficou cabisbaixo. Perguntei o que era.

– Não é nada. Apenas lembrei-me do passado.

Balançou a cabeça de um lado para o outro e sorriu. Então contou a história de uma inglesa que, ao ver o domo dourado do Hazrat-e Masumeh, ficou tão abalada pela agressão atual contra o mundo muçulmano que chorou perante milhares de peregrinos – no final, não havia nada do que se envergonhar, já que muitos deles também choravam.

– Pelo amor de Deus, Ahmad! O que o Irã tem que faz todo mundo *chorar*?

Foi a primeira e única vez que vi Ahmad rir.

– Não sei – respondeu, recompondo-se –, mas agora fiquei curioso.

Naquela noite, jantamos em um restaurante indiano. Meu apetite estava muito maior do que nos vários dias anteriores e fiquei muito contente em sair um pouco da culinária persa, que geralmente limitava-se a carne cozida em um espetinho. Em um determinado momento, Ahmad perguntou como passei a gostar da comida indiana.

– Não sei exatamente. Eu não gostava muito até que descobri, com um amigo da faculdade, um ótimo restaurante indiano em Boston. Embora não fosse barato, acabávamos fazendo praticamente um banquete pelo menos uma vez ao mês...

Feito mágica, minha garganta se fechou. Fiquei desnorteada. Com certeza não se tratava de nenhum assunto perigoso. Entretanto, eu estava a ponto de verter lágrimas sobre meu prato. Era como se eu tivesse me dado conta, em virtude da enorme distância entre Boston e Isfahan, de que aquela vida que eu outrora levara, definitivamente, chegara ao fim. Por um instante senti-me oprimida pela magnitude da ruptura que eu dera em minha própria história. O mundo era grande demais e eu, pequeníssima; eu não podia conter tantas contradições. Sofri pelo resto do jantar e voltei ao hotel, onde preparei a banheira e chorei por meia hora.

O dia seguinte coincidiu com o aniversário do martírio de um dos imames. Bandeiras negras tremulavam por toda a cidade; era proibida a execução de quaisquer canções alegres e todos pareciam mais consternados ainda do que de costume. Senti-me exausta, mas estranhamente em paz. Algo tinha estalado. Finalmente percebi o que separava a *Shi'a* da Suna em um nível emocional. Havia muitas coisas sobre a *Shi'a* e seus efeitos sobre a cultura iraniana que achei um pouco perturbadoras: o foco no sacrifício, o intenso e ritualístico luto – mas havia algo estonteante nessa cultura da tristeza. Após meu próprio colapso, fez mais sentido. Assim como o budismo, o islamismo incentiva o desapego espiritual das coisas materiais. No islamismo sunita, consegue-se fazer isso por meio de uma disciplina pessoal intensa e uma iconoclastia rígida. No Irã, entretanto, *Shi'a* parecia conseguir a mesma coisa de outro jeito. De alguma forma, ao transformar a tristeza em uma experiência de êxtase e transformação, acabava-se o medo da perda. Era um eterno lembrete de que a única permanência possível é por meio de Deus; tudo o mais começa a desvanecer-se assim que é criado. Percebi que podia finalmente entender o ar melancólico que cercava os lindos jardins do Irã, assim como outros lugares e mesquitas, conferindo-lhes uma aparência humilde – como se dissessem, ao mesmo tempo em que glorificavam a arte e a natureza, que não importava, que estava perdido e que já tinha morrido.

Deixamos Isfahan naquele dia, dirigindo pelas alamedas vazias, com os abrigos pretos da cidade. Antes de voltarmos a Teerã, paramos em Qom, uma cidade sagrada que crescera ao redor de um santuário ao qual eu erroneamente me referia como "um dos de Fátima", o que de alguma forma deprimia Ahmad. Excetuando-se os netos, eu tinha uma indiferença sunita com relação aos parentes do Profeta. Além do Imam Hussein e Sayyida Zaynab, eu não conseguia – tampouco interessava-me em tentar – traçar, de cabeça, a completa linhagem profética; não sabia e ainda não sei qual Fátima está enterrada em Qom. O *Shi'i* sabia e construiu uma imensa mesquita azul e dourada em sua homenagem durante o século XVI, e fez da cidade um dos centros de aprendizagem *Shi'i*. Somente muçulmanos têm permissão para entrar no santuário de Fátima e, no caso das mulheres, o uso do chador é obrigatório. Na maioria dos lugares no Irã, considera-se adequado qualquer traje que cubra todo o corpo; uma túnica árabe e o véu que eu usara durante minha estada foram aceitos sem o menor alarde e eram, na verdade, muito mais conservadores do que os trajes usados pela maioria das mulheres. Entretanto, no santuário de Fátima, era imperativo que se usasse o tradicional chador persa. Das centenas de mulheres que se espremeram ao meu redor nos portões, um grande número não era persa – muitas pareciam do sudeste asiático, algumas pálidas de olhos azuis – mas todas vestiam o traje preto ou azul e branco com estampa no estilo sári. Não teria sido problema nenhum para mim usar um chador, mas enquanto eu era arrastada pelo rio humano de peregrinos, percebi que a única saída era para a frente, entrando no santuário. Eu teria de entrar lá do jeito que estava. À entrada, Ahmad me alcançou bem na hora em que fui parada por um sujeito alto, muito sério, com seus 35 ou quarenta anos: um membro da polícia religiosa. Ahmad apontou para mim e falou com ele. O policial me analisou, tentando decidir, pelo que pareceu, se acreditava em Ahmad. Baixei os olhos e fitei educadamente seus sapatos.

— Você é norte-americana? — perguntou o policial em inglês. Não houve nenhuma malícia na pergunta, apenas um profundo desconforto.

— Sim.

— E muçulmana?

— Sim.

Ele disse algo a Ahmad, que repetiu enfaticamente o que ele dissera antes.

— Você é muçulmana mesmo? — perguntou-me o policial novamente.

Ergui o olhar.

— Posso recitar a *chahada* agora mesmo se o senhor quiser — respondi.

Minha intenção tinha sido a de parecer obsequiosa, mas assim que disse isso, percebi que soara como um desafio. E talvez tenha sido.

O policial franziu a testa, cada vez mais desconfortável. Passamos um longo minuto parados feito dois de paus. Baixei os olhos novamente, esperando sua permissão para entrar; ele pensou silenciosamente. Ahmad, que eu via dos joelhos para baixo, ora equilibrava-se em um pé, ora no outro. Eu me perguntava sobre o tamanho da encrenca em que estávamos metidos — eu desconhecia o tamanho poder que a polícia religiosa tinha no Irã. Percebi então do que se tratava aquilo ali: uma norte-americana muçulmana sunita, trajada feito árabe, esperando à porta da própria Hazrat-e Masumeh muito xiita e muito persa; na cidade que fora o berço da Revolução Iraniana. A solicitação *"Posso entrar?"* tornou-se, no contexto, extremamente provocadora. Era uma questão de qual lado engoliria o outro. A possibilidade de eu ver o interior do santuário, de não ser julgada pelas ideias que eu defendia, mas sim como um indivíduo, comprovaria a existência de um islamismo que superava quaisquer facções e nacionalidades, um islamismo que acomodava as contradições. Eu era diferente, mas não fizera nada errado. Às vezes seguir as regras é um ato mais radical do que desobedecê-las.

– Pode entrar.

Ergui a cabeça, surpresa. Na face do policial, um tímido sorriso despontava.

– Pode entrar – repetiu. – Você é bem-vinda.

Passei pela entrada e penetrei no pátio de pedras. Ahmad entrou logo em seguida, sorrindo e fazendo um sinal negativo com a cabeça. Olhei para trás na direção do policial, que me observava com uma expressão pensativa; esquecendo-me de mim mesma por um instante, olhei-o nos olhos e sorri.

El Khawagayya

> Eis uma palavra nojenta, até mesmo para os padrões do árabe, começando com *kh* – que produz um som arranhado na garganta – e continuando com um *wAAga!* – feito um escarro.
>
> – gn0sis, em everything2.com

– O QUE VOCÊ VIU DE MAIS ESTRANHO NO IRÃ? Conte algo que você não esperava.

– Geleia de cenoura.

Jo caiu na gargalhada.

– Ah, fala sério.

– Sério. Quem faz geleia de legume, minha gente? Isso explica tudo. A revolução, a crise dos reféns... tudo.

Estávamos sentadas na sala de estar de nosso apartamento, próximas à janela, vendo um sol avermelhado desaparecer em meio à poeira no horizonte. As pirâmides despontavam como dentes à beira da Planície de Gizé, projetando sombras a Leste em direção ao Nilo. A sala estava completamente bagunçada. Jo preparava as malas para voltar aos Estados Unidos. Presentinhos que eu comprara em Teerã e Isfahan cobriam a mesa em montes de papel pardo: porta-lápis laqueados, caixinhas pintadas, tecidos estampados. Eu estava tomando antibiótico para combater a infecção renal, mas a dor nas costas ainda permaneceria por mais um ano. Ao chegar ao Cairo, chequei minha caixa de entrada, onde encontrei um e-mail de Hussain, diretor da agência de viagens, agradecendo-me por fazer parte de sua carteira de "bons" clientes – o que interpretei como alguém que não criou caso com as nervosas autoridades iranianas – e convidando-me para voltar em breve com Omar.

– Não vá – pedi a Jo enquanto ela colocava alguns livros na mala. – Se você for, quem vai brincar de *Punch Fundie* comigo?

Omar achava a brincadeira ofensiva.

– Não sei, amiga querida. Acho que você vai ter de descobrir outras brincadeiras.

Com o pé, Jo controlava um gatinho que fuçava uma de suas bolsas, sondando se podia fazer xixi ali. Apesar de terem nascido em cativeiro, os gatinhos nunca se comportavam de forma domesticada – toleravam, com má vontade, nossa afeição, mostraram-se refratários ao adestramento e lançavam sobre as pessoas pequenos olhares sérios e predatórios. Eram sociáveis apenas quando estavam com sono, ocasião em que se aninhavam no primeiro colo que encontravam. Jo fez um som com a língua para espantar o gatinho que lhe mordia o dedão. Retirando o pé, ela caiu no sofá com um suspiro e disse:

– Achei que seriam 12 meses de diversão, mas estou me sentindo muito diferente. Este lugar teve um impacto muito maior em mim do que imaginei.

– Bom ou mau?

– Toda experiência é, no final das contas, boa. – Ela viu minha cara feia e sorriu. – Não, não, não estou dizendo isso só por educação. Vou sentir saudade desta cidade. Aprendi muito com os maus-tratos que sofri aqui.

O gatinho maior saiu de baixo de uma cadeira e avançou no menorzinho.

– Receio que se eu for muito mais maltratada aqui, vou me tornar uma pessoa completamente diferente – comentei. – Sobretudo se você não estiver por perto para lembrar-me de quem eu fui.

– Esta é sua história agora – disse Jo gentilmente. – Você saberá o que fazer. Terá Omar, Sohair, Ibrahim, seu sogro, Sameh e muitas outras pessoas. Além disso, viremos visitá-la e você irá nos ver também...

Era sensato tudo aquilo que ela dizia, mas eu não conseguia controlar a pontada de ansiedade. A partida de Jo marcaria uma nova fase de minha vida no Egito, em que eu passaria meses sem me encontrar com outro ocidental. Quando eu e Omar nos despedimos dela no aeroporto, tive consciência do sol brilhante sobre meus ombros e do vento vindo do Mediterrâneo. Pareciam trazer boas novas. Desejei estar preparada para o que quer que eles trouxessem.

Depois que Jo se foi, eu e Omar começamos a pensar em encontrar um apartamento para os dois. Tivemos diversas conversas rápidas tentando decidir se era uma boa ideia – ainda faltavam muitos meses para o casamento, pois os convidados norte-americanos só teriam um feriado prolongado no final de semana do Dia de Ação de Graças. Sob o ponto de vista religioso, já estávamos casados, de forma que legalmente podíamos fazer o que bem entendêssemos – o lado egípcio da família, entretanto, se estarreceria com a ideia de que estávamos indo morar juntos antes de fazermos o casamento. Pensei até em voltar aos Estados Unidos e aguardar alguns meses, mas Omar não aguentaria se afastar de mim por tanto tempo. Como sempre, fomos forçados a chegar a um meio-termo que não favoreceu a nenhum dos dois.

Conscientes de nossa situação culturalmente instável, todos se esforçaram para nos ajudar. Os tios e primos de Omar recusaram a explicação capenga de nossos planos e mandou-nos seguir em frente com o que considerávamos mais prático. Suas parentas deram-me vários conselhos de como ser uma esposa e dicas sobre a psicologia dos maridos árabes.

— Meu marido me ajuda muito com os afazeres domésticos — disse uma prima por parte de pai, muito alegre, mãe de um filho. — Tenho sorte: quando cozinho, ele lava a louça. Não deixa nada espalhado para eu catar. Não é um marido tradicional. — Ela pausou.

— Que bom — comentei, sem compreender.

Ela examinou-me rapidamente, buscando uma reação particular. As egípcias conseguem "ler" uma conversa como os médicos "leem" um corpo. Ao perceber que eu não entendera o que ela deixara no ar, sem verbalizar, ela sorriu gentilmente.

— Acho que Omar é um homem mais tradicional — concluiu. — Provavelmente esperará que você faça todos os serviços domésticos.

Fitei-a desanimada.

— Tipo o quê?

— Cozinhar.

— Tudo bem.

— Lavar roupa. Limpar a casa. — Ela hesitou. — Você sabe cozinhar?

— Não — respondi. Estava começando a me sentir mal.

— Não tem problema. — Ela deu uma batidinha em minha mão. — Podemos ensinar-lhe. Mas é melhor se preparar: para uma mulher há muito trabalho após o casamento. Muitas responsabilidades.

O mal-estar aumentou. Eu vinha tendo uma febre persistente – era uma das estranhas adaptações que meu corpo fazia para aguentar o calor intenso. E embora eu sentisse calor, minha boca estava sempre fria, como se eu tivesse bebido água gelada. Ao checar a temperatura, detectei os inevitáveis 37 graus. O resultado disso tudo foi que parei de suar. O corpo é muito inteligente. Sob um calor tão intenso, de pouco adianta transpirar, o que acaba roubando os sais e os minerais de que precisamos para manter a pressão estável. Os egípcios não suam como os ocidentais. Até agora eu estava feliz e um pouco assombrada com a habilidade de meu corpo em se adaptar, mas de repente pareceu uma traição – lá estava eu, mais uma vez, adaptando-me a um estilo de vida diferente.

– Você está bem? – Minha nova prima franziu a testa.

– Estou. – Levantei-me, forçando-me a sorrir. – Obrigada.

Eu não fora criada para imaginar a mim mesma como futura dona de casa. Desde tenra idade eu internalizara a ideia de que os afazeres domésticos eram degradantes e opressivos; nem sei de onde veio esse conceito. Só sei que minha crença nisso era tamanha que acabei desenvolvendo um corolário lógico: se os afazeres domésticos são degradantes e opressivos, então não devem ser necessários. Eu ficava confusa quando a minúscula cozinha de meu apartamento na faculdade estava suja. Quando acumulavam-se cotões de poeira sob a cama, eu tinha a sensação desconfortável de haver algo errado no universo. Ora, posto que as pessoas não tinham de limpar, a limpeza não deveria ocupar as pessoas. Eu ainda acreditava nisso – ainda que de forma inconsciente – e a ideia de que Omar pudesse esperar que eu me dedicasse inteiramente a atividades como cozinhar e esfregar o chão encheu-me de imagens horrorosas de escravidão doméstica.

Naquela tarde, ele apareceu em meu apartamento, que já estava cheio de caixas de mudanças. Eu fazia um levantamento dos livros e utensílios que Jo deixara para mim. Assim que ele passou pela porta, desabei em lágrimas e perguntei se ele queria que eu passasse meus dias debruçada em baldes de roupa.

– Claro que não! – Ele me abraçou. De pé, minha cabeça se encaixava perfeitamente sob seu queixo. – De onde tirou essa ideia? Não vou me casar com você para ter uma empregada, mas sim porque eu te amo.

Olhei para ele.

– Sério?

Foi uma pergunta ridícula, mas eu precisava de consolo.

– Quem você pensa que sou? Escute. – Ele deu um passo para trás e tomou-me a mão. – Você tem uma ideia estereotipada dos homens árabes na cabeça e fica me confundindo com isso. Seu medo é de que eu seja, no fundo, esse homem, e que você só vá descobrir a verdade depois que for tarde demais. Mas eu *não sou isso*.

Ele estava certo. É muito difícil livrar-se do condicionamento, ainda que com muito esforço. Os pesadelos ainda me atormentavam. Havia momentos à noite, quando o sono se aproximava, em que eu era tomada por uma ansiedade intensa com relação a meu casamento. Durante essas crises, eu inventava possibilidades paranoicas, planos de fugir às escondidas para o aeroporto ou a embaixada caso Omar se tornasse um tirano irracional.

– Às vezes tenho medo de você – contei, surpresa comigo mesma.

Ele ficou magoado.

– Não – disse. – Não, não. Fique zangada comigo, frustrada, mas jamais com medo de mim.

Ele nunca me daria motivos para ter medo – nunca levantou a mão com raiva, jamais me xingou nem levantou a voz. Embora Omar fosse tranquilo e reservado por natureza, isso era também uma questão de princípio para ele. O Profeta, sua referência de comportamento e conduta, nunca espancou ou depreciou suas esposas, fato observado com surpresa por seus seguidores e desprezado por seus inimigos. Omar levava essa tradição a sério. Para ele, o antigo ditado islâmico que "o casamento é metade religião" era absoluto: seu dever em me amar e me proteger era parte de seu dever para com Deus.

Começamos a procurar apartamento em Maadi, próximo a Tura, descendo o rio. Gostamos de um que ficava em um pequeno prédio digno, propriedade de uma mulher copta e sua filha. Dava para um jardim, onde havia uma mangueira e uma roseira inglesa. O *souk* e o centro linguístico onde eu fazia aulas com Sameh ficavam bem pertinho dali.

Em meu último dia no apartamento em Tura, Omar apareceu cantarolando uma canção que ele criara sobre *"sha'itina"*, minha palavra gramaticalmente deturpada para *nosso apartamento*. Ele insistia em dizer que meus erros gramaticais eram adoráveis e passou vários anos sem corrigi-los; coube a Sameh impedir que eu fossilizasse os erros verbais. Omar levou sacolas de roupas para o carro enquanto eu atraía os gatos para dentro de uma enorme gaiola, o melhor que conseguimos para transportar os bichanos.

– Vai sentir falta de ter seu próprio quarto? – perguntei enquanto colocava os animais ofendidos no banco traseiro.

– Meu próprio quarto? – Omar riu. – Esqueceu? Nunca tive meu próprio quarto.

Enrubesci, lembrando-me de que Omar dividia o quarto com Ibrahim, como a maioria dos irmãos egípcios. Em uma cidade tão povoada como o Cairo, ter o próprio espaço era um luxo ao qual pouquíssimos – mesmo os ricos – conseguiam se dar.

– Você vai sentir falta de ter seu próprio quarto? – dessa vez *ele* perguntou.

– Não – respondi, tomando-lhe a mão. – Estar com você é dez vezes melhor.

Em apenas um dia, tornei-me senhora de uma casa, parte de uma rede de lares que compunha a família de Omar. Por meu raciocínio norte-americano, pareceu que eu tinha pulado uma década. Aos vinte e poucos anos, a expectativa era de que eu fosse independente, espontânea e morasse sozinha. Essa independência me prepararia para a vida como esposa e mãe, a centenas de quilômetros de distância de meus parentes mais próximos. Entretanto eu entrara para uma grande tribo, dona de uma reputação e um destino, e começara a participar de sua vida como um todo. A independência foi substituída pela interdependência. Eu teria de aprender a como funcionar nesse novo e diferente papel, e tinha de ser rápido.

O primeiro dia que passamos em nosso novo apartamento foi uma sexta-feira, o início do final de semana egípcio. Acordei antes de Omar para vasculhar meu pequeno reino: um pequeno quarto com portas francesas que davam para uma sacada, uma sala de estar, um banheiro, uma pequena cozinha.

O espaço coletivo era tão pequeno que tivemos de pôr a mesa de jantar próxima à porta da frente.

Mesmo assim, era limpinho e tinha sido reformado havia pouco – comparado ao antigo apartamento em Tura, parecia até uma mansão. As paredes eram amarelas bem clarinhas e o piso de ladrilho era frio no calor intenso do verão. Havia um espaço sob a porta da frente que eu ainda não percebera – eu só iria me dar conta de sua existência quando por ele passasse uma procissão de aranhas listradas bem gordas e os lagartos que vinham à sua caça. O astral do lugar era leve e cheio de expectativa, como se as paredes esperassem ver como eu ia me comportar no âmbito privado, tão intimamente associado à feminilidade egípcia. Pequeno como era, esse apartamento representava um dos maiores desafios que eu viria enfrentar na vida.

Embora Omar tivesse sido sincero ao dizer que não esperava que eu me tornasse uma dona de casa submissa, ele era homem, e fazia pouquíssima ideia do que era necessário para tocar uma casa no Cairo. Há uma razão que justifica a posição ocupada na sociedade egípcia pela *sitt el beyt* – a senhora da casa. É ela quem estabelece relações com os comerciantes das melhores carnes e das frutas mais frescas e negocia os menores preços; conhece os remédios herbários para disenteria; cozinha para dez pessoas em três panelas quando os parentes resolvem aparecer sem avisar. No Egito, as mulheres criam a civilização na qual os homens simplesmente vivem.

Agradava-me o fato de Omar ter me respeitado como igual, mas eu sabia que seu apoio era muito mais intelectual.

– Se não for trabalho de homem ou de mulher tocar a vida doméstica, de quem é? – perguntei uma vez, de brincadeira.

Ele inclinou a cabeça com um sorriso irônico e disse:

— De uma empregada.

Estalei a língua em desagrado. Em um mundo onde não há nada do tipo salada pronta ou esfregões de microfibras, manter a casa livre de insetos e a família alimentada é uma ocupação constante. Já que as pessoas são mais baratas que mercadorias no Egito – o país produz poucos itens de consumo, mas oferece abundante mão de obra – as empregadas são contratadas pelas donas de casa começando na classe média baixa, onde a diferença entre a dona de casa e a empregada não deve ser mais que poucas centenas de libras por mês. Mesmo quando a família de Omar passava por dificuldades, havia uma empregada para arrumar os quartos e lavar o piso de cimento com querosene para afastar pulgas e baratas.

Eu não me sentia à vontade com a ideia de ter uma empregada. Decidi fazer, sozinha, o máximo de coisas possíveis, embora isso significasse que eu passaria quase metade de cada dia na cozinha e no mercado. Em nossa primeira manhã no apartamento, fui descalça até a sala e, pela janela, olhei para a mangueira lá fora, organizando os pensamentos. Eu teria de ir ao *souk* e determinar quais comerciantes vendiam as melhores frutas e legumes pelos melhores preços. Havia ainda a pequena questão de aprender a cozinhar sem todas as conveniências pré-cozidas do primeiro mundo. Se eu quisesse uma canja, tinha de ir ao mercado, escolher uma galinha viva, pedir que a abatessem, trazê-la para casa e cozinhá-la. Lavar roupa tinha de virar rotina também. Como pouquíssimas pessoas possuíam ou sequer ouviram falar em secadoras, a lavagem era um processo: depois de bater um cesto na máquina, tínhamos de colocar as roupas em uma pilha dentro de um barril, levá-lo até janela onde ficava o varal, tirar o pó do varal, pendurar as roupas, em seguida cobri-las todas com um plástico para protegê-las da sujeira e de cocô de passarinho.

Aquilo ia ser uma aventura.

Vesti-me e deixei o apartamento, fechando a porta de mansinho para não acordar Omar. Eu adorava acordar cedo, quando ainda se ouviam os passarinhos e o ar ainda não estava carregado de fumaça e neblina. Ao lembrar-me do caminho entre esse primeiro apartamento e o *souk*, sinto um aperto no peito – tenho saudade das ruelas escuras ajardinadas pingando poeira de toda superfície. Quando esbarrávamos em uma folha de bananeira, ganhávamos uma chuveirada do negócio, que atingia o chão em plumas, espalhando-se pelo ar feito gotas de tinta em água. O que lutei por tanto tempo para entender nesta cidade seria a coisa que acabei amando mais: a beleza e a feiura se misturam de tal maneira que mal se distinguem uma da outra e começa-se a confundir uma com a outra.

Na primeira rua do *souk*, havia um determinado *fararghi* – um aviário – de quem eu me tornaria freguesa, pois suas aves eram seguramente saudáveis. Chamava-se Am Mahmoud. Eu pedia-lhe para escolher uma galinha de bom tamanho, que ele pegava pelas asas de dentro de uma gaiola cheia de outras prisioneiras que não paravam de grasnar e me trazia para que eu inspecionasse. Caso fosse de meu agrado, ele agilmente cortava-lhe a garganta, sussurrando um *bismillah*, e a colocava em um barril para escorrer o sangue. Em seguida, ele a mergulhava em vinagre escaldante e a arremessava em um dispositivo improvisado parecido com uma pequena descaroçadora de algodão (e que funcionava praticamente da mesma forma) para depená-la. Então ele a estripava, chamando os gatos vira-latas que habitavam a viela; acostumados ao som de sua voz, os bichanos vinham correndo para aproveitar o banquete. A ave que eu prepararia para o almoço era finalmente entregue a mim, toda limpinha e ainda morna em uma sacola plástica.

Apesar do número de vezes em que eu comprava com Am Mahmoud, ele ainda me via como uma forasteira, a *khawagga*. Certo dia, ao chegar lá, encontrei as gaiolas de metal amarelo vazias – seu fornecedor ainda não chegara da fazenda localizada fora do Cairo onde criavam-se as galinhas os patos e as pombas que ele vendia.

– Não temos galinha hoje? – perguntei em árabe.

– Ainda não – respondeu sem graça, espalmando as mãos.

– Tudo bem, sem problema. – Puxei a saia para o lado com uma das mãos para evitar que ela se arrastasse na poeira e me virei.

– Espere! – Am Mahmoud virou-se para mim. – Você vai comprar outras coisas ainda?

– Vou...

– Volte em meia hora. Terei uma galinha para a senhora.

– Certo. Obrigada. – Sorri, confusa, e fui comprar um quilo de abobrinha em uma banca na rua seguinte. Quando retornei, Am Mahmoud me deu uma sacola contendo a maior galinha que eu tinha visto em toda minha vida; estava pálida e depenada no meio centímetro de caldo rosado que se acumulara sob ela. Ergui a cabeça e fitei-o.

– Onde conseguiu essa galinha?

– Um amigo. – Ele sorriu.

Somente quando cheguei em casa e examinei a ave eu me dei conta de que ele me vendera um peru.

Na outra vez em que fui ao *souk*, passei pela banca de Am Mahmoud sem olhar para ele.

– Senhora... senhora!

– Você me vendeu um peru – retruquei.

– Sim. Não gostou da piada? Perus são apenas para o Ano-Novo.

– Adeus. – Fiz um sinal negativo com a cabeça e continuei andando, escondendo um sorriso (era engraçado demais para não rir um pouquinho). Os egípcios acham muita graça do fato de os ocidentais serem tão distantes da própria comida a ponto de não conseguirem diferenciar as aves; eu atendera ao estereótipo com uma ignorância admirável. Mantive distância da banca de Am Mahmoud por várias semanas, comprando minha galinha com outro *fararghi*. O mercado é um teste de inteligência social, quando alguém nos faz de bobos ou nos enrola, a pior coisa é fingir que nada aconteceu. Estabelece-se então um precedente: somos idiotas e os bons comerciantes sabem que os idiotas gastam dinheiro facilmente. Após um tempo adequado, voltei a Am Mahmoud, que me cumprimentou com um novo respeito. Nunca mais me vendeu outro peru.

Certa manhã, um grupo com cerca de cinco norte-americanos ou canadenses caminhava pelo *souk* enquanto eu fazia minhas compras matutinas. Passaram por mim na hora em que eu estava parada na banca de Am Mahmoud com uma sacola de verduras encostada no quadril, conversando com a mãe ou a tia dele (nunca tive certeza) enquanto minha ave era limpa. Quando ergui a cabeça, vi que os turistas estavam olhando – não para o processo sanguinário da galinha, mas para mim.

Claramente não conseguiam entender quem ou o que eu era. Provavelmente perceberam minha origem ocidental; não há nada ambíguo quanto à cor de minha pele e minhas feições. Entretanto, eu vestia um véu, uma saia longa, falava árabe e comprava comida que ainda estava viva. Enrubesci e desviei o olhar, sem saber o que fazer.

 A parenta de Am Mahmoud tomou-me a mão, puxando-me para a sombra da cobertura do metal torto que protegia a banca. No mesmo instante, o próprio Am Mahmoud, limpando as mãos com um pano, aproximou-se, ficando entre mim e a rua, escondendo-me dos turistas. Como ficara de costas para mim, não vi a expressão em sua face – ele não disse nada. Os turistas continuaram andando.

 Nenhum comentário foi feito sobre o incidente. Am Mahmoud concluiu a limpeza do galo e sua mãe ou tia tratou de alimentar as pombas que ficavam em uma gaiola de vime a seus pés. Enquanto eu voltava para casa remoendo o ocorrido, percebi que meu status no Egito mudara. Eu ainda era estrangeira, porém não mais *simplesmente* uma estrangeira. A palavra *khawagga*, termo muito utilizado para descrever um ocidental no Egito, é indiferente, um pouco pejorativa. Não é tão neutro quanto *agnabi*, a palavra clássica que significa *estrangeiro*. No entanto, seu uso original era muito mais complexo. Até mais ou menos cinquenta anos atrás, um *khawagga* era um egípcio naturalizado; um *émigré*, tipicamente membro das minorias gregas, armênias ou turcas desaparecidas do Egito. Uma canção de amor dos anos de 1940 fala saudosamente de uma "*khawagga* que apareceu no Cairo", cujas tranças cativaram o coração do cantor. *Khawagga* não era um codinome, mas uma origem, e eu passara de um tipo de *khawagga* para outro. Am Mahmoud protegera-me da exposição e do constrangimento da mesma forma com que protegeria uma egípcia.

Nos anos seguintes, muitas tias ou tios ou amigos da família orgulhosamente me chamariam de "a antiga espécie de *khawagga*" ao surpreenderem-se com minha dedicação ao aprendizado da língua ou minha correta prática de algum costume muito egípcio de luto ou celebração. Um dia, voltando de um afazer, Omar me disse, aos risos, que o fruteiro lhe perguntara: "O Senhor é marido de *el khawagayya*?". Surpreso, Omar concluiu que ele não podia estar se referindo a nenhuma outra estrangeira – eu era a única branca que comprava no *souk* com certa regularidade – e então respondeu que sim. O mercado passara um julgamento favorável. Eu me tornara *el khawagayya*, a forma masculina rústica e não específica de *khawagga* efeminada e transformada em algo específico.

Divisões e linhas

> E Deus está a seu lado
> separando soldados de pescadores;
> observando o tempo inteiro
> separando navios de guerra das balsas.
>
> – WOLFSHEIM, "The Sparrows
> and the Nightingales"

APESAR DE MEU PROGRESSO, mantive-me ciente de minha condição de forasteira. Assimilei os hábitos egípcios sem nunca me sentir egípcia. Eu secava feixes de hortelã e coentro na janela da cozinha e passei a vestir uma túnica longa de algodão em casa; comecei também a entender a diferença psicológica entre viver em um país estrangeiro temporariamente e indefinidamente. Jhumpa Lahiri diz que viver em país estrangeiro é "uma gravidez eterna"; uma espera desconfortável por algo impossível de se definir. Com o passar dos meses, percebi que tal observação era muito perspicaz. Meu cotidiano assumiu um padrão – eu acordava, ia ao *souk* comprar os mantimentos do dia, então dedicava-me aos artigos ou à pesquisa até o meio da tarde, quando preparava o almoço e comia com Omar depois que ele chegava da escola. À noite eu fazia aulas de árabe com Sameh ou visitava amigos e parentes. Apesar da rotina, eu estava sempre em um estado de expectativa – sabe-se lá pelo quê; se eu pensasse muito nisso, a sensação desaparecia. Ao analisar a situação agora, creio que se tratasse de uma expectativa de normalidade. Uma normalidade que permanecia inalcançável, inevitavelmente presa a uma situação social confusa, a um erro, a um evento inesperado ou às responsabilidades. Às vezes, por exemplo, ao tentar negociar o valor de uma corrida de táxi, utilizando uma tática de barganha que eu vinha experimentando, sem querer eu acabava ofendendo o taxista; outras vezes eu dizia algo que os outros achavam chocante ou hilário e, ao tentarem me confortar, acabavam me deixando pior – sentia-me mais idiota e atrapalhada, tão enlouquecedoramente *estrangeira*.

Entretanto, a maioria de meus amigos e parentes surpreendeu-se quando admiti minha frustração; disseram-me que jamais teriam se integrado tão bem e em tão pouco tempo como eu. Não muito convencida disso, imaginei que minha aparente integração se dava por comparação: a maioria dos expatriados e turistas ocidentais no Egito não se integrava nem um pouco. Muitos viviam em enclaves abastados, falavam pouco ou não sabiam falar árabe e andavam de shorts de comprimentos que os egípcios não pensariam em vestir em nenhum tipo de clima. Ou seja, eram culpados do mesmo erro pelo qual os imigrantes em circunstâncias muito mais difíceis eram censurados no Ocidente: a tentativa de fazer ajustes culturais básicos. A hipocrisia me incomodava menos que a falta de reflexão: a inabilidade ou recusa em comparar seu comportamento com seus padrões. Fui evitando cada vez mais os poucos norte-americanos, canadenses e britânicos que eu conhecia.

Ao agir assim, corri o risco de me encaixar em uma categoria particular de convertidos brancos: aqueles que se envergonham da vida que levavam antes do islamismo e que tentam apagar o passado mergulhando de cabeça na cultura árabe ou paquistanesa. Como a Universidade Al-Azhar é sediada no Cairo, a cidade abriga um enorme grupo de convertidos com essa característica. Eu às vezes os via em fila no *duken* ou saindo da mesquita: as mulheres cobriam-se com véus até os olhos e os homens usavam barbas maltratadas que quase pareciam pelos pubianos. No lugar do árabe, falavam inglês com sotaques falsos. Embora fossem indubitavelmente muçulmanos sérios e dedicados, por fora pareciam brincar de se vestir e agir como árabes, sem muita compreensão da própria cultura e sem se dar conta dessa ignorância. Minha ansiedade para encontrar outros ocidentais vinha de algo muito diferente da amnésia cultural desses convertidos. Às vezes eu sentia falta de minha própria cultura e meu próprio país. Havia momentos em que o vento mudava e cheirava quase a verde, substituindo o ar desértico metálico por algumas poucas horas, e quando isso acontecia eu só faltava desmaiar de tanta saudade de casa. Desejava a companhia de outros ocidentais, mas no que eles inevitavelmente se transformaram no Egito era apavorante e constrangedor demais para eu assistir.

   As pessoas quase sempre chegavam com as melhores intenções. Queriam aprender, ver além dos estereótipos que lhes apresentavam na televisão. Creio que os ocidentais venham aqui dispostos a seguir regras diferentes, embora não possam assinar um contrato que eles nunca viram. Ao chegarem, percebem que muitos dos estereótipos nos quais não querem acreditar são perfeitamente verdadeiros: existe uma segregação incômoda entre homens e mulheres, o que de fato gera animosidade e tensão entre os sexos. As mulheres ficam mudas nas mesquitas e são assediadas nas ruas por homens reduzidos ao comportamento de idiotas pela pobreza e pelo desespero. Embora as pesquisas tenham indicado que o povo egípcio é o mais religioso na Terra, a devoção ainda não impediu a ação da desonestidade epidêmica nas transações comerciais, sejam elas grandes ou pequenas. O Egito é um lugar feio, sujo e faminto. É fácil parar nesta conclusão e decidir que não há mais nada.

As portas da beleza mais tranquila e mais humana do país ficam trancadas: a vida egípcia gira em torno da família, e quando não se tem uma, é difícil participar. Excluídos e confusos, trapaceados no comércio, ora bajulados ora ridicularizados nas ruas, grande parte dos ocidentais que conheci voltaram-se para uma variedade de racismo casual. Não houve formação escolar e cultural que evitasse isso. Manifestou-se primeiramente na língua: uma recusa a falar árabe. Embora fosse um problema simples e facilmente atribuído à preguiça, havia aí algo malicioso e contraditório – os norte-americanos ou ingleses ou canadenses chegavam a um estabelecimento comercial e faziam seus pedidos em inglês, partindo do pressuposto que o atendente os compreendia, e, então, o insultavam ou caçoavam dele, concluindo que o sujeito não falava inglês. Era um padrão que vi se repetir muitas vezes até atingir um estágio de previsibilidade; aquilo me chocava tanto que eu achava que deveria haver algo que justificasse e atenuasse a situação.

Um incidente que me marcou muito ocorreu em um táxi: eu ia para um café com um grupo de alunas norte-americanas passando um ano no exterior na American University of Cairo. Depois que disseram ao motorista aonde iam (e percebendo que ele provavelmente tomaria o caminho mais longo e cobraria mais), começaram a falar de suas vidas sexuais, quase que aos gritos, em função do trânsito ensurdecedor. Uma reclamou que o namorado egípcio, escolhido em uma das famílias mais abastadas, ocidentalizadas por sentirem vergonha de sua própria cultura, não marcava presença na hora do sexo. Sarcasticamente, outra garota disse que os rapazes egípcios eram tão protegidos e segregados que não tinham ideia do que fazer com uma vagina. Encostei a testa na janela e, emudecida, observei os carros que passavam brilhando no calor. O taxista, um sujeito barbudo com seus quarenta ou cinquenta e poucos anos, provavelmente não entendeu a conversa toda, mas em tempos de internet, a palavra *vagina* é universalmente compreendida. Ele fazia que não com a cabeça e não parava de murmurar:

– Deus que nos perdoe a todos.

Não tive coragem de olhá-lo nos olhos. Aproveitei o burburinho no café e, discretamente, fui para casa. Nunca mais vi as garotas.

Após conquistar a língua, a feiura racial às vezes degenerava-se em algo muito mais assustador. Para os homens ocidentais, isso geralmente significava abusar das mulheres locais. Em uma das pouquíssimas festas de expatriados às quais compareci, ouvi um engenheiro alemão gabar-se de estar resolvendo a crise de Darfur patrocinando prostitutas sudanesas. No Cairo, havia uma enorme comunidade de refugiados sudaneses e muitas das mulheres eram viúvas de guerra e órfãs que tinham nos próprios corpos a única fonte de renda. Dois norte-americanos que ouviam aquilo – pessoas inteligentes, sensíveis e cultas – riram e se viraram para contar a piada aos que ainda não tinham escutado. Na pátria deles, esses eram os tipos de "liberais" que prefeririam tomar laxante a proferir uma ofensa racial. Algumas picadas de mosquito, uns dois guias turísticos desagradáveis, e seus princípios evaporavam.

A maioria de meus amigos egípcios e toda minha família egípcia não tinha contato com essa tensão crítica entre locais e expatriados – eu era a única ocidental com quem a maioria deles tinha qualquer proximidade, e para alguns de meus primos egípcios mais jovens e mais protegidos, a única ocidental que eles já tinham conhecido. Entretanto, vez ou outra, alguém que eu conhecia e de quem gostava magoava-se sob a pressão daquela amargura, e, quando isso acontecia, não havia quase nada que eu pudesse fazer.

Aconteceu com Sameh. Dois britânicos conhecidos meus, ambos convertidos, precisavam de um professor de árabe, então dei-lhes o número de Sameh, sobre quem teci altos elogios. Mais ou menos uma semana depois, em uma de nossas aulas, perguntei-lhe se eles haviam ligado.

– Sim. – Ele pausou, batendo a ponta da caneta na mesa.

– Vão fazer aulas? Já marcaram alguma coisa?

– Sim – repetiu, sem me olhar. – Barganharam o valor – continuou, mantendo um tom neutro. – Disseram que eu estava cobrando muito caro.

Senti um calor no rosto.

– Meu Deus, sinto muito. Não imaginei que eles fossem... Sinto muito.

Uma das coisas mais difíceis de aprender no Egito é o momento certo de se barganhar, mas uma regra é clara: não se barganha com amigos. Onde há barganha, há desonestidade. No mercado, a desonestidade é algo a se esperar; lá, a barganha é um teste de habilidade de contar histórias tanto para o vendedor quanto para o comprador. O vendedor conta que seus lenços são de seda pura importada da Índia, e o comprador conta ter visto os mesmos lenços em Attaba pela metade do preço. Ao barganharem com Sameh, meus amigos britânicos o afrontaram, insinuando que ele era de uma camada social inferior a deles, que ele era um criado a ser monitorado, assim como um motorista ou uma faxineira.

Fiquei, de repente, exausta por todas as coisas que não conseguia dizer: eu não lhes dissera que Sameh tornara-se um amigo, que seu apoio e determinação em ver meu sucesso ajudaram-me a superar momentos difíceis em minha vida. Mas, como eu não disse nada, eles ouviram apenas "professor de árabe", e o trataram como achavam que um professor de árabe – um tutor árabe – deve ser tratado para que não seja desonesto.

– O que você disse? – perguntei. Meu incômodo provavelmente estampou-se em meu rosto, pois ele sorriu.

– Nada. Dei-lhes um desconto de 10%.

– Por quê? Assim você está lhes ensinado hábitos errados! Eles não deviam...

– Está tudo bem. Não se preocupe. Fez o dever de casa?

Estudamos por 45 minutos e então fizemos um intervalo para um chá com pãezinhos, como de costume. O ar pesado do anoitecer entrou pela porta do jardim. Em um apartamento em um dos andares acima, um papagaio reclamava.

– *Ana roht lilkaraoke night fi club fi wust el balad imberah* – disse Sameh. – *Wahid sahbi kan beyishrab, w'ana kunt zalen minu.* (Fui a uma noite de karaokê em um clube no centro da cidade ontem à noite. Um de meus amigos bebia e eu fiquei chateado com ele.)

– Por quê? Pensei que pudessem beber.

– *Quem* você pensou que pudesse beber?

– Os coptas.

– Oh, não. Não se pode falar com Deus quando se está embriagado. Mas algumas pessoas bebem assim mesmo.

Ouvimos então uma batida na porta externa do centro, e uma voz alta chamou por Ustez Sameh, Ustez sendo um título honorífico para professores e superiores. Sameh olhou-me nos olhos, telegrafando a necessidade de ficarmos em silêncio. Saiu da sala, fechando a porta. Esforcei-me para escutar, mas só consegui ouvir um murmúrio; alguns minutos depois, vi, lá fora no jardim, uma fileira de sapatos masculinos ao longo da calçada encoberta pela cerca viva externa do jardim. Sameh retornou.

– Queira me desculpar. São meus alunos do Delta; vêm ao Cairo nos fins de semana para assistir às aulas. Não estão acostumados a estar na presença de mulheres jovens. Achei que não estivessem prontos para vê-la.

Era um sinal de respeito carinhoso; algo que um irmão faria para proteger a irmã de olhares abjetos ou de abordagens grosseiras. Quanto mais querida for a mulher, mais inacessível a tornam. Senti uma mistura de gratidão e incômodo; eu era por demais amada, protegida e isolada, presa a um vácuo entre o Oriente e o Ocidente. Não parecia justo que isso fosse necessário, nem que eu devesse advertir a dois europeus cultos que tratassem um árabe culto com respeito. Grande parte da vida parecia envolver a separação de pessoas que magoariam umas às outras.

Terra da liberdade

> Toda a humanidade divide-se em três classes:
> a dos imóveis, dos móveis e dos que movem.
> — Benjamin Franklin

NAQUELE VERÃO, PREPAREI-ME para ir aos Estados Unidos visitar minha família. Eu cumprira a promessa feita a mim mesma: era julho, e fazia exatamente um ano que eu chegara ao Egito. Se eu conseguisse me manter ali por um ano, conseguiria por dois anos, três anos, indefinidamente. Conseguiria embarcar confiante de que eu voltaria. Assumindo, é claro, que meu governo iria permitir.

Planejei minha viagem sob a premissa de que eu seria detida. Como os agentes do FBI aguardavam Ben no aeroporto, achei melhor retornar por Denver. Se fosse para ser presa, eu queria que isso se desse em um local de onde eu pudesse ver minhas montanhas. A alternativa – ser agrupada com os habituais suspeitos no Aeroporto Internacional JFK em Nova York – me deprimia. Organizei cuidadosamente toda a documentação da viagem ao Irã: cartões de embarque, recibos, itinerários, números de telefone. E preparei uma lista telefônica. Todo jornalista e intelectual público trabalhando no Oriente Médio tem uma: uma lista de pessoas para as quais um parente ou amigo de confiança deve ligar caso ele ou ela desapareça. As pessoas na lista são geralmente amigos do jornalista na mídia ou no cenário político, gente que possa chamar atenção suficiente para o desaparecido e evitar que algo verdadeiramente terrível aconteça. Gente que possa ganhar tempo.

Ora, eu não era exatamente jornalista para merecer o título, tampouco estava a caminho de um buraco no fim do mundo. Era deprimente ter que fazer uma lista dessas antes de viajar para os Estados Unidos. *Os* Estados Unidos. Com a guerra contra o Oriente Médio, acabamos nos tornando o Oriente Médio, um lugar onde as pessoas podiam ser presas por escrever cartas, falar línguas proibidas, por suspeita de terrorismo. Omar, Ibrahim e Sohair já estavam tão acostumados a viver em um ambiente politicamente restritivo que nem se assustaram quando eu lhes contei estar sob investigação. Surpreenderam-se com meu abalo. Eu deveria esperar uma coisa dessas? Eu era uma convertida e liberal. Vários irmãos de Sohair, minhas tias e tios emprestados, passaram um tempo sob vigilância ou até mesmo na prisão por defenderem ideias proibidas, como o feminismo secular ou a mudança democrática ou crenças religiosas antisseculares. Para eles, o refúgio e a liberdade que eu não valorizara eram um luxo, algo que nunca tiveram e jamais aspiraram ter; no Egito, quem almeja essas coisas pode acabar frustrado.

No dia em que parti, Omar e eu pegamos o carro e fomos para o aeroporto antes de amanhecer. A névoa ainda não se instalara sobre a cidade e o horizonte estava pálido, prometendo a luz solar cor de limão pela qual o Egito é famoso. Quando chegamos ao terminal internacional e despachamos minhas malas, Omar beijou-me a testa.

– Ligue quando chegar lá, tá bem?

– Claro. – Sorri para ele.

– E ligue para mim todos os dias, certo? – Ele também sorriu, embora seus olhos revelassem sua tensão. Não falou sobre o FBI, achando que pudesse dar azar, mas eu sabia que ele voltaria para casa e faria mais orações rogando pela chegada segura de sua esposa a seu país.

Ao aterrissar em Denver, senti um pouco de euforia. Era, em parte, um temor e, em parte, aquele estranho entusiasmo que se tem ao chegar a um local familiar depois de ter-se mudado. Lembrei a mim mesma que não tinha nada a esconder, mas ainda que eu tivesse plena consciência disso, não dava para livrar-me do instinto político que eu aprendera vivendo em uma ditadura: às vezes de nada adianta consciência. Às vezes quem está no poder interessa-se mais em pegar um alvo fácil como bode expiatório para servir de exemplo do que em prender os vilões que, com essa tática, tendem a se assustar. É uma estratégia muito mais eficiente do que a justiça real. Enquanto desembarcava, suja e exausta, arrastando meu laptop e a bagagem de mão, tive uma sensação de déjà-vu: lembrei-me do momento em que parei na entrada do santuário de Fátima em Qom, parecendo suspeita por razões quase idênticas e pedindo para entrar. Eu agora caminhava pela mesma linha tênue entre um ideal e uma encrenca inexplicavelmente séria.

Ainda não entendo muito bem o que aconteceu em seguida. Parei na fila do controle de passaporte com os outros passageiros de meu voo, lamentando o fato de não estar usando nenhuma maquiagem; não queria desembarcar toda pálida e aparentando desleixo. Enquanto aguardava minha vez, um sujeito trajando um sobretudo marrom aproximou-se, com um ar ameaçador, e, sem parar, tirou uma foto minha com o celular. Por uma fração de segundo, nossos olhos se encontraram e fiquei sem saber se eu deveria dizer alguma coisa. Entretanto ele virou-se e continuou a caminhar rapidamente pelo corredor. Foi tão bizarro que fiquei achando ter até imaginado aquilo. Sentia-me ainda zonza quando chegou minha vez. Entreguei meus documentos a um homem na cabine. Ele estudou meu passaporte, olhou na tela do computador, franziu a testa, olhou para mim, de volta ao monitor, e disse:

– Opa.

Senti uma pontada de enjoo: era a hora. O homem, porém, simplesmente fez uma série de perguntas sobre minha residência no Egito, carimbou o passaporte e me deixou passar.

Eu estava livre.

Jamais passei por tão repentina reversão em meus valores políticos: naquele momento, e em outros depois, não dei a menor importância a meu direito à privacidade. Eis o que acho ter acontecido: alguma agência de inteligência investigou meu e-mail, analisou meus antecedentes, questionou alguns de meus amigos (Ben, Ireland e por fim Mehdi foram todos questionados pelo FBI), escutou algumas ligações telefônicas e concluiu que eu não era nenhuma ameaça. Os agentes fizeram isso tudo enquanto eu ainda estava no conforto de minha casa, tocando minha vida diária. Preferi, com certeza, muito mais essa abordagem a ter de ficar sentada em Gitmo, esperando que conseguissem um mandado para obter informações que eu, de muito bom grado, lhes passaria. Não que a abordagem invasiva do regime Bush com relação à segurança nos Estados Unidos fosse correta – era censurável, imoral e indigna de uma nação livre – mas era preferível a algo muito pior, e ao encarar aquilo de frente, nem pensei em brigar pela minha privacidade.

Entretanto, o incidente que começou com um informante muito ambicioso no Cairo teria um impacto duradouro e prejudicial sobre outros inocentes envolvidos. Embora jamais o tenham indiciado sobre nada, Mehdi entraria em uma lista de busca automática, sujeitando-o a procedimentos constrangedores de segurança extra toda vez que ele tentasse pegar um avião – provavelmente pelo resto da vida. Ben teria problemas com impostos e com vistos. Fui a única que escapou incólume. Jamais saberia por quê. Ben chamava atenção negativa porque viajava para cima e para baixo, indo e vindo do Oriente Médio, ganhando salário de professor, e Mehdi, por ser muçulmano; eu era muçulmana e viajava constantemente pelo Oriente Médio. Seria por eu ser tão abertamente antiextremista? Por meu marido ser sufi, uma minoria muçulmana conhecida por ser perseguida por extremistas? Isso permaneceria um mistério. Volta e meia Ben falava em requerer os registros oficiais de nossa investigação, mas sempre hesitava – melhor não cutucar o leão já que ele dorme, ele dizia. Talvez em alguns anos, depois que tudo isso tivesse se acalmado. Quando o país voltasse a se parecer com aquele no qual crescemos.

Aí talvez, quem sabe.

Boulder não mudara – amo Boulder porque nunca muda. Seus residentes têm um profundo orgulho da cidade, embora as pessoas que se mudaram para lá ou vieram da região costeira para visitar nunca entendam por quê: é uma cidade pequena e isolada – tão pequena que em dez minutos de caminhada dá para se conhecer tudo – e lá estranhos se cumprimentam na rua de um jeito que causa claustrofobia nos habitantes. Os prédios mais altos têm cinco andares. Quase todo mundo tem um cão. Ainda que pequena, Boulder é, para o interior norte-americano, um triunfo da urbanização: não chega a ser um subúrbio sem graça, tampouco uma comunidade agrícola nem um posto de mineração – as três formas de assentamento dominantes no resto das Grandes Planícies e do Oeste. Boulder é uma *cidade* de verdade, do tipo que cresceu como uma cidadezinha fronteiriça e prosperou algum tempo depois. Localizada em um recôncavo entre as montanhas e a alta pradaria, a cidade oferecia uma sensação de acolhimento e segurança – um quê de lar.

Passei três semanas revisitando a adolescência – encontrando-me com velhos amigos, indo a antigos cafés, sem nenhuma batata para descascar ou frutas para escolher, buscando os furinhos que sinalizavam a presença de larvas. Não contei a ninguém sobre meu profundo estado de exaustão nem o quanto me cansava responder a perguntas. Tive especial dificuldade em falar sobre Omar.

– Como ele é?

Eu estava em um café chamado Trident, onde eu praticamente vivera durante o colegial, conversando com um casal de conhecidos que namoravam havia muitos anos, com idas e vindas. Com uma caneca de cerâmica branca cheia de chá a minha frente – um dos chás inomináveis e indistinguíveis, especialidade de Boulder, feito de ervas que assumem um tom amarelo brilhante quando em contato com a água – e o mesmo CD de jazz que tocavam havia dez anos nas caixas de som do canto, pareceu que eu praticamente jamais deixara o local.

– Ele é alto. Tranquilo. Discretamente engraçado. Muito inteligente, sem ser arrogante.

Percebendo que eu não continuaria, Josh, o namorado, mudou de assunto:

– E o Cairo? Vocês saem para se divertir? Há o que fazer por lá?

– Às vezes. Há coisas para se fazer, mas é outra realidade. Há menos... subcultura, acho. As pessoas meio que fazem e vestem as mesmas coisas e pensam de forma parecida. Basicamente, visitamos os amigos, às vezes vamos a um show ou ao cinema. Mas não há noitadas em bares, festas, nem boates, a menos que a pessoa faça parte de uma classe social bastante ocidentalizada. E, mesmo assim, as responsabilidades para com os outros são muito maiores do que aqui, então as chances de aprontar besteira são muito menores.

– Parece um pouco opressor.

– É um pouco.

– Você está feliz? – Ele fez um bico.

– Humm. Sim, mas é um tipo de felicidade diferente da que aprendemos a esperar aqui.

– De que forma?

Eu nunca articulara isso antes.

– Acho que... há um tipo de sanidade proveniente da dedicação maior aos outros. Temos menos tempo para pensar em nossas próprias neuroses. Embora seja preciso lidar com uma porção de besteiras, em alguns aspectos as pessoas no Egito parecem mentalmente mais saudáveis do que as daqui. Há maior disposição para... – Eu buscava as palavras certas. – As pessoas sentem-se muito confortáveis com a palavra *amor*. Não tem problema nenhum dizer aos amigos que nós os amamos de verdade, com muita paixão, até mesmo aqueles do mesmo sexo. Ninguém acha isso esquisito.

Passaram um instante tentando digerir. A namorada de Josh, Katie, fez um bico: era uma atitude que eu encontraria com frequência, um esforço sério para compreender uma forma de vida que definitivamente só experimentando para compreender de fato.

– Mas não sei se entendo bem... não sei como vou colocar – ela disse. – Você não pode sair com homens?

– Não posso. A menos que esteja acompanhada de Omar ou alguém da família dele.

– Pode sair sozinha?

– Você diz ir a um café ou algo assim? Posso, e às vezes saio; mas não é comum ver uma mulher sentada sozinha em um café.

– Mas você não pode estar a sós com um cara.

– Deus, não!

– E não pode sair para dançar.

– Não.

– Nem pode ir a festas sozinha.

– Depende.

– Desculpe, mas isso aí é misoginia.

Ela ficou surpresa quando ri.

– Ah, vai! – eu disse. – Você não entende o que há de errado nesta equação? Há apenas dois sexos aqui. A criação de uma regra para um necessariamente culmina na criação da mesma regra para o outro. Você poderia ter perguntado se Omar pode sair com outra mulher ou ficar a sós com ela, e eu teria dado a mesma resposta: não. Quando ele quer ver as amigas, tem que me levar junto. O quê? Achou que houvesse algum grupo misterioso de mulheres que de alguma forma são isentas das regras, e que aparecem do nada para sair com os caras com o único propósito de criar um padrão duplo? Se as garotas não podem sair sozinhas com os caras, com quem os caras vão quebrar a regra?

– Então os caras não podem ter namoradas sérias?

– Não abertamente, não nas classes médias. Seria péssimo para a imagem de toda a família; seria como se tivessem criado um filho irresponsável, herege, que não é um bom candidato ao casamento. As famílias das garotas são muito, mas muito chatas em relação ao cara com quem suas filhas possam vir a casar.

– Então não há um padrão duplo. – Josh inclinou-se para frente, interessado.

– Oh, há sim, mas só porque as garotas possuem himens. Se houvesse um meio de se checar a virgindade masculina, acredite, os religiosos o fariam. Os caras têm de seguir as mesmas regras: é apenas anatomicamente mais fácil para eles se safarem ao quebrá-las.

– Mas com quem eles as quebram, já que as garotas não podem ficar a sós com os caras? – Katie seguira minha lógica com precisão admirável.

– Com quem você acha? – indaguei. – Com o tipo de garota que cobra por hora.

– Tem muitas dessas por lá?

– Pelo meu entender, há menos agora que os fundamentalistas estão com toda força. Um homem só consegue se hospedar com uma mulher no mesmo quarto se provar que são casados. Creio que a maioria dos caras tem pouquíssimas experiências antes de se casar, e muitos provavelmente são virgens.

– Você e Omar conversam sobre... – Katie ficou vermelha, procurando minha reação à pergunta iminente. – Conversam sobre o que rolou antes de vocês se casarem?

– Não.

Fui direta e não dei chance de esticar o assunto.

Somente após muitos anos, eu conseguiria ter o que eu chamaria de uma conversa normal – isto é, um papo que não fosse metade composta de uma dança realizada sobre lâminas culturais afiadas – com a maioria de meus amigos norte-americanos. Grande parte do tempo, eu era forçada a adotar uma atitude analítica ou arrogante com relação a minha nova vida. Não parecia haver qualquer outra forma de comunicação; os moldes para os ocidentais que viajam para o exterior foram criados há muito tempo. Quando eu explicava minha vida no Egito de forma antropológica, dividia as coisas em pequenas porções de fácil digestão, sem que nenhuma delas expressasse a verdade em si. Quando não era, acabava passando a imagem de uma errante em busca de uma pátria espiritual no Oriente – forma com que muitos viam minha conversão. Isso parecia mais desonesto ainda. Eu não acreditava em pátrias espirituais e encontrava Deus tão facilmente em um shopping quanto em uma mesquita. Minha fé não exigia beleza nem pertencimento – quanto mais eu me aprofundava em minha prática, menos ela exigia.

Permaneci no Egito e me dediquei com tanto afinco por um motivo muito simples: tratava-se do lugar onde eu me encontrei, onde me senti bem rodeada pelos locais e eu desejava fazer a coisa certa. Eu fora ao Egito para ver como era a prática islâmica e descobrir se o mundo árabe era mesmo como o que a mídia propagava; eu não ficara para ver, mas para participar. Descobrira que o islamismo e o mundo árabe estavam muito distantes do ideal – que a religião que eu amava estava se tornando cada vez mais deturpada e era a fonte de muitas desculpas para violência, ignorância e misantropia. Entretanto, eu não estava decepcionada. Eis o que era impossível explicar de forma satisfatória às pessoas nos Estados Unidos: eu não estava decepcionada.

Duvido que tivesse conseguido explicar o porquê naquele momento. Os eventos de minha vida recente encontravam-se muito misturados para digerir. Não estava preocupada com o que me acontecera, e sim com o que aconteceria: o que eu precisava fazer em seguida e quem eu precisava persuadir para manter minha frágil existência bicontinental viável. Não parei para me perguntar por que a gritaria ensandecida dos fundamentalistas, que me acordavam às cinco da manhã todo santo dia e que nos forçavam a viver em caixinhas cada vez menores, não me fizera desgostar do islamismo. Eu já estava acostumada à indústria da apostasia: os partidários de Ayaan Hirsi Ali e dos sultões Wafaa que fizeram fortunas rejeitando o islamismo. Em seu livro *Minha briga com o Islã*, Irshad Manji arrogantemente anuncia que após confrontos similares com extremistas, era "responsabilidade do Islã" impedi-la de abandonar a fé. Nunca achei que o islamismo fosse responsável por me manter seguidora. Minha fé não era um contrato, tampouco um trato; eu não esperava que Deus se conformasse com nenhuma cláusula nem que a violação de qualquer regra servisse de justificativa para meu afastamento. Irving Karchmar, um sufi convertido e amigo, autor do romance *Master of the Finn*, foi quem melhor se expressou: em algum momento, os devotos passam da crença à certeza. Passei para a certeza muito cedo. Embora eu não conseguisse, na época, articular isso, foi a certeza que me motivou; foi a certeza que me permitiu observar o progresso dos extremistas e sentir ódio e nojo, mas nunca decepção. Não era coerente que eu julgasse nem me desapontasse: minha submissão tinha sido profunda demais para qualquer uma das duas coisas. No ódio e na ignorância dos imames radicais e nos renegados falsos moralistas, por meio do giro das redes de noticiários e na pompa dos acadêmicos, vi uma linha reta e firme. Como eu poderia me decepcionar? Eu não acreditava no Islã; abria os olhos todas as manhãs e o *via*.

Foi difícil passar essa ideia a meus amigos, e hesitei até mesmo para tocar no assunto com minha família. Uma hora ou outra eu acabaria encontrando-me com outros muçulmanos, bem como cristãos e judeus, que passaram por algo similar e sabiam como era ficar maravilhado pela fé. É uma palavra que incomoda e constrange muita gente. Falamos no assunto como se falássemos de sexo: algo com uma função eficiente e necessária, mas não mencionável, como se fosse autocontida, afetando apenas uma pequena parte da vida cotidiana. Entretanto, a fé, na verdade, não é nenhuma dessas coisas. Eu não conseguia explicar o que era ajoelhar-me diante do inexplicável e não me sentir humilhada, mas elevada, com maior domínio de mim mesma, como jamais tive. Lembrava-me de que, alguns anos antes, essas não eram coisas que eu teria desejado ouvir de um amigo, que ouvi-las teria me assustado. Quando perguntavam-me como – como diabos – eu não estava decepcionada com a fé que eu escolhera, apenas fazia um não com a cabeça, sem que eu mesma entendesse muito bem a resposta.

Passei muito tempo com Jo, que me compreendia. Havia menos de dois meses desde que ela saíra do Cairo. Ela aproveitou minha presença para tirar minhas medidas e fazer meu vestido de noiva. À noite, eu participava de jantares bem longos com meus pais. Em alguns dias eu quase conseguia fingir que nada acontecera – que, espreitando nas sombras, havia outra vida, feliz e prosaica, em alguma cidade norte-americana, em um apartamento alugado com duas amigas. Parte de mim queria aquela vida, fosse lá o que fosse. A familiaridade com o solo norte-americano era como um tônico.

O dia de minha volta ao Egito chegou tão depressa que me pegou despreparada. Quando entrei no carro para o aeroporto, apertei as mandíbulas e segurei o choro. Percebi nunca ter pensado verdadeiramente sobre o amor. Alguma parte de mim sempre achou que a versão Disney do amor fosse verdadeira, que apaixonar-se removia todos os obstáculos e remendava todas as coisas quebradas. Ao deixar meus parentes para trás, todos fazendo uma expressão de bravura e ansiedade, dei-me conta de que estava errada. O amor não é uma coisa benigna. O amor trouxera-me consequências que alteraram todo e qualquer aspecto de minha existência. A coisa mais maravilhosa que me aconteceu na vida não me trouxe paz nem conforto. Mas definitivamente trouxe Omar. E isso era mais do que suficiente.

Casamento no Nilo

> E o vazio pesa sobre nós; e então acordamos,
> E ouvimos o riacho abundante escoando
> Entre aldeias, e imaginamos como haveríamos de fazer
> Nossa própria jornada tranquila pelo bem da humanidade.
> – JAMES HENRY LEIGH HUNT, "A Thought of the Nile"

– WILLOW? MEU DEUS, ESTÁ *CHOVENDO*...
Eu estava deitada e me sentei na cama, ainda meio sonhando, e tentei organizar as ideias.
– Não pode ser – respondi.
– Olhe lá pra fora!
A voz ao telefone era de Nevine, cerimonialista responsável pela preparação de nosso casamento. Era verdade: o ar estava frio e, através de nossas venezianas cor de salmão, via-se o céu bem escuro. A roseira no jardim lá embaixo dançava sob uma corrente de pingos de chuva bem grossos. Era o dia de meu casamento e chovia em uma das cidades mais secas deste planeta.
– Encomendei uma tenda maior – disse Nevine. – Um terço maior que a outra.
– Então está tudo sob controle?
Nevine, entretanto, afastara-se do telefone para falar com alguém cuja voz não dava para escutar. Ergui a mão livre até o rosto e senti o cheiro do perfume de hena e eucalipto: eu estava com as mãos e os pés cobertos por flores, estrelas e pavões, todos meticulosamente desenhados em um marrom

avermelhado bem pesado. Embora Sohair houvesse contratado um tradicional artista sudanês que trabalhava com hena para todo o casamento, foi Jo quem pintara-me as mãos e os pés, no que deve ter sido o projeto em hena mais ambicioso já realizado por um ocidental.

Ouvi um arranhar abafado quando Nevine voltou ao telefone.

– Se Deus quiser, tudo sairá bem – ela disse.

– Está chovendo – anunciou Omar, meio-barbeado, enfiando a cabeça pela porta, com um ar preocupado. Esfreguei a testa.

– Tá bem – eu disse. – Tá bem.

Tinha sido minha ideia fazer uma cerimônia ao ar livre. Eu queria algo leve e colorido. Cerimônia talvez seja a palavra errada; o casamento islâmico é mais um contrato social do que um sacramento, de forma que um casamento muçulmano é na verdade uma festa, cujo propósito é de tornar as bodas públicas. Não há quaisquer rituais específicos, mas com os anos, os egípcios adotaram muitos costumes ocidentais, incluindo bolos de casamento muito elaborados, vestidos de noiva brancos, e até mesmo cantores nupciais. Em vez de tentar agradar a duas tradições diferentes, eu e Omar decidimos ignorá-las. Meu vestido não era de tule branco, mas de uma seda azul-cinzenta; com o auxílio de minha mãe, Jo bordara toda a vestimenta, utilizando um desenho de sua autoria que foi inspirado em um vestido medieval persa usado como molde. Uma vizinha japonesa de meus pais, experiente em empacotar quimonos, incumbira-se da delicada tarefa de dobrar e embrulhar o vestido, preparando-o para seu voo transcontinental de Denver ao Cairo. A vida daquele vestido, assim como a minha, passou pelo laboro de muitas mãos.

Como local, eu e Omar escolhemos o jardim inclinado e ladeado de palmeiras da Villa Androws, uma antiga e digna mansão à margem ocidental do Nilo, a 1 ou 2 quilômetros de Maadi. O jardim, ao qual podia-se chegar de barco, terminava em escadas de pedra musgosa, conduzindo diretamente para dentro do rio. Era um lugar encantador, um dos últimos vestígios de um Egito muito diferente, um país outrora próspero e seguro o bastante para cultivar a fantasia.

– Meu mundo perdido – disse Omar sorrindo quando fomos ao jardim pela primeira vez. Era hora do pôr do sol, a única hora do dia em que o Cairo parece clemente, e dá a seus habitantes rápidos vislumbres de outro destino. Nevine observara-nos ansiosamente, aguardando nossa reação, brincando com a cruz copta pendente em seu pescoço.

– *Wallahi gamila* – Omar lhe disse. *É muito lindo, de verdade.* Aliviada, ela sorriu.

– Sim – concordou. – Reservo este lugar para os casais que desejam algo diferente, algo especial.

Junto com Nevine, Sohair e eu planejamos as flores, mesas e luzes para uma celebração ao ar livre, certas de que o tempo estaria bom. Em um ano chuvoso, o Cairo desfruta de seis dias de chuva, sempre no final do inverno e na primavera. Fora de Alexandria, jamais conheci um egípcio que tivesse um guarda-chuva. Após organizar a disposição dos convidados e os trajes entre nove fusos horários e três continentes, tudo que queríamos era um dia dentro do planejado. A Cidade Vitoriosa tinha outros planos.

O telefone tocou novamente enquanto eu e Omar corríamos de um lado para outro de nosso pequeníssimo apartamento, arrumando-nos. Dessa vez era Ben, que parecia mais agitado do que Nevine.

– Não estão querendo nos deixar sair – disse –, então fiquem aí por enquanto. Temos de convencer...

– Como assim, *não estão querendo nos deixar sair*? Quem não está querendo?

Senti um formigamento subindo por meu pescoço e cruzando meu couro cabeludo. Dezenove norte-americanos – e mais um francês, o noivo de uma de minhas amigas da faculdade – tinham marcado de irem juntos para Villa Androws em um micro-ônibus que reservamos para a ocasião. O motorista os pegaria no hotel onde a maioria de nossos convidados internacionais se hospedara.

– A polícia militar – respondeu Ben. – Estão dizendo que só podemos sair daqui com uma escolta policial.

Fiquei com a boca seca. Era um cenário comum: o Egito é estritamente controlado pelo governo, e durante as últimas décadas os governantes decidiram que o maior obstáculo a seu poder são exatamente as pessoas que eles devem governar e proteger. Quando um grande grupo de turistas decide se misturar livremente com egípcios comuns, o Estado entra em pânico. Chamam-se escoltas, isola-se o local, faz-se de tudo para isolar o dinheiro estrangeiro de uma população odiada pelo próprio governo. Eu escapara da rede. Não havia outros estrangeiros em meus círculos, e como eu falava árabe (não muito bem naquela época, mas o suficiente), eu permanecera incrivelmente livre da amolação do que um jornalista apelidou de *Big Nanny* – A grande babá. Tão livre, na verdade, que eu me esquecera disso e deixei de planejar uma ação no caso de uma intervenção estatal em meu casamento.

– O que foi? – Omar olhou-me, com os músculos da mandíbula tensos.

— Não estão deixando os americanos sair — respondi, dando-me conta, horrorizada, de que estava prestes a chorar. — Querem enviar soldados.

Omar começou a xingar em árabe.

— Estamos tentando dar um jeito — disse Ben do outro lado. — Te ligo depois.

A cena que se seguiu não está clara em minha lembrança. Eu e Omar andamos de um lado para o outro da sala de estar, então, aturdidos, sentamo-nos em silêncio como se fôssemos atores vestidos para uma peça. Proferi diversas ofensas dirigidas ao Egito; Omar, ao invés de discutir comigo, ouviu com uma espécie de desespero implacável. Por mais que tentássemos reduzir a distância que nos separava, ela se alargava cada vez mais, de maneiras e em momentos imprevisíveis. A coisa jamais se tornaria fácil. Essa era a mais triste verdade. Mas quando Omar se levantou sem falar nada e puxou-me para seus braços, percebi ter encontrado algo muito mais importante do que segurança, e ele também.

Mais uma vez, o telefone tocou.

— Tenho boas notícias — anunciou Ben. — Estamos saindo agora. Seu pai ameaçou ligar para a embaixada, e sua mãe gritou, mas foi sua amiga Saraa que finalmente os convenceu. Não sei o que ela disse, mas deu certo. Ela salvou o dia.

Saraa é poetisa, calma, adorável e triste. Estava no hotel com os convidados internacionais por um acaso; não tinha carona para o casamento e pedira para ir no assento extra do micro-ônibus. Sempre prudente e graciosa, Saraa nunca me contou o que disse para convencer os policiais a ceder. Também nunca a forcei a contar nada. Àquela altura, depois de ter me envolvido em várias conversas assombrosas e frustrantes, aprendi a não pedir informações que não fossem passadas de forma natural e espontânea. Naquele momento, fiquei simplesmente agradecida.

— Ok — respondi. — Melhor correr daí antes que mudem de ideia.

— Com certeza. Ei — sua voz mudou —, sorria, ok? É seu casamento. Vai dar tudo certo. Dá só uma olhada no tempo.

A chuva estiara. O céu ainda estava cinza, mas as nuvens eram leves e finas, e então senti que ficaríamos pelo menos secos.

— É o motorista — disse Omar ao celular. Ele parecia, se possível, mais aliviado do que eu. — Está pronta? Vamos.

Eis a imagem de meu casamento que se sobressai em minha lembrança: Omar e eu cruzando o Nilo em um barco a vela em direção a um jardim, onde uma tenda branca tremula ao vento. Olhando-se de fora, a água é cinza azulada; de cima, tem cor de chá. Toda a margem do jardim está repleta de conhecidos: meus parentes e amigos, com vestidos de festa, costumes, túnicas e véus, em uma rica variedade racial estampada em suas peles: brancas, jambo, douradas e morenas. Minha mãe, entre Ben e Ibrahim, olha ansiosamente para a água; segura-se ao braço de Ben, e embora eu não soubesse àquela distância, depois descobri que ela temia que o balanço do barco nos arremessasse dentro do rio. Ben a tranquiliza e se inclina para dizer algo a Ibrahim, que acha graça. Quando chegamos às escadas de pedra que nos conduzem para fora da água, Ibrahim tira uma de minhas fotos preferidas: estou, adornada por um véu bordado, saindo de um barco azul turquesa descascado auxiliada pela mão etérea de Omar. A foto captura a energia daquele momento final entre a incerteza e o solo firme.

O resto do casamento tornou-se um registro nebuloso e agradável em minhas lembranças. Todos dançaram. Lembro-me de ter sorrido ao ver os tornozelos de minha avó, pintados com hena. Minha irmã estava radiante com um vestido de seda cor de alfazema, emprestado para a ocasião por uma amiga síria-holandesa. Durante as semanas seguintes, eu receberia várias ofertas pela mão de minha irmã em casamento, todas recusadas por ela com um bom humor educado. Em um momento, localizei Sameh na multidão, sorrindo, vestindo um terno escuro impecável. Acenei e ele veio em minha direção.

– Você veio!
– Eu tinha de vir. – Ele pausou. – Você é mais que uma aluna. É minha amiga.

Mordi o lábio. Então, em um impulso, estendi a mão direita: ele sorriu e a apertou. Foi a primeira e única vez em que nós nos tocamos.

Ouvi um burburinho e virei-me: alguns primos de Omar juntaram-se de braços dados, jogando-o para cima. Ele gargalhava, todo desarrumado, sapatos e colete tortos, aterrissava e logo era jogado de volta pelos ares.

Quando enviei os convites do casamento, esperava que apenas alguns amigos e parentes norte-americanos fizessem a longa e imprevisível viagem ao Cairo. Compareceram vinte. Ben veio com a família; Jo com o pai; meus pais, irmã e avó materna vieram; e seis ou sete amigos do colegial e da faculdade, um dos quais fez um show pirotécnico quando o sol se pôs. O diretor regional da Cruz Vermelha, um famoso linguista da Universidade do Cairo, e vários ilustres da esquerda egípcia vieram a convite de Sohair, junto com cem tias, tios, primas e primos de segundo grau dos dois lados da família de

Omar. Os amigos músicos de Omar – Mohammad e seu irmão Mostafa, os virtuosos cegos e vários outros – trouxeram seus instrumentos e tocaram para nós. Assim, nosso casamento, que era para ser uma pequena recepção privada, acabou tornando-se um evento social e manteve nossa organizadora nupcial trabalhando no ramo por um bom tempo. Para uma festa que por pouco não foi cancelada, acabou sendo um triunfo: um dos raros momentos em que as coisas prestes a dar errado por motivos lógicos dão certo, e mundos melhores tornam-se possíveis.

Um compromisso

> Segui a quem não vos pede prêmio algum,
> e são guiados.
>
> – *Alcorão 36:21*

APÓS MINHA ENTREVISTA COM O *MUFTI*, eu escrevera um ensaio e queria tentar publicá-lo no exterior. A mídia egípcia já estava saturada com as regras geralmente controversas que ele criava, mas fora do mundo muçulmano, ninguém o conhecia. Primeiro, enviei uma cópia do ensaio para o escritório do *mufti*, como cortesia, para mostrar-lhe que o citei devidamente. Soube que sua filha traduziu o ensaio e ficou impressionada o bastante para dizer ao pai que era uma boa leitura. Algumas semanas depois, em uma reuniãozinha de família em Doqqi, tio Ahmad puxou a mim e Omar de lado.

– O *mufti* gostou do ensaio – contou-nos. – Este sábado ele vai ter mais tempo para responder a suas perguntas.

Pisquei.

– Fico até lisonjeada por ele ter gostado, mas não preparei mais nenhuma pergunta. Por favor, agradeça pela oferta...

Tio Ahmad olhou para Omar, que olhou para mim.

– Você não está entendendo – disse tio Ahmad com um sorriso firme, mas paciente –, o *mufti* gostaria de vê-la. Neste sábado. Às onze da manhã.

No Oriente Médio, as oportunidades às vezes chegam como se fossem ordens.
– Claro – respondi. – Será uma honra.

Naquele momento, não havia *sheiks* de alto escalão em Al-Azhar, nenhum líder dos vários caminhos sufis, nem mesmo descolados e estilosos televangelistas muçulmanos no radar da mídia ocidental. Havia muitos motivos para isso: primeiro, os *sheiks azhari* e sufi são muito seletivos com os jornalistas para quem dão entrevistas e com o tema das mesmas. Em geral, os jornalistas ocidentais são vistos pelo meio sunita árabe como ignorantes e exploradores, reportando apenas as histórias mais sensacionalistas e ignorando o árduo trabalho que a oposição moderada realiza para conter a maré de extremistas islâmicos.

Essa ideia não se formou por acaso: desde o 11 de setembro, eruditos ocidentais vêm exigindo que a oposição muçulmana se manifeste; após um silêncio completo na imprensa ocidental, esses literatos arrogantemente concluíram que não existe nenhuma oposição muçulmana. Embora os sufis tenham se envolvido em conflitos contra os extremistas no Irã e no Paquistão, embora os adesivos grudados nas paredes de santuários no Cairo refutem a doutrina militante de *wahhabi*, a imprensa ocidental optou por fazer vistas grossas. Alguns avessos ao islamismo afirmam não ter havido nenhuma *fatwa* (decreto religioso) passada contra o terrorismo em resposta às *fatwas* que os encorajam – isso é definitivamente falso. Vários decretos islâmicos contra o terrorismo foram emitidos desde 11 de setembro, muitos por clérigos de alto escalão. O silêncio da imprensa com relação aos ganhos positivos dos muçulmanos moderados abriu espaço para conceitos errôneos e perniciosos sobre a religião e seus líderes. Em função dessa deturpação endêmica, os *sheiks* de todo o espectro político e sectário fecharam-se para a imprensa, concedendo poucas entrevistas pessoais a repórteres ocidentais.

O segundo motivo tem a ver com o acesso: é difícil para todos os jornalistas ocidentais, salvo os mais dedicados, descobrir formas de abordar os *sheiks* e *sheikas*. Os não muçulmanos só podem entrar em certas mesquitas, e apenas em determinadas horas. Fora das faculdades organizadas como Azhar, a maioria dos *sheiks* não tem páginas na internet nem cumpre expedientes de trabalho. No clima sectário atual, os *sheiks* sufis mantêm-se reclusos, e seu contato com os curiosos e com a imprensa é geralmente filtrado por assistentes e seguidores. Não é difícil que a desconfiança por parte dos clérigos e a exasperação por parte dos repórteres bloqueiem os trabalhos internos do meio muçulmano, aumentando a animosidade de ambos os lados.

Preparei-me para minha segunda entrevista com o *mufti*, sentindo pouco mais que um pequeno nervosismo. Não sabia ao certo o que faria com o resultado, mas sabia que tinha de fazer algo. Clérigos da importância e da autoridade do *mufti* não concediam entrevistas pessoais todos os dias. Escrevi e descartei várias perguntas. Por fim decidi focar em um tema: o decreto islâmico, a *fatwa*, a tão maligna ferramenta legal islâmica, para um público ocidental. No dia da entrevista, vesti-me de maneira conservadora e cuidadosa: uma saia bem longa, uma túnica, e sandálias pretas, finas, tudo em preto. Quando eu e Omar estávamos saindo, peguei um véu preto de seda, então hesitei e peguei outro, vermelho profundo.

Ao chegarmos ao escritório do *mufti* em Dar al Iftah, o setor de Al-Azhar responsável por responder a solicitações de *fatwas*, eu e Omar fomos levados diretamente à sala do *sheik*

Ali. Ele estava sentado atrás de uma mesa de madeira bem grande e sorriu quando entramos. Após olhá-lo rapidamente no rosto – as feições bem marcantes, uma mistura de turco com mongol, levemente endurecidas por seis meses em um posto tão complexo – baixei os olhos e murmurei meu *as-salamu alaikum*, deixando que Omar fizesse a saudação mais extensiva.

– Venha, sente-se aqui, minha filha – disse o *mufti*. Mais à vontade, ergui o olhar e sorri. Omar e eu sentamo-nos nas cadeiras de frente para sua mesa. Com os olhos brilhando em uma face circunspecta, o *sheik* Ali ofereceu-me um chocolate de uma tigela que estava na altura de seu cotovelo.

– *Shofti el film El Samurai Il Akheer?* – perguntou, falando devagar em egípcio coloquial para que eu entendesse. *Você assistiu ao filme* O último Samurai?

Encantada, eu ri.

– Sim. Gostei muito.

Seu sorriso carregava apenas uma ponta de amargura.

– Sou o último *sheik* – disse. Por mais engraçado que fosse, havia um quê de verdade na metáfora: *sheik* Ali era o campeão das causas não populares, alguns diriam perdidas. Pregava a reconciliação entre sunitas e xiitas, manifestava-se contra o uso do véu sobre a face e lutava por um espaço para admitir as demandas seculares da vida moderna no islamismo ortodoxo. De muitas maneiras, ele era uma das poucas autoridades religiosas sunita que podia cumprir esse papel, sua credibilidade era incontestável, mesmo entre seus inimigos. Embora fosse odiado pelos fundamentalistas, eu jamais ouviria nenhum boato ofensivo e tampouco o menor escândalo que fosse sobre ele. Ainda assim, apesar de seu potencial como líder na coligação moderada, eu sabia, até mesmo então, que ele era conservador demais para atrair o Ocidente, o segundo maior eleitorado de todo *sheik*.

– Agora – disse *sheik* Ali, juntando as mãos –, sobre o que gostaria de falar?

O *mufti* era eloquente. Oferecia sempre uma resposta digna a minhas perguntas e sabia como dirigir-se tanto a um público muçulmano (para quem a legalidade é um estilo de vida) quanto a um não muçulmano (para quem a moderna obsessão pelas regras pode parecer bizarra e contrária ao senso comum).

– Uma *fatwa* é uma declaração que esclarece a posição da lei Shari'a com relação a um ato humano particular, quer esse ato tenha a ver com um ritual (algo entre uma pessoa e Deus) ou algo social, político ou tratos econômicos entre seres humanos – disse *sheik* Ali. – Pode incluir família, Estado e relações internacionais. A *fatwa* segue determinados critérios tomados do Alcorão e do Sunnah: ninguém deve pagar pelos atos de outrem, pois no islamismo inexiste a teoria do pecado herdado. Devem-se julgar as ações por suas intenções e objetivos, então a intenção da ação em questão deve ser boa, e deve ser por Deus. Além disso, a desconfiança não substitui a certeza. Esta é uma das bases do pensamento retilíneo.

Quando Omar traduziu, fiquei particularmente impressionada com isso. A lei islâmica estipula que para alguém ser condenado por adultério, quatro pessoas devem ter testemunhado o ato adúltero em si – um embargo com a intenção de tornar quase impossível que o Estado interfira na vida privada de seus cidadãos. A declaração do *mufti* era uma crítica ao policiamento moral que resultava em escândalos e assassinatos por honra baseados em suspeita e boatos.

– Além disso, ao estabelecer-se uma *fatwa*, deve-se lembrar de que Deus perdoa quem se arrepende: ele não quer que ninguém viva com uma culpa eterna – continuou o *mufti*. – Shari'a tem como objetivo proteger a dignidade humana e os direitos humanos dentro do contexto dos rituais sociais da humanidade e de sua responsabilidade em cuidar bem da Terra. O islamismo proíbe a tirania, a prostituição, o suicídio, o uso de drogas... qualquer coisa que trate um ser humano como objeto. Uma *fatwa* é determinada sob todas essas regras e esses objetivos, de forma que os seres humanos possam viver mais felizes, mais seguros e em paz.

Mulheres

> Se eu não puder libertar a mim mesmo, ninguém mais
> lá de fora conseguirá me libertar.
>
> — ORZALA ASHRAF, membro da diretoria
> da Rede Afegã de Mulheres

EMBORA MEU TRABALHO para a *Cairo Magazine* e outras publicações ficasse cada vez mais importante para mim, sentia-me, grande parte do tempo, como uma dona de casa atipicamente intelectual. A ocupação de que eu mais gostava era a de ser a esposa de Omar e, por conseguinte, membro de nossa família. Com o passar dos meses, consegui compreender a mentalidade coletiva que se desenvolve quando diversas pessoas são interdependentes. Quando eu ficava sem leite, Ibrahim aparecia com meio galão fresquinho antes mesmo que eu pedisse; no aniversário de um tio, eu passava horas na cozinha ajudando as primas emprestadas a fazer bolos. Determinada a não ser uma estrangeira frágil, aprendi a fazer muito mais coisas do que a maioria das esposas de minha geração – como suas congêneres no Ocidente, as jovens árabes preocupavam-se cada vez menos em como pôr a mesa corretamente e concentravam-se mais em suas carreiras. Entretanto, a família ainda era sinônimo de civilização no Egito. As pessoas viviam para as festas, casamentos e celebrações de nascimentos. O parente mais pobre juntava dinheiro para dar um presente de casamento a uma prima ou comprar um medalhão de ouro para uma sobrinha recém-nascida. Por mais difícil que fosse a vida, os egípcios jamais perdiam a espontaneidade e a disposição de celebrá-la.

Festas de hena, abertas apenas às mulheres, eram os eventos que eu aguardava com maior ansiedade. Na noite anterior a seu casamento, a família e as amigas da noiva reuniam-se em sua casa para dançar e comer doces até amanhecer, com vestidos tão apertados que jamais pensariam em vestir em público. No final dessas festas, eu saía quase morta, exausta de tanto dançar e praticamente diabética com tanto açúcar no organismo, os pés e mãos cobertos por desenhos em hena. A noiva, sempre exultante, era um símbolo de realização, prestes a conquistar sua independência social e sexual. As solteiras a admiravam em adoração, enquanto as casadas davam-lhe conselhos sinceros. Era uma celebração que eu jamais vira em qualquer outro lugar: um pouco *rave*, um pouco festival de fertilidade, parte curso relâmpago e intensivo de educação sexual.

– É tão legal livrarmo-nos dos homens por uma noite! – disse uma tia em uma festa de hena para uma das primas maternas de Omar. – Estão dormindo na mesquita, pobrezinhos. Eu lhes disse que só podiam voltar depois da oração da alvorada.

Eu sorri e comentei:

– Sorte a deles. Terão energia para o casamento amanhã. Nós dormiremos sentadas.

Ela riu e deu uma batidinha em minha mão.

– Você sente a falta de Omar, é claro – disse com um sorriso malicioso. – E ele, a sua. Ainda estão em lua de mel.

– É só por uma noite – protestei, enrubescida. – Vamos sobreviver.

– Ele morre nela! – disse uma das outras tias, segurando um prato de comida. – É tão romântico.

Em egípcio coloquial, morrer em alguém significa amar a pessoa tão intensamente a ponto de ser consumido pelo sentimento.

– É claro que ele morre – disse a primeira tia, beliscando-me o queixo. – Ela é uma lua.

Escondi o rosto com as mãos, envergonhada com tantos elogios extravagantes, e as duas tias caíram na gargalhada.

– Vá dançar! – disse a segunda. – Omar vai pensar mal de nós se não lhe ensinarmos a dançar.

Levantei-me e deixei uma das primas menores amarrar um véu ao redor de meus quadris, sentindo-me privilegiada por estar viva neste momento entre aquelas pessoas. Ser mulher no Oriente Médio era uma contradição enlouquecedora – muito menos livre, porém muito mais apreciada do que uma mulher no Ocidente. Quando as pessoas se perguntam por que as árabes defendem sua cultura, concentram-se na forma com que as mulheres que não seguem as regras são punidas, e caem no erro de não considerar a forma com que as mulheres que de fato seguem as regras são premiadas. Quando eu terminava um artigo ou um ensaio, tudo que eu recebia era um e-mail de um redator dizendo "Obrigado, recebi". Quando eu preparava uma refeição *iftar* durante o Ramadã, uma dúzia de vozes ternas abençoavam minhas mãos.

– Por que as mulheres não têm permissão para conduzir os homens em oração? – perguntei a Omar um dia enquanto ele lia Ibn Arabi no sofá. Ele fechou o livro sobre o dedo indicador para marcar a página e deslizou para o lado, dando-me lugar.

Senti grande ternura em seu gesto; ele nunca criticava nem depreciava minhas perguntas; parava qualquer coisa que estivesse fazendo para respondê-las.

– As mulheres são a manifestação da beleza de Deus, que na Terra é velada aos olhos dos homens – explicou. – Logo, a exposição feminina é simplesmente execrável.

– Esta é uma resposta sufi – respondi com um sorriso.

– Eu sou sufi – disse ele, retribuindo o sorriso. – Mas é a verdade.

Em semanas recentes, eu havia empreendido a busca por outros islamismos. Agora sentia-me à vontade em minha própria fé para exercitar a curiosidade sobre diferentes interpretações. Embora fosse ocidental e muçulmana, eu não era exatamente uma muçulmana ocidental; minhas ideias e práticas religiosas eram produtos da África do Norte. Usando a internet, comecei a ler sobre os movimentos islâmicos no Ocidente, esperando obter uma ideia mais clara da vida muçulmana em minha própria cultura. Foi como descobri os progressivos. Formavam um grupo de muçulmanos norte-americanos dedicados à reforma, alinhando a prática do islamismo com sua visão humanitária original. Um de seus principais objetivos era a igualdade sexual na mesquita, que serviu como elemento central de uma campanha para permitir que imames femininas conduzissem grupos de orações que misturassem ambos os sexos.

Como precedente, os progressivos citaram a história de Umm Waraqah, matriarca da época do Profeta Maomé, autorizada a conduzir homens e mulheres na oração. Entretanto, com essa exceção, todas as quatro escolas de jurisprudência sunitas afirmavam que as mulheres deveriam apenas conduzir congregações de outras mulheres, e não de homens e mulheres. Justificavam tal posição com uma mixórdia contraditória da superioridade terrena do homem e sua fraqueza sexual; se por um lado ele era mais preparado para conduzir, por outro, não conseguia se controlar ao ver uma mulher inclinar-se. Como eu particularmente não tinha a menor vontade de conduzir orações, a questão nunca me incomodou, mas a oposição ao argumento dos progressivos era tão patética que eu tive de dizer alguma coisa.

– E quanto a Umm Waraqah? – perguntei a Omar. – Estão dizendo que ela abriu um precedente para as mulheres conduzirem os homens.

Omar respirou fundo.

– Umm Waraqah já era bem idosa quando tomaram essa decisão – explicou. – E a história diz apenas que ela conduziu seu *dar*, ou seja, sua própria casa. Homens mais jovens e garotos, todos seus parentes. Foi uma situação específica.

– Se ela conduzia apenas os homens de sua própria casa – continuei, trazendo à tona o elemento central do argumento dos progressivos –, por que o Profeta designou-lhe um muezim? Um muezim é a pessoa que faz o chamado para a oração – algo que não seria necessário uma vez que as pessoas que se reuniam para rezar moravam na mesma casa. Tradicionalmente, um muezim serve a um distrito inteiro.

Omar fitou-me mais de perto. Esse tipo de raciocínio era de alguma forma estranho à jurisprudência islâmica, que defendia o indutivo em detrimento ao dedutivo.

– Interessante sua questão.

– Além do mais – continuei –, *dar* nem sempre quer dizer casa. *Dar es-salaam* significa Paraíso, que é muito mais do que uma casa. E *dar el-harb* quer dizer domínio de guerra, e não casa de guerra.

Omar bateu os dedos no braço do sofá de madeira trabalhada.
— Seu árabe está cada vez melhor. Sameh é um bom professor.

Ele parecia estar pensando nas palavras que diria a seguir.

— Sei que há coisas que são difíceis para você entender — disse-me —, mas cuidado para não confiar na autoridade de qualquer um. Muitas pessoas falam sem nada a dizer e sem compreensão.

— Eu sei. — Apertei-lhe a mão. — Tomarei cuidado.

No início de março, quando o Cairo estava amarelado em função das tempestades de areia, os progressivos em Nova York realizaram uma oração de sexta-feira conduzida por uma erudita, Dra. Amina Wadud. O evento foi muito elogiado por ocidentais e deixou o mundo muçulmano confuso e alarmado. Calejados pelos anos de conflitos gerados pela *fatwa* de morte dirigida ao escritor Salman Rushdie, muitos líderes conservadores instruíram seus seguidores a deixar os progressivos em paz.

— Sabemos que os inimigos do islamismo utilizam-se de muitas táticas para tentar causar nos muçulmanos uma reação mal orientada e emocional — foi o comentário do *sheik* Abdullah bin Hamid Ali, membro do Instituto Zaytuna. — E talvez o façam para criar uma situação em que possam justificar a tomada de medidas contra os que eles rotulam como extremistas, radicais, terroristas e fundamentalistas. Quem quiser criar sua própria religião, que fique à vontade. Pedimos apenas que nos tratem com um mínimo de respeito.

Foi uma opinião repetida mundialmente nos círculos ortodoxos, junto com a declaração surpreendentemente perspicaz de que a oração era um golpe publicitário e não resultaria em nenhuma mudança relevante. Os conservadores tornavam-se mais espertos com relação à mídia.

– Com exceção dos habituais sociopatas, pelo jeito isso vai acabar em um escândalo civil – eu disse a Omar, lendo sobre as reações à medida que eram publicadas –, estou impressionada.

– Na verdade – disse Omar, com um sorriso discreto –, eu ia lhe dizer que o *mufti* acabou de aparecer na TV. Ele estava apoiando a oração.

Olhei-o atentamente.

– Sério? Ainda está passando? O que ele disse?

– Não disse que é necessariamente bom que as mulheres conduzam orações, pois não é certo permitir que uma mulher não qualificada conduza orações apenas para asseverar-se a possibilidade em si.

– Certo. Pura política de fachada.

– Disse, entretanto, que era uma questão a ser discutida: que não há um consenso de que as mulheres não devam conduzir orações. Ele disse que cabe a cada congregação decidir por si.

Era, de longe, o mais alto nível de apoio que os progressivos conseguiriam. Passei o dia grudada ao canal de notícias árabes e ao Muslim Wakeup! (MWU!), o principal site dos muçulmanos progressivos, esperando para ver se teria mais discussão do apoio de Gomaa. Fiquei chocada com o que vi.

"Por que precisamos de aprovação de um cara barbado do outro lado do mundo?", alguém comentou no artigo sobre Gomaa postado no MWU!.

"Quem se importa como o que os mulás acham?"
"Para mim é até uma surpresa que tenham postado isso aqui: essa gente não é nossa amiga."
"MWU! está promulgando o apoio de um homem que apoia o terrorismo."
Era inacreditável. Se chamavam isso de progresso, o islamismo estava em maus lençóis. Gomaa jamais apoiara o terrorismo; eu só podia achar que o anônimo que postou o comentário considerava violento todo clérigo de barba e turbante. Foi perturbador ver tal desconfiança e ódio. Gomaa estava em apuros – era improvável que o resto do meio sunita apoiasse seu mandato, e caso o Ocidente (de onde ele indubitavelmente esperava receber apoio) não o fizesse, provavelmente seria obrigado a se afastar.

– Perderam o *juízo* – eu disse a Omar naquela noite. – Os tradicionalistas ergueram uma bandeira branca e eles não deram a mínima.

– Qual o motivo de tamanho interesse no assunto? Você nem conhece essas pessoas.

Foi difícil achar uma resposta. Por muito tempo parecera inexistir qualquer sobreposição entre minha história e minha religião – quando estava no Egito, eu tinha de traduzir meu passado, torná-lo digerível, compreensível e seguro para outros muçulmanos, e nos Estados Unidos tinha de fazer a mesma coisa com as minhas crenças. Aqui estavam pessoas recusando-se a traduzir. Eram ocidentais e muçulmanos em uma identidade fluida, e que não sentiam necessidade de se desculparem, tampouco de se explicarem. Eu não queria admitir o quão sobrecarregada sentia-me pelos meus instintos conciliatórios. O desprezo que eu sentia pelos convertidos que viraram as costas para seu próprio povo era em parte por inveja; eu queria poder simplesmente ignorar as pessoas já que amá-las dificultava minha vida, como eles faziam. Seria mais fácil se eu pudesse simplesmente escolher uma ou outra coisa. Os progressivos me permitiam esperar que eu não tivesse de fazê-lo. Por isso era tão doloroso ver essa oportunidade passar.

Obviamente, na manhã seguinte Al-Azhar fez uma declaração oposta ao apoio do *mufti* com relação à oração Wadud – uma ação absolutamente fora dos padrões comuns em uma organização que geralmente se esforçava para apresentar uma frente unificada. Gomaa passaria o ano seguinte cobrindo o flanco direito, agradando os conservadores com uma série de *fatwas* que deixaram os ocidentais perplexos. Uma excelente oportunidade fora desperdiçada por todos os lados.

O quarto poder

> Depois que o povo tiver votado
> podemos todos voltar para casa e cortar a garganta.
> – Irving Berlin, "The Honorable
> Profession of the Fourth Estate"

EM 2005, SOB PRESSÃO DOS ESTADOS UNIDOS, o presidente Mubarak realizou uma eleição. Pela primeira vez desde que assumira o poder, forçado pelo assassinato de Anwar El Sadat, Mubarak permitiu que candidatos sérios de partidos diferentes do seu concorressem contra ele – uma iniciativa que inspirou a Cidade Vitoriosa um arrebatador otimismo político e causou muita comoção por muitos meses. Os *Ikhwan al Muslimeen* – conhecidos no Ocidente como a Fraternidade Muçulmana – ainda estavam banidos da política, mas eram representados por vários candidatos parlamentares como independentes. Na corrida à presidência, apareceu um concorrente sério: Ayman Nour, jovem progressista criador de um partido batizado como *Al Ghad*, ou Amanhã. Sua plataforma atraiu muitos egípcios: ele era religioso o bastante para ser popular com os jovens, mas possuía enorme habilidade e conhecimento políticos que atraíam os pais socialistas desses jovens. Enfatizava a liberdade de expressão, do congresso e da imprensa, e falava de nova infraestrutura; desde o início ficou claro que ele estava condenado a um futuro negro. Não obstante, seus partidários dedicados fizeram inúmeras passeatas em bairros do centro da cidade, confrontando capangas contratados pelo Partido Democrático Nacional e partidos rivais. O Cairo abandonou sua posição nos bastidores como local de negociações e reuniões para se tornar, por um tempo curto, o centro da atenção internacional.

– Vejamos o que temos no quadro – disse Richard, redator cultural da Cairo Magazine, em uma reunião em uma noite no início de abril. – Cobertura da imprensa estatal das passeatas políticas que vêm acontecendo no centro. – Ele bateu no ponto do quadro repleto de tarefas a serem feitas, onde a tal cobertura estava rabiscada. – Como provavelmente todos aqui já perceberam, temos tido pouco a dizer. Ou seja, precisaríamos falar com algum dos mandachuvas no Sindicato Egípcio de Rádio e Televisão sobre suas políticas de cobertura das eleições. Estou fora. Quem quer?

– Eu – ofereci-me. – Um pouco de emoção seria bem-vinda.

– Muito bem. Aqui. – Richard entregou-me uma lista de contatos. – Mãos à obra.

Muitos dias depois, lá estava eu no início de uma passeata na Praça Tahrir. Mais de cem policiais da força de choque, todos vestidos de preto, enfileiraram-se no espaço apertado pelo tráfego entre o Museu Egípcio e a American University, agindo como um perímetro humano para conter a violência. Setores da mídia estatal declaravam que o protesto fora organizado pela Fraternidade Muçulmana e recusavam-se a cobrir o evento, argumentando que o Ikhwan era um partido ilegal. O protesto foi tão caótico que mal deu para compreender sua ideologia. Era muito comum apalparem e molestarem as mulheres nessas manifestações, de forma que me mantive na extremidade externa da multidão, longe da massa opressiva no centro da praça. Depois de meia hora, desisti: o conflito era tamanho que se tornou impossível determinar o objetivo original do protesto. Abandonei o local e, frustrada e muito agitada, peguei o metrô de volta para casa.

O metrô do Cairo é dividido em duas seções: vagões mistos, que transportam homens e mulheres e vagões femininos, onde é proibida a entrada de homens. No carro das mulheres, que parecia existir em um vácuo feminino inalterado pela confusão nas ruas acima, localizei um rosto familiar, com formato de coração, emoldurado por um lenço: era a filha de meu vizinho do andar de cima, uma garota um ou dois anos mais jovem que eu. Ela acenou e aproximou-se para dar-me um beijinho.

– O que faz aqui no meio do dia? – perguntou-me em árabe.

Hesitei. Eu raramente cobria algo tão controverso, e, quando o fazia, era muito discreta ao compartilhar os detalhes com parentes e amigos de Omar. No mundo em que habitávamos, prevalecia a opinião de que a mulher, no sentido estrito, não tinha direito de se colocar em perigo potencial de natureza social, política ou física.

– Cobrindo o protesto – respondi, decidindo que a verdade era mais simples. Minha vizinha não ficou nem um pouco chocada. – Não consegui entender o que estava acontecendo – continuei, agora mais confiante –, pois dizem tratar-se de um protesto do Ikhwan, mas não foi o que me pareceu.

Sem piscar, ela disse:

– Porque não é.

E foi assim que descobri que minha vizinha de cima, muito obediente e conservadora, era afiliada ao partido de Al Ghad. O protesto fora organizado em apoio a Nour, um homem a quem a mídia estatal não tinha a menor intenção de conceder publicidade gratuita. Declarar que se tratava de um evento dos militantes do Ikhwan foi a desculpa para eles se manterem afastados. Essa informação foi vital para o artigo que escrevi, e eu não a obtivera nas ruas, mas no carro das mulheres.

O vagão feminino do metrô era uma estufa segregada e ambulante – lá dentro prevalecia uma determinada paz, produzindo-se uma sociedade em miniatura. Comecei a escrever um ensaio em homenagem ao carro das mulheres, escolhendo um registro narrativo que julguei facilitar a compreensão de um leitor ocidental de suas implicações mais sutis. Enviei o ensaio para a *New York Magazine*. Quando o publicaram, mostrei um recorte a Sohair.

– Gostei – elogiou Sohair. Eu a observava ansiosamente, tentando descobrir se ela não estava sendo apenas educada.
– Ficou muito humano. Você fez um ótimo trabalho.

– Obrigada. Estou feliz por terem publicado. Geralmente as coisas que se leem em revistas sobre a sociedade das mulheres no mundo muçulmano são antropológicas, quer dizer, científicas, como se o escritor estudasse o comportamento de macacos e não de seres humanos.

Eu não estava preparada para as respostas furiosas, cheias de linguagem inflamada, publicadas uma semana depois.

– Mas você criou polêmica – disse minha mãe ao telefone, tentando me animar. – Fez com que as pessoas se manifestassem. Já é alguma coisa. Imagine só as senhoras de Manhattan que ficaram escandalizadas ao ler seu ensaio e que de fato *escreveram* para o *New York Times* reclamando. Só o fato de irritá-las já valeu a pena.

– Não quero criar polêmica – respondi, desesperada. – A polêmica é o que gente medíocre cria em função da incapacidade de comunicar algo significativo. O que desejo é o *consenso*. E não foi o que consegui. Fiz o contrário. Não disse as coisas certas. Não tentei defender o carro das mulheres em si; só queria mostrar que essas pequenas conexões humanas podem acontecer em qualquer lugar. Não dá para destruí-las. A cultura não as enfraquece, tampouco a língua. Não importa se essas pessoas concordam com o véu, com gênero ou seja lá o que for. Eu só queria fazê-las *ver* que quando falam sobre o islamismo, estão falando de pessoas reais que sentem afeição por uma estranha no metrô e isso *significa* alguma coisa.

Este argumento fez com que todos aqueles que o escutaram ficassem em silêncio, meditando. A polêmica é tida como a melhor coisa para a carreira de um escritor iniciante, e o fato de eu estar tão chateada deve ter sido um pouco desconcertante. Mas eu não queria ser descolada, queria ser precisa. Não entendia a economia literária que se construíra ao redor dos escritores muçulmanos e ex-muçulmanos no Ocidente: havia um mercado para o insulto e qualquer um que o criasse, fosse condenando o islamismo ou desculpando-se por ele, era considerado em voga. Era uma fórmula na qual a verdade e a consistência eram secundárias. Manter-se complicado – recusar-se a contar histórias incompletas com um final adequadamente moralista, e continuar sendo um profissional muçulmano ao invés de muçulmano profissional – ia ser um desafio.

Alguns dias depois, Sohair quis saber por que eu estava tão chateada. Eu vinha tentando esconder minha frustração dela e de Omar – se eu revelasse a fonte da angústia, estaria mostrando a eles como os ocidentais os odiavam, algo que eu fazia de tudo para disfarçar.

– Você está pálida – disse-me, misturando algo no fogão em seu apartamento enquanto eu estava parada na porta da cozinha.

– Estou sempre pálida.

– Está mais pálida do que de costume e, pra completar, infeliz – ela se abanou com uma das mãos; estávamos em uma época do ano em que a cozinha tornava-se insuportavelmente quente.

– Publicaram várias cartas na *New York Times Magazine* recriminando meu ensaio.

– Não. – Ela se chocou de verdade. – Como? O que havia de errado no ensaio?

– Sei lá. As pessoas se assustaram. Eu deveria ter dito as coisas de outra forma. Não entenderam o que tentei passar.

– Que tipo de críticas? O que diziam as cartas?

– Disseram... bem, uma leitora disse jamais ter lido uma defesa mais triste de uma cultura tortuosa.

Não consigo esquecer-me da expressão feita por minha sogra adorável, secular e culta ao ouvir isso: foi uma mistura de desânimo com dor, uma momentânea perda de confiança. Era seu carro das mulheres também. Ela discordava; achava que os homens deveriam se comportar na presença das mulheres, tornando desnecessário o vagão feminino, mas era parte de sua história. Ela questionara a teologia presente ali, protestara contra o aumento no preço da carne, ajudara mães a lidar com filhos malcriados – essa era a questão; não acontecia *nada* nesses espaços que fugisse da compreensão dos ocidentais. Havia universos nesses espaços, fossem suas existências justas ou não. Porém, eu não comunicara isso devidamente, deixando a porta aberta para que uma anônima norte-americana invalidasse a relação de minha sogra com sua própria história.

Uma semana depois, oficiais japoneses anunciaram que adicionariam um vagão para as mulheres no metrô de Tóquio para proteger as passageiras do assédio inconveniente dos homens; exatamente o mesmo motivo pelo qual criara-se o carro das mulheres no Cairo. O carro de Tóquio foi exaltado como um passo adiante na luta pelos direitos femininos. A discrepância ficaria comigo por semanas – era a prova final de que eu subestimara o tamanho do medo e do preconceito com relação à cultura árabe no Ocidente. Para mim, a semana de misericórdia que acompanhara o 11 de setembro – a semana em que um de meus amigos muçulmanos foi abordado em um mercado por um homem choroso que disse esperar que ninguém culpasse meu amigo pelo que aqueles sujeitos do mal fizeram – era eterna. As pessoas em minha própria vida fizeram um esforço hercúleo para me aceitar depois de minha conversão. Por vezes os esforços falharam, mas eu os admirei mesmo assim. Eu não fazia ideia de que as coisas estavam piorando ao redor do grandioso Estados Unidos e não entendia o porquê.

A *sheika*

O professor não compartilha de sua sabedoria,
mas de sua fé e sua afeição.

– KHALIL GIBRAN

LAILA ERA UMA DAS POUCAS CONVERTIDAS cuja história assemelhava-se à minha e que eu admirava e amava; acabei citando suas opiniões cômicas e serenas a respeito da natureza da religião e da natureza humana em vários de meus ensaios. Apesar de ser meio-egípcia, ela parecia europeia e fora criada em Estocolmo pela mãe sueca. Devido a sua herança, sempre tivera consciência do islamismo – eu, por outro lado, mal sabia o que era o Ramadã quatro anos antes de minha conversão – mas crescera sem religião. Como eu, Laila levara uma vida subcultural ocidental razoavelmente feliz e fecunda, tocando bateria em uma banda punk gótica chamada *Dark Lords of the Womb* e lendo Kant na adolescência, até que um dia, segundo sua própria descrição:

– Acordei no meio da noite e ouvi alguém chamar meu nome. Imediatamente, senti o coração disparar: estava tendo um ataque de pânico.

Seguiu-se uma pausa.

– E depois, o que aconteceu? – indaguei.

Laila fez uma expressão à la Sybil Fawlty. Ela me contou essa história enquanto estávamos em um café próximo à Praça

Tahrir; decidíramos não assistir a uma péssima montagem de *Madame Butterfly* no Opera House e caminháramos pela imundície noturna, cruzando a ponte Qasr el Nil para tomar um café. Trajando véus formais de seda em tom rubi – raras eram as ocasiões em que vestimo-nos a rigor, de forma que aproveitamos a ocasião para tal –, fomos objetos de muitos olhares semibenevolentes, olhares que incomodaram muito mais a mim do que a Laila.

– O ataque de pânico durou muitos meses – contou-me.
– Só desapareceu depois que eu me converti.
– Que coisa!
– Pois é. E então o ataque passou, mas eu estava em frangalhos; sabe como é, a princípio, após a conversão, choramos a cada cinco minutos.

Achei graça.
– É verdade! A gente fica tão *sensível*...
– É só ver algo triste, que o choro vem. Ao ver algo alegre, tá lá o choro de novo.
– Em um romance, Donna Tartt – contei, referindo-me ao livro *A história secreta* – diz que se tornar religioso é o mesmo que "aumentar o volume do monólogo interno". Ela faz uma referência aos gregos, mas o princípio é o mesmo.
– Aumentar o volume... é, foi assim mesmo. Uma experiência muito estranha. – Sorriu. – E aqui estamos.

Poucas semanas após a *Atlantic* publicar o perfil que escrevi de Ali Gomaa, Laila ligou para contar que algumas mulheres de sua ordem sufi planejavam um passeio à costa norte para visitar uma *sheika* reclusa e muito admirada, de nome Sanaa Dewidar. *Sheika* Sanaa e sua família passavam grande parte do ano na Síria, exceto no verão, quando iam ao Egito. Se fosse de meu interesse, a *sheika* concederia-me uma entrevista. Não precisei que me perguntassem duas vezes: peguei um caderno e um gravador, e em uma manhã bastante enevoada peguei o metrô rumo ao centro da cidade para encontrar-me com Laila e suas amigas. Pegaram-me em um Hyundai abençoadamente refrigerado.

Cruzamos a Alamein Road, que corre para o noroeste do Cairo em direção ao Mediterrâneo. Um amigo que viajava pelo Egito certa vez perguntou-me se seria muito difícil ir à Líbia saindo do Cairo de carro, e respondi que não. Vá para o Norte e ao primeiro sinal de água, vire à esquerda. Há tão poucas estradas cruzando o Saara que é literalmente simples assim. A Alamein Road é uma das estradas mais lindas e surreais: é cercada por uma área devastada que continua sem interrupção até o sul de Med, onde torna-se uma planície coberta de plantações de azeitonas e restolhos. Um trecho da estrada que cruza o deserto descaracterizado possui uma faixa desarmônica de palmeiras baixinhas bem aparadas e hibiscos. Essa faixa de 2 ou 3 quilômetros de folhagens civilizadas, cujo estado de perfeita manutenção fugiu a minha compreensão a princípio, fica a quilômetros de distância da cidade mais próxima – não que haja cidades propriamente ditas naquela parte do Saara, apenas casas de chá caindo aos pedaços ao lado de postos de gasolina. Acabei descobrindo, no percurso a caminho da *sheika,* como se dava a manutenção: dois homens descalços e com longas mangueiras de jardim acopladas a uma fonte de água invisível estavam lá entre as palmeiras. Não tinha nenhum veículo estacionado por perto, nenhuma forma óbvia que indicasse como chegavam ou saíam dali. Era como se tivessem brotado da terra quando não havia ninguém olhando. Estavam de pé, bem eretos, e nos observaram passar a toda velocidade. Para mim, aquela imagem foi um tanto quanto irreal, mas pelo jeito fui a única pessoa no carro a notar algo fora do comum. Continuamos a jornada sem tecer nenhum comentário e os homens foram sumindo ao longe: outro incidente egípcio aparentemente sem causa ou consequência.

Após cruzarmos um bom pedaço da estrada costeira, tomando chá, chegamos à casa da *sheika* Sanaa. O prédio, todo em tons pastel, estava com a pintura descascando. A aparência dignamente decadente da construção, somada à vista do pálido Mediterrâneo lá embaixo, conferia certa poesia à casa. Ali parada, eu considerava a imagem, ainda entorpecida devido ao movimento do carro, quando uma mulher de meia-idade, de lenço e túnica marrons aproximou-se com um sorriso de quem entendia meu estado. Como tantos outros do Oriente Médio, ela compreendia muito bem os devaneios alheios.

– *As-salamu alaikum* – cumprimentou-me. – Você é a escritora?

– *Alaikum salam*, sim.

– Você está de *hijab*.

– Sim.

– *Mash'allah*.

Sorri. O termo *Mash'allah* literalmente significa "pela graça de Deus", mas é usado para expressar admiração. A mulher se apresentou: era uma das filhas da *sheika* Sanaa – e, pelo que entendi, califa ou presumível herdeira do posto da mãe dentro de sua ordem. Conduziu-me ao interior da casa, onde uma mulher de pele clara e jovial e túnica preta simples estava sentada a uma mesa coberta por uma toalha plástica: era *sheika* Sanaa. Apesar da face notavelmente jovem, as mãos – pálidas e enrugadas – sugeriam uma idade muito mais avançada que a aparente; deduzi que já tivesse mais de sessenta anos.

Jamais conheci um líder espiritual que tenha me deixado deslumbrada – eu não me identifico muito com os relatos de outros religiosos que choraram aos pés de seus *sheiks* e pastores. Não consigo me ver concedendo tamanho poder a uma única pessoa e perder minha capacidade de olhar as coisas de forma cética. Dito isso, não senti nenhuma aura de santidade nem bênçãos especiais na *sheika*, mas com seu imediato e acolhedor sorriso, ela de fato me deu a impressão de bondade séria.

Ela se levantou para me cumprimentar e trocamos o convencional beijinho no rosto. Enquanto Laila e as outras mulheres a cumprimentavam, concluí que eu cometera certa gafe. Todas beijaram a mão da *sheika*, como sinal de reverência; por sua vez, ela protestou e tentou afastar a mão, para mostrar que não se sentia digna da honra. Era um jogo de cortesia que eu vira muitas vezes, mas apenas entre os homens e *sheiks*. Foi a primeira vez que passei por uma situação religiosa inteiramente mediada por mulheres.

Enquanto tomávamos as várias xícaras de chá, café e comíamos doces e salgadinhos, *sheika* Sanaa conversou conosco. Eu levara algumas perguntas prontas, mas deixei a conversa fluir naturalmente, mudando o curso para explorar assuntos interessantes levantados por Laila e pelas outras. Falamos em árabe, um pouco em inglês, francês e às vezes suas filhas intervinham para traduzir sempre que a mãe proferia algo complexo ou abstrato demais para minha compreensão. Concentrei-me no que considerava mais relevante para um público ocidental: a tradição da liderança feminina no islamismo. Perguntei-lhe por que esta tradição estava em declínio nos tempos modernos.

– Há tantas mulheres *sheikas* no Oriente hoje quanto havia no passado. Em países ocidentalizados como Egito e Líbano, não se aceitam as mulheres como líderes religiosas. Na Síria, entretanto, é algo natural.

– A ocidentalização *piorou* as coisas? – Era a primeira vez que eu ouvira a sugestão de que a atitude relaxada ocidental em relação ao gênero tinha um impacto negativo sobre as muçulmanas.

– É verdade, de certa forma – comentou Lamya, uma das mulheres da ordem sufi de Laila. Era uma mulher alegre e culta, com seus quarenta e poucos anos e que, no caminho até ali, conduzira uma discussão acalorada sobre o casamento. – Eu morava em Damasco. Na Síria, os homens e as mulheres interagem muito menos em um nível pessoal. Quando uma mulher deseja ter conhecimento espiritual, faz mais sentido que ela o busque de uma *sheika* e não de um *sheik*. Seu acesso a outra mulher é muito mais fácil. Nos países ocidentalizados como este, há quem considere as *sheikas* desnecessárias, pois é mais aceitável a intimidade social entre homens e mulheres. Em lugares como a Síria, precisam-se de mais *sheikas* porque os *sheiks* têm menor acesso pessoal às alunas.

Eu já tinha aprendido que a ocidentalização é, na melhor das hipóteses, um jogo de consequências involuntárias: no caso da autoridade espiritual islâmica, parecia que o jogo, ao invés de criar novas oportunidades para as líderes, acabara com as tradicionais. Quando retornamos ao Cairo, levantei essa questão com Sohair, que confirmou o que *sheika* Sanaa e Lamya sugeriram:

– Ouvíamos falar em uma *sheika* aqui, outra ali o tempo todo – disse, com uma expressão amarga que ela reservava para as discussões sobre o antigo e melhor Egito. – Era comum, muito comum. Agora, não sobrou nenhuma.

A questão então era se o declínio das *sheikas* podia ter uma explicação tão adequada – misoginia é um subproduto quase inevitável da opressão política à medida que homens brutalizados viram-se e brutalizam a próxima população mais vulnerável. Nos últimos cinquenta anos, o Egito vem cerrando cada vez mais os punhos. Talvez não adiante de nada que os *sheiks*, agora com livre acesso às alunas, sejam quase todos *wahhabis*, e é improvável que com suas crenças puritanas promovam ambição e liderança entre as mulheres. Mesmo assim, foi interessante saber que *sheika* Sanaa e Lamya encaravam a "desagregação" de gênero como uma faca de dois gumes, um deles com o potencial de minar a autoridade.

Enquanto Laila conversava com *sheika* Sanaa, dispersei-me e pensei nas mulheres. Concluí tratar-se de um assunto sempre em pauta, em qualquer lugar – fosse sobre conciliar carreira e família no Ocidente ou sobre a modéstia e a pessoa pública no Oriente, parecia haver uma universal falta de normalidade e definição concreta. Eu compreendia, agora, por que tantas orientais desconfiavam dos movimentos a favor dos direitos das mulheres e do feminismo ocidental. Para que exigir direitos quando se tem influência? Uma mulher corajosa e inteligente no Oriente Médio tem o poder de mudar todo o curso de sua família com um mínimo de exposição e risco; conceder-lhe os direitos ocidentais limitaria o escopo de seu poder expondo-a ao mesmo escrutínio público experimentado pelos homens. Direitos colocariam as excêntricas e idiotas em pé de igualdade com as dignas e capazes; para que fazer isso? Em tempos de tremendas mudanças e instabilidade, para que causar mais confusão? Havia a possibilidade de acabar-se com menos do que se tinha a princípio.

Estava quente; houve uma calmaria. O sabor do chá – salobro aqui, onde os lençóis de água passam junto ao mar – prendia-se a minha língua. Laila sorriu para mim.

– Acha que para ser uma boa muçulmana a mulher deve necessariamente assumir os tradicionais papéis de esposa, mãe e dona de casa? – perguntei a *sheika* Sanaa, quebrando o silêncio.

Ela fez que não e disse:

– Maryam umm Isa (Maria mãe de Jesus) e Ásia, esposa do Faraó, não eram típicas. Ásia desobedeceu o marido. Maryam não tinha marido. Ambas assumiram grandes responsabilidades e enfrentaram dificuldades para cruzarem o caminho da retidão. Diz-se que "uma mulher boa vale por mil homens".

Sorri pesarosamente – Sana'i, o poeta do século XII a quem se atribui esse dizer, ouviria berros da multidão mandando-lhe calar-se na maioria das mesquitas do século XXI. Hesitei antes de fazer minha última pergunta – não era para os leitores, mas para mim mesma.

– O mundo está tão hostil agora; há muita ira entre muçulmanos e não muçulmanos e é difícil saber o que fazer, como melhorar um pouquinho as coisas para nós mesmos e para os outros.

Não soou como uma pergunta, mas a *sheika* entendeu o espírito. Inclinou-se para frente e tomou-me a mão, parecendo repentinamente mais concentrada. Tive a estranha sensação de que ela só estava esperando que eu tocasse nesse assunto.

– O Profeta certa vez ouviu essa pergunta quando os primeiros muçulmanos enfrentaram muitos inimigos e provações. Ele disse: "Quando o caos se manifestar no mundo, grude-se às paredes de sua casa como uma sela às costas de um cavalo." Ou seja, cuide de sua família, de seus vizinhos e crie seus filhos para serem bons. Se cada um cuidar da própria casa, todos os problemas acabarão.

De alguma forma, eu sabia que ela estava certa. Surpreendeu-me que após uma única conversa ela conseguiu pressentir minha necessidade de comunicar a todo custo e sabia qual seria o custo – talvez mais do que eu. Eu amava ser uma esposa; sentia que fazia um bem mais tangível dentro de minha família e minha comunidade imediata do que escrevendo artigos e livros. Porém havia muito sobre o islamismo e os maometanos que não era dito na mídia, tampouco nas discussões públicas, e eu podia fazer algo a respeito. Silenciar-me ao ver as reportagens incompletas ou análises sofríveis de questões religiosas parecia o mesmo que mentir. Além disso, eu tinha de reaprender a falar com meu próprio povo. O incidente no *New York Times* abalara-me: eu perdera o contato com o que os norte-americanos achavam e sentiam. Queria desesperadamente restaurar essa conexão. Ainda era norte-americana e queria escrever para norte-americanos.

Foi a primeira vez que comecei a pensar seriamente em voltar. Não por algumas semanas ou um mês, mas por anos. O hiato entre a experiência norte-americana e minha experiência só aumentaria. Mas eu sabia que Omar não almejava deixar o Oriente Médio. Era um idealista – melhores oportunidades e qualidade de vida não o deixavam tentado. Sua luta era aqui, no Egito, por um islamismo que abraçasse intelecto, arte e espiritualidade. No Cairo, essa guerra tinha apenas uma frente: a luta para retomar o controle da narrativa religiosa enfraquecendo o fundamentalismo. Nos Estados Unidos, haveria uma segunda frente. Ele teria de lutar contra a imagem espelhada do fundamentalismo: o preconceito contra o Islã. Ele achava que essa luta não lhe pertencia. Até mesmo os cristãos, baha'is e judeus eram árabes no Egito; companheiros herdeiros da língua e da história que ele amava. A hostilidade ocidental direcionada ao Islã, com suas insinuações raciais e xenofóbicas, era estranha para ele.

Mais tarde, em 2005, Hind el Hinnawy, uma cairota abastada, declarou-se grávida do ator Ahmad Fishawy e entrou com um processo de paternidade. Insignificante para os padrões norte-americanos, o caso chocou o Egito. Segundo Hinnawy, ela e Fishawy tinham um *orfi* ou casamento civil. Notoriamente difíceis de serem provados na justiça, esses "casamentos" seguem contratos particulares e servem apenas para legitimar amantes e namoradas perante a lei islâmica. Quando Hinnawy anunciou publicamente seus planos de criar a filha sozinha e lutar pelos direitos da criança de usar o sobrenome do pai, isso causou um escândalo no Cairo.

 Todos tinham uma opinião: os jornais publicaram artigos sobre o caso jurídico de Hinnawy em tons ora jocosos ora revoltados, enquanto os fãs de Fishawy chamavam-na de vagabunda. O próprio Fishawy recusou-se a fazer o teste de paternidade e negou qualquer envolvimento com Hinnawy. O *mufti*, por sua vez, publicamente advertiu Fishawy, desafiando-o a assumir responsabilidade por suas ações. Em nossa família, as opiniões se dividiam: fiquei surpresa ao descobrir que muitas das garotas condenavam Hinnawy, enquanto os tios concordavam com o *mufti* e achavam que Fishawy estava dando um mau exemplo.

– Por que a tratam como heroína? – reclamou Marwa, em cujo casamento eu quase tropecei na túnica de Ali Gomaa. – Ela criou um *fitnah* (polêmica pública, inquietação ou escândalo) e concebeu uma criança sem ser casada...

– Mas ninguém faz uma criança sozinha – respondi irritada, traduzindo o dito popular para o árabe. – Ela não é a Virgem Maria.

– Exatamente! – respondeu Marwa. Senti que meu ponto de vista se perdera no vácuo.

– É isso o que acontece quando os jovens ficam até as duas, três horas da manhã fora de casa, indo sabe lá aonde e fazendo sabe-se lá o quê – disse tio Sherif, que até então só escutava a conversa. Estava transtornado. – É nisso que dá quando os pais afrouxam as rédeas.

Suspirei, puxando a ponta do meu lenço ao redor do queixo; estava muito apertado.

– Mas – esforcei-me buscando as palavras em árabe para expressar o que eu queria dizer –, se ele não se tornar o pai da garota, os homens pensarão que é certo fazer o que ele fez.

Àquela altura, todos já estavam acostumados aos pronunciamentos meio zen aos quais eu me limitava em discussões abstratas.

– É verdade – concordou tio Sherif –, e a forma com que ele vem agindo está errada. Mas podiam ter evitado tudo isso.

Entre os muçulmanos progressivos no Ocidente, as opiniões eram menos misturadas. Um de vários artigos em defesa de Hinnawy foi escrito por Ginan Rauf, PhD de Harvard e resoluta humanista secular. Ela conquistara notoriedade com um artigo intitulado "Cerveja no Ramadã". Os muçulmanos conservadores a odiavam; eu admirava sua coragem além de sua política. Mas seu artigo em resposta a um ensaio escrito pela mãe de Ahmad Fishawy surpreendeu-me: ela aconselhou a mulher a "apreciar a sabedoria profundamente visionária de um pai egípcio que corajosamente buscava desassociar a sexualidade da honra, para opor-se firmemente ao infanticídio feminino, resistir à opressão e combater a hipocrisia moral. É assim que um homem honrável se conduz no mundo moderno. Com certeza esses são todos 'velhos' costumes bárbaros cujas mortes não lamentarei".

Fiquei imediatamente alarmada. Ela estava exaltando um mau-caráter: ninguém, nem mesmo o mais radical dos conservadores culturais, jamais sugerira que a filhinha de Hinnawy fosse morta. Os egípcios não são sociopatas. Creio que mesmo o mais moralista dos patriarcas teria se chocado frente a tal acusação implícita. O infanticídio feminino, outrora comum na Península Arábica, era estritamente banido por lei pelo islamismo; havia inclusive uma parte arrepiante no Alcorão que falava das meninas erguendo-se de seus túmulos no Dia do Julgamento para confrontar seus assassinos. E mesmo nos anos de maior ignorância vividos pelos árabes, o infanticídio feminino não tinha nada a ver com casos extraconjugais: as meninas nascidas de casamentos legítimos eram mortas por serem meninas, por serem um fardo para uma cultura de guerra dominada pelo homem. Jamais me deparei com uma única instância de infanticídio feminino no Egito moderno. Rauf estava criando um monstro que não existia, e mostrando-o a pessoas distantes demais do Egito real para questioná-la.

Tendo visto o que a informação errada podia fazer neste clima de temor, fiquei furiosa. Pareceu-me tão irresponsável, tão desnecessário; a autora podia ter lançado mão de outras formas para defender seu ponto de vista. Na discussão gerada no espaço de comentários abaixo de seu artigo online, escrevi as piores coisas que se pode dizer a um irmão muçulmano; só faltou chamá-la de herege. Mas a chamei de orientalista. Para os não familiarizados com os últimos trinta anos de academicismo pós-colonial, a palavra pode parecer ridícula, sem significado nem substância. Podem ter razão. Trata-se de um termo sofisticado para racismo, mas que implica em muito mais: um orientalista é alguém que inventa ficções exóticas a respeito do Oriente para provar um ponto de vista sobre a superioridade ocidental. Chamar um acadêmico esquerdista de orientalista é uma acusação muito forte.

Foi uma reação exagerada e muito burra: eu era branca, ela, árabe, e nos círculos esquerdistas havia uma regra implícita determinando que um branco não podia criticar um árabe quando se tratava de sua descrição do Oriente Médio. Não importava quem tinha razão; era uma questão racial, arraigada em séculos de privilégio mal empregado. A esquerda muçulmana ainda era governada pela política de identidade étnica dos anos de 1970. Mas, na época, os esquerdistas árabes usavam sua nova voz política para destruir os mitos sobre o Oriente Médio, e não para disseminá-los. Rauf e eu estávamos em posições paradoxais: como árabe, suas opiniões acerca do Oriente Médio eram consideradas mais válidas do que as minhas, porém, ela promovia um estereótipo falso; como branca, minhas opiniões eram consideradas contaminadas pelo privilégio, mas eu tentava destruir aquele estereótipo.

Deparara-me com a segunda guerra pela essência do islamismo: a guerra sendo travada inteiramente dentro do Ocidente, onde a comunidade muçulmana lutava com problemas gerados por sua diversidade sem precedente. Eu jamais pisara em uma mesquita norte-americana ou britânica e não tinha ideia da tensão lá existente: as inseguranças profundamente consolidadas sobre a legitimidade racial e religiosa, as batalhas sobre a tradição e a identidade. Em orações públicas, eu sempre fora uma das estrangeiras com noções básicas daquele mundo em meio a congregações uniformemente árabes ou persas. Enquanto o conceito de "estrangeiro" tinha um enorme vulto em minha experiência como muçulmana, não era o que acontecia com o conceito de raça.

Estava claro que havia mais tensão acerca do islamismo no Ocidente do que eu imaginava. Talvez essa tensão devesse ser óbvia, mas, na época – eu lia e assistia apenas aos noticiários árabes, que eram muito menos antagônicos e assustadores do que os norte-americanos. Eu pensava viver em um mundo que aprendia com o que ocorrera em 11 de setembro e superava os ataques. Entretanto com a reação ao meu ensaio sobre o vagão feminino e ao caso Hinnawy – que provou que nem mesmo os progressivos eram imunes à propaganda – despertei de minha ingenuidade. Eu temia ser em breve forçada a escolher entre duas metades de mim mesma. Em uma reunião de família em Doqqi, consegui entender melhor minha própria ansiedade. Depois que comemos as folhas de parreira recheadas e que o chá foi servido, a conversa descambou para a guerra no Iraque.

– É uma ocupação, nada melhor do que qualquer outra – disse um tio. – Não se pode culpar os iraquianos por reagirem. É a terra deles. Não se pode dar liberdade a alguém apontando-lhe uma arma na cabeça. Os norte-americanos querem o petróleo iraquiano: é o que sempre quiseram. Os americanos...

Permaneci calada, mergulhada em uma nova preocupação sobre esse uso incomum de "os americanos". Não era típico, no Egito, falar-se dos Estados Unidos em um tom tão amargo, exceto, talvez, entre os fundamentalistas de linha dura. Eu nunca ouvira esse tom na família de Omar. Também não acho que tenham sido discretos para não me incomodar – não pareciam fazer grandes esforços para evitar confrontos ou disfarçar nenhum rancor, quando juntei-me à família. Para a maioria das pessoas, os Estados Unidos eram um quebra-cabeça político meio arrebatador, meio ameaçador e, até bem pouco tempo, a maioria dos egípcios tentava separar o povo norte-americano do governo norte-americano com a mesma disposição com que separava seu povo de seu próprio governo. Não, essa amargura era nova – era medo.

Tio Ahmad pigarreou e ergueu a cabeça. Era o patriarca ideal, agradável e inteligente, com uma voz profunda e cheia de autoridade, e uma compreensão assustadoramente profunda do que ocorria dentro da família a qualquer hora. Discuti com ele exatamente uma vez, e por menos de um minuto; ele simplesmente reiniciou seu argumento com um tom conclusivo e então calei-me em admiração.

– Devemos agradecer aos Estados Unidos – disse ele, naquele mesmo tom – pela Willow.

Duas dúzias de faces viraram-se em minha direção e concordaram, cheias de carinho e afeto. Aninhei a cabeça nas mãos e emiti um som meio que uma risada e meio que algo carregado de dor. Tio Ahmad fitou-me, confuso. Eu não sabia como explicar o que sentia. A responsabilidade daquele afeto incondicional era assustador. Eu já até fazia ideia do que estava por vir: com o discurso de ódio aumentando na imprensa, e a possibilidade de guerra no Irã já na mesa, eu sabia que os instintos gentis e apaziguadores de tio Ahmad não seriam recompensados. Não havia ninguém do outro lado do oceano Atlântico dizendo *Devemos agradecer ao Islã por tio Ahmad*.

Mesmo que houvesse, meu país ainda travaria guerras. Homens continuariam explodindo-se em mercados, apedrejando e mutilando em nome do Islã. Todos os dias haveria algo para aniquilar essa boa vontade. Eu não aguentaria ver a fé e o otimismo desta família se esvaírem.

Meus sonhos tornaram-se violentos: repetidas vezes eu me vi em uma casa com portas que não trancavam, tentando desesperadamente fechá-las para me proteger dos lobos ou cães selvagens que espreitavam lá fora, tentando entrar. Era como se meu inconsciente tentasse sem sucesso seguir o conselho da *sheika* Sanaa: eu me grudava às paredes de uma casa que já não estava sob meu controle.

Fratura

> Os melhores carecem de convicção, enquanto os piores
> esbanjam intensidade apaixonada.
> — WILLIAM BUTLER YEATS, "The Second Coming"

O MOVIMENTO A QUE EU VINHA assistindo ansiosamente do outro lado do mundo – o lado que me dera esperança de um meio-termo – desmoronava-se, tornando-se uma paródia de todas as coisas a que ele proclamava opor-se. No Cairo, sem o apoio dos muçulmanos liberais, *sheik* Ali Gomaa começou a emitir *fatwas* criados para acalmar os de linha dura: um era ambivalente com relação ao espancamento de esposas, outro proibia a prática de ioga, um terceiro censurava a exposição de estátuas. O último golpe veio em um telefonema de Ursula, minha editora na revista *Cairo Magazine*.

– Você pode interromper qualquer trabalho com prazo de entrega para depois da semana que vem – disse-me. – A próxima edição será a nossa última.

– Oi?

– Perdemos o patrocínio.

– Vocês tinham patrocínio?

– Achávamos que levaria mais ou menos um ano e meio para a revista alcançar independência financeira; precisávamos de mais seis meses de apoio. Mas os patrocinadores se retiraram.

Era como atuava toda mídia independente no Oriente Médio – em um clima de pressão política e desordem econômica, o corte de patrocínios era quase inevitável. Às vezes, os patrocinadores não se sentiam à vontade de apoiar um jornal tão crítico ao regime de Mubarak após o resultado repressivo das eleições presidenciais. Outras vezes simplesmente perdiam interesse. Independentemente da razão, o certo era que chegáramos ao fim.

– Poxa, que terrível – lamentei para Ursula.

– Pois é – ela respondeu, muito triste. – Sinto-me pior por alguns dos jornalistas egípcios mais novinhos, sabe; o efeito que isso terá em suas carreiras. Eles agora têm de procurar outro emprego.

Em casa, Omar percebeu a mudança em meu humor. Não paralisei – odeio inatividade e não tendo a diminuir o ritmo mesmo quando estou deprimida. Porém, embora eu tivesse mantido as atividades em minha vida estranhamente lógica, praticando meus escambos no mercado para comprar o frango do almoço e escrevendo sobre política e religião à tarde, Omar sabia que eu estava estranha.

– Quero vê-la sorrir novamente – disse-me uma vez, enquanto íamos de carro para Madinat an Nasr visitar sua tia. – O que está errado? É só a revista mesmo?

Eu vinha guardando minha crise existencial mais ou menos só para mim. No Egito, considera-se até falta de educação expressar uma crise existencial.

– Acho que tenho me sentido impotente – respondi, após uma longa pausa na qual descartei dez outras formas de descrever a situação. – E culpada. E com a sensação de que nenhuma das coisas positivas que tentei fará qualquer diferença.

– Culpada? – Omar parecia incrédulo. – Por quê?

– Não estou muito certa de ser a melhor pessoa para dizer e escrever algumas das coisas que digo e escrevo. Não represento a maioria dos muçulmanos: venho de um meio muito diferente daquele de que se originam as pessoas sobre as quais escrevo; não sei muito bem se tenho esse direito. Talvez eu devesse esperar que outra pessoa dissesse essas coisas. Alguém daqui, ou do Paquistão ou sei lá.

– Aprendi algo sobre os ocidentais – disse Omar, sorrindo um pouquinho. – Os que se sentem culpados são os que menos razão têm para tal. E os que deveriam sentir-se assim, jamais se sentem.

– Ah, também não importa. – Esfreguei os olhos. – Não importa quem tente melhorar um pouco as coisas, sempre acaba da mesma forma: é tapar o sol com a peneira. As pessoas *querem* se odiar.

– Quem colocou isso em sua cabeça? O que está acontecendo?

– Deixa pra lá. São muitas pequenas coisas ao mesmo tempo. Vou melhorar.

O oráculo de Siwa

Pois teu reino não é passado
Tampouco teu poder destituído
O dia não será expulso do paraíso
E não expulsarão a canção do mundo.

– ALGERNON CHARLES SWINBURNE,
"The Last Oracle"

APÓS O ENCERRAMENTO DA REVISTA, fiquei em uma situação de grande incerteza, com tempo de sobra para mergulhar em minhas questões de identidade. Autopiedade dá trabalho. Quando Mohab, primo de Omar, sugeriu uma viagem ao remoto oásis de Siwa, concordei no ato. Mohab estudava cinema; era parente de Omar por parte de pai. Era dois anos mais velho que eu e acabara de voltar da Itália, onde estivera estudando. Eu gostava dele por ser um intermediário cultural. Criado em um lado definitivamente socialista da família, ele sabia conversar com detalhes sobre os filmes europeus e marcas de cigarros. Ao mesmo tempo, mantinha um ávido interesse pelo sufismo, lendo e analisando antigos textos de filosofia e jurisprudência com grande entusiasmo. Voltou da Itália trazendo vários DVDs de Região 2 e um sotaque. Na segunda semana após sua volta à névoa e à desordem do Cairo, estava louco para sair. Siwa, que ficava apenas a 40 quilômetros da fronteira com o Líbano, era o mais longe que alguém conseguia ir ainda estando dentro do Egito.

Nossa rota era simples, mas árdua: rumamos ao Norte ao longo da Alamein Road, contornando Alexandria, então pegamos a estrada costeira para Mersa Matruh. Depois de Mersa Matruh, deixamos a costa e cruzamos para o deserto aberto. Entre Matruh e Siwa há 300 quilômetros de estrada sem graça e nenhuma espécie de civilização – não há paradas, postos de gasolina, nem mesmo poços. Isolada, Siwa compete com a África Central pela condição de berço do homem: a mais antiga pegada humanoide já registrada, estimada em ter três milhões de anos, foi descoberta lá. Alexandre, o Grande, passou pelo local, assim como os nazistas, mas nenhum ficou, e ambos deixaram poucos vestígios de sua presença. O oásis é remoto demais para ser útil à expansão imperial. Hoje, a jornada para Siwa continua árdua. Se não pegarmos os 300 quilômetros com um bom ritmo, munidos de muita água potável, o tanque cheio e um pneu sobressalente, podemos acabar em maus lençóis. Eu a chamo de *"the sprint"* – a corrida rápida. Mas mesmo a corridinha rápida isola-nos completamente das influências catalíticas do turismo e da ocidentalização. Frente à tecnologia moderna, presente nos ônibus refrigerados do Cairo que cruzam Siwa uma vez por semana, o Saara está perdendo importância.

 A princípio planejamos chegar ao oásis logo após o pôr do sol, mas um congestionamento fora do Cairo nos atrasou em três horas, e com menos da metade do caminho percorrido, acabamos dirigindo no maior breu. Não havia lua, mas um negro que eu jamais experimentara em toda a vida. Nossos faróis lançavam dois tímidos feixes à frente, revelando uma estrada obscura e tomada pela areia. Onde a luz sumia aos poucos, a estrada parecia cair em um nada. A terra ondulante ao redor, totalmente carente de vegetação, pegava a luz que emitíamos de forma muito estranha, e projetava sombras como enormes árvores; a ilusão era tão perfeita que em vários momentos esqueci-me de que não havia árvores por 100 quilômetros em todas as direções, e em poucos quilômetros, apareciam centenas delas. Não havia horizonte, tampouco luzes da cidade em canto nenhum para distinguir a margem da terra, e após meia hora encontramo-nos em um estado de pânico semialucinatório.

– Você acha que devemos parar e esperar...
– Esperar o quê? O *nascer do dia?*
– Quanto temos de água?
– Quatro... espere, não, tem mais ou menos... ah, conta você.
– Seis garrafas.
– Só?
– Dá para o gasto.
– Vamos pelo menos parar, preciso descansar os olhos – disse Omar, que insistira em conduzir o carro do início ao fim.

Encostamos no meio da areia, os pneus silenciando-se à medida que encontraram menos resistência. Saltei do veículo e senti um ar mais puro do que no Cairo. Respirando fundo, fui dando passos no espaço e, com um solavanco, lá estava eu, deslizando em uma pequena duna. Soltei um grito.

– Willow?

Ouvi a voz ansiosa de Omar e vi feixes de luz dançantes, vindo de lanternas.

– Estou bem!

Comecei a rir, quase que incontrolavelmente, afundada na areia até os tornozelos. Com esforço, subi de volta, pensando nos escorpiões e víboras que podiam estar se deslocando ali no escuro.

– Tem cobra por aqui? – indaguei.

– Cobra? Não, não! – respondeu Mohab de algum canto.
– Cobra precisa comer alguma coisa. Aqui não há nada – o leve sotaque italiano em sua pronúncia egípcia conferia-lhe uma universalidade reconfortante.

– Então tá. – Equilibrei-me em um pé, balançando o outro para retirar areia do sapato. – Tomara que você esteja certo.

Voltamos ao carro, tropeçando nas pedras, aos risos. Cerca de uma hora depois, exaustos, sujos e sem enxergar nada, avistamos luzes no horizonte próximo e nos vimos nas redondezas do oásis. Paramos em nosso hotel, um prédio de estuque sem a menor harmonia estética, em uma estrada de terra, e depois de livrarmo-nos das malas e dos sapatos cheios de areia, fomos para nossos quartos para dormir.

Na manhã seguinte, acordei sem saber onde estava. Ao chegar à janela, dei uma olhada e vi uma pracinha rodeada por estradas que davam para densas plantações de palmeiras. Um canto da praça era dedicado ao comércio de frutas e legumes; pelos outros cantos havia cafés ao ar livre, contornados por cadeiras de plástico empoeiradas e toldos desbotados. Mais adiante, erguendo-se em uma colina saliente, estava a Antiga Cidade: um labirinto de casas feitas com tijolos de lama e ruas elevadas, agora em ruínas. Antes de o governo egípcio expandir seu poder e suas leis às cidades fronteiriças líbias, os nativos de Siwa usavam a Antiga Cidade como forte protetor contra os ataques beduínos. No início do século XX, uma tempestade – a primeira em trezentos anos – destruiu grande parte da infraestrutura, e os nativos do oásis de Siwa construíram os prédios modernos que hoje compõem a cidade.

Senti os músculos dos ombros relaxarem. O agito e a sujeira do Cairo eram tamanhos que me esqueci de que é muito bom ter coisas belas para se ver. As palmeiras lançavam sombras fracas e convidativas no sol da manhã, e o ar tinha um cheiro de madeira e terra morna. Na rua abaixo, homens passavam conduzindo carroças de burros, carregando sacas de arroz; as mulheres, poucas em número, vestiam chadores azuis todos bordados e cobriam as faces com véus pretos, movendo-se como bailarinas, nas pontas dos pés. Tive uma estranha sensação de *déjà vu*; creio ter construído, inconscientemente e com uma espécie de desejo, um lugar semelhante a esse, onde os momentos de descanso que eu conseguia ter na cidade ampliaram-se e tomaram uma forma física.

Encontramos Mohab em um café, agradavelmente decadente, chamado Abdu's, onde tomamos o café da manhã. Enquanto enfiávamos nossos pedaços de pão árabe em tigelas de creme de leite e mel, um homem trajando uma túnica branca e uma capa de lã de camelo aproximou-se, saudando Omar, esticando uma das mãos.

– Omar, meu filho – disse sorrindo –, sua mãe ligou contando de sua vinda. Como está?

Omar levantou-se para apertar a mão do homem, baixando a cabeça em sinal de respeito.

– Minha esposa, Willow. – Ele tocou-me o ombro. Baixei os olhos e sorri.

– Ela fala árabe?

– Sim, um pouco – respondi.

– Ela fala muito bem. – Omar apertou-me o ombro de forma encorajadora.

– Que bom – disse o homem em inglês.

Ergui os olhos e fitei-o; ele sorriu, aprovando, e completou:

– É muito importante.

Chamava-se Abdullah, era líder de uma tribo local e diretor educacional. Respondia pela altíssima taxa de alfabetização no oásis: 90% entre os homens e quase 98% entre as mulheres, fazendo de Siwa o único lugar no Egito onde mais mulheres do que homens sabiam ler. Omar e Sohair o conheceram em uma visita a Siwa dois anos antes e o convidaram para jantar quando ele esteve no Cairo a trabalho em alguma função governamental; as antigas regras de hospitalidade significavam que ele era agora um amigo próximo da família. Antes daquele momento, eu tinha apenas vagas ideias com relação ao termo "líder tribal". Por mais que uma pessoa urbana estude, é difícil compreender de fato como as sociedades tribais funcionam. Mas, ao ver Abdullah, muita coisa fez sentido para mim.

Ele parecia ter uns cinquenta e poucos anos; tinha barba, pele bronzeada, uma postura ereta e atlética, indicando sua intimidade com a liderança e, ao mesmo tempo, com o árduo trabalho físico. Tinha uma das mãos aleijadas, como se fosse sequela de pólio ou pelo tratamento precário de alguma fratura (no fim descobri que era pelo segundo motivo), mas comportava-se tão naturalmente que esqueci-me disso até reencontrá-lo muitos meses depois. Abdullah destacava-se por sua atitude: sem palavras, ele prendia a atenção de todos ao redor. Gerou em todos nós um espírito grupal, sugerindo com seus ombros e tom de voz que estava ali para nos proteger, e, em troca, esperava, muito confiante, total obediência. Não vi ninguém, homem ou mulher, egípcio, europeu ou norte-americano, imune a isso.

Carisma é uma palavra boba para descrever essa qualidade de Abdullah. Ele não se esforçava para ser charmoso ou simpático, mas ainda assim sua presença era fascinante. Era uma aura de poder assustador e benigno, e de grande inteligência. Ao conhecê-lo, tornou-se concebível que uma tribo inteira pudesse se organizar em torno de uma única pessoa. Quando retornamos ao Cairo, Sohair quis saber, com brilho nos olhos, minha impressão sobre Abdullah, e eu só consegui dizer:

– Após conversar com ele, consigo compreender como a poligamia funcionou por tantos anos.

Ela gargalhou com tanta força que precisou segurar-se em uma cadeira para não cair.

Quando Abdullah ofereceu-se para levar nós quatro ao deserto para visitar uma fonte de água quente, aceitamos quase que em uníssono. Partimos na manhã seguinte, bem cedo, amontoando-nos em uma enorme Range Rover antes de o sol esquentar.

– Prontos? – perguntou Abdullah depois que nos acomodamos. – Segurem firme!

Não havia cinto de segurança no veículo. Partimos, ziguezagueando pelas palmeiras até chegarmos à areia pura. Era o Saara da maneira mais frequentemente imaginada: o "mar onde não se mergulham os remos", uma duna após a outra, montes de areia cor de baunilha expandindo-se por quilômetros de distância à frente. Mesmo com os avanços tecnológicos modernos e com os dispositivos de localização via satélite, este deserto é um dos lugares menos explorados na Terra. Observei Omar enquanto avançávamos aos solavancos e pulos dunas acima: ele olhava o horizonte, às vezes virando-se e sorrindo para nós com sua alegria silenciosa. Mohab inclinou-se precariamente para fora de uma das janelas com sua câmera de vídeo, filmando, usando a mão livre para manter o incoerente boné de garoto na cabeça.

– Você vai cair daí! – adverti à medida que a picape subiu e desceu com um solavanco de quebrar o queixo.

– Que nada! – Mohab sorriu, segurando o boné, e eu prendi a respiração fundo ao descermos uma duna de 9 ou 12 metros em direção a um pequeno oásis acolhedor em uma enorme vala abaixo.

O oásis – um espaço de palmeiras, alguns arbustos baixos e densos, e algumas plantas floridas – cobria uma profunda nascente ao redor da qual os nativos de Siwa construíram um muro circular de contenção. Ali perto havia um abrigo de bambus ao qual dirigi-me para me trocar – não coloquei um traje de banho, mas uma túnica barata que eu não me importava em estragar. O caminho para o abrigo cruzava uma extensão densa de arbustos baixos. Abdullah mandou-me, de maneira brusca e despreocupada, tomar cuidado com as cobras, fazendo-me soltar um grito e terminar o resto do rápido percurso em uma corrida. Depois que eu me troquei, reuni-me com os rapazes próximo à nascente que soltava pequenos redemoinhos de vapor pelo ar matinal.

Sentei-me no muro de contenção e mergulhei um dos pés na água: estava à temperatura perfeita, muito morna sem ser quente. Todos nós então, um a um, entramos na água, sentando nos degraus que vinham do muro. As palmeiras sussurravam ao se moverem acima e mais adiante, além do oásis, a areia elevava-se em seu amarelo-branco sob o sol. Quando retornássemos a Siwa, haveria um e-mail do Departamento de Estado em minha caixa de entrada, perguntando muito educadamente se eu tinha registro na embaixada local (eu tinha), mas por enquanto eu estava inteiramente feliz – creio nunca ter sentido tamanha alegria. Foi nesta ocasião que descobri como era o paraíso: um jardim no deserto, um verde suntuoso e repentino, onde havia amigos com quem conversar e nascentes nas quais se banhar. Ali, era impossível pensar em guerra, sacrifícios ou injustiças; pensava-se apenas em coisas maravilhosas e simples. Era o avesso de Babel – todos os presentes falavam pelo menos três idiomas, mas por alguns minutos, não precisamos usar nenhum deles.

Omar e Abdullah quebraram o encanto, sussurrando em árabe. Só os escutei quando ouvi meu nome.

– Willow é escritora – dizia Omar. – Já escreveu sobre o Egito para revistas ocidentais.

Como tantos egípcios cultos que eu conhecia, Abdullah esforçava-se para acreditar que a banalidade e os fatos errôneos que a mídia ocidental espalhava sobre sua cultura eram produtos de ignorância e não uma conspiração. Ele já tinha expressado certa preocupação com o fato de o ultraje ocidental com relação à atitude árabe contra a homossexualidade estar sendo usado como uma cortina de fumaça para desviar a atenção da exploração do turismo sexual gay perpetrado pelos viajantes ocidentais.

– Não sou ignorante – dissera ele. – Sei que existe homossexualidade em todas as culturas. Mas esses rapazes envolvidos são todos muito jovens e pobres, dispostos a fazer qualquer coisa por dinheiro; é pedofilia.

Pelo visto retornaram ao mesmo assunto: Abdullah falava sobre a maneira com que a sociedade das mulheres funcionava em Siwa e como era difícil descrevê-la para os de fora, pois não era fácil nem mesmo para outras mulheres participarem. Omar contou-lhe do perfil de *sheika* Sanaa que eu escrevera, que fora recentemente publicado pelo *National Post* do Canadá.

– É mesmo? – Abdullah fitou-me com uma expressão mais franca e observadora do que a anterior, que era mais reservada: era uma mudança à qual eu já me acostumara; entre os homens, eu ficava sempre mais calada, muito mais do que a maioria das egípcias. O silêncio, o ápice da modéstia, era minha melhor arma contra a comum suposição dos homens sobre minha disponibilidade. Com as mulheres a coisa era diferente, eu conversava, ria e emitia minhas opiniões mais abertamente. Minhas amigas aceitavam minha profissão incomum quase sem questionar, mas a maioria dos homens surpreendia-se ao saber que uma mulher que, pessoalmente, falava tão pouco, dirigia-se a um público por meio da mídia impressa. A surpresa de Abdullah durou muito pouco.

– O que dizem sobre seu trabalho? – indagou-me.

Lembrei-me da reação ao que escrevi sobre o vagão feminino do metrô.

– Às vezes dizem coisas horrendas – respondi, sorrindo sem convicção. – É difícil ajudar os outros a compreender algo que nunca viram: ideias que nunca ouviram. Todo mundo fica assustado. Não acho que seja possível realizar a mínima mudança nesse quadro... – Balancei a mão vagamente; o choque de civilização estava implícito.

– Ainda é possível mudarmos, sim – disse Abdullah. Seu tom não era condescendente, mas tranquilo e confiante, o que me surpreendeu. A maioria das pessoas me dava força por carinho, ou, como *sheika* Sanaa, mandava-me orar, comportar-me e não ligar para os outros.

– E também se não conseguirmos – continuou Abdullah após uma pausa –, temos mais o que fazer da vida.

Ele olhou adiante, além da folhagem na areia, e fiquei imaginando se ele também via este lugar como prova da misericórdia divina. Então virou-se e sorriu para mim. Nenhuma dúvida encobria-lhe a face.

Estação de enchentes

> Sou parte de todas as coisas com as quais encontrei-me
> Porém toda experiência é um arco através do qual
> Brilha aquele mundo inexplorado, cujas margens
>   esvaem-se
> Eterna e infinitamente enquanto movo-me.
>
> – ALFRED LORD TENNYSON, "Ulysses"

POR TRÊS ANOS, MEU SOGRO PEDIRA-ME para acompanhá-lo em uma visita ao Museu de Arte Mahmoud Khalil. Eu era a única da família que não ouvira suas teorias sobre Picasso e a Escola Francesa uma dúzia de vezes e ainda gostava de escutar aquelas pequenas palestras. Conversando com ele, descobri ter absorvido pouquíssimas informações durante anos de francês da escola pública e esforçava-me para ser uma boa interlocutora. Entretanto, sempre acontecia algo que nos obrigava a adiar nossa ida ao museu que, segundo Amu Fakhry, possuía o maior número de quadros impressionistas na África do Norte. Não havia muita concorrência.

Chegou então um dia, no verão de 2006, quando o clima estava quente demais para se fazer qualquer outra coisa além de vagar em um prédio climatizado. Pegamos o carro e passamos pelo Nilo em níveis medianos de névoa; puxei o véu, deixando que o ar arenoso atingisse-me a face. O museu era um casarão branco flanqueado por gramados: lindo de uma forma elegante, deslocado, como toda arquitetura colonial. Aguardei na sombra enquanto Amu Fakhry discutia com o bilheteiro, insistindo que me considerasse egípcia e não me cobrasse a entrada. Comecei a sentir-me deprimida.

– *Yalla* – disse Amu Fakhry, com os braços acima da cabeça, segurando os bilhetes específicos para egípcios, todo triunfante. Sorri e segurei-lhe o braço ao atravessarmos a entrada principal.

Parecia estar de volta a Boston. Tudo muito calmo e tranquilo; havia uma escada de mármore com uma passadeira vermelha, salas com janelões, vasos de flores e quadros organizados de forma que demonstravam uma compreensão articulada do que representavam. O número de quadros era impressionante – trabalhos de Degas, Pissarro, Toulouse-Lautrec, Monet, Manet e, destacando-se do conjunto, John Singer Sargent em sua fase inicial de carreira. Ao redor deles havia grupos de alunos de belas artes, quartetos de garotas com véu trocando ideias bem baixinho, debruçadas em suas pranchas de desenho, carvões voando, rabiscando moinhos de vento e nus.

Era espantoso o envolvimento silencioso das meninas. Em geral, ouve-se muito barulho quando o Egito encontra-se com a Europa. No Vale dos Reis, os turistas gritam e gargalham em túneis cheios de eco, e em cinemas franceses ou norte-americanos as mães egípcias aconselham os filhos a desviarem o olhar durante as cenas de beijo que passaram pelos censores, como se cada cultura devesse se defender da beleza da outra. Se a arte é bela, então as ideias são belas, e não pode ser como se a cultura oposta fosse estranha e retrógrada. Decidimos o que é civil por nós mesmos ao decidirmos o que não o é nos outros.

Entramos em um salão cujo arranjo central era uma enorme tela retangular. Pintada há mais de cem anos por um francês, a tela retrata um grupo de núbias carregando as roupas para lavar às margens do Nilo inundado, em algum lugar no que agora é o Sudão.

– Está vendo? – indagou Amu Fakhry fazendo um círculo com a mão em direção à tela. – O artista era um mestre; atrai o nosso olhar para o lado direito, além das mulheres, até o brilho da água, em seguida novamente passando pelo templo do outro lado do rio, de volta às mulheres. – Ele riu encantado. – É maravilhoso. Aqui encontramos algo.

Observei a tela mais de perto. Um ponto me incomodou – de longe, não era nada, mas de perto ele se expunha como um local escuro na água à beira do rio, disfarçado como um redemoinho sobre uma pedra. Mas outrora fora outra coisa. Dei um passo parta trás, surpresa.

– Isto era um homem. Havia um homem aqui, e o artista pintou sobre ele – comentei, apontando para o ponto.

Amu Fakhry inclinou-se para observar.

– Talvez – respondeu.

Olhei para o ponto novamente. Dito e feito: agachado na água, sacudindo algo em uma peneira, havia um homem. As mulheres o olhavam com indiferença e a cabeça dele inclinava-se na direção delas, como se estivesse prestes a falar. Por que fora omitido?

Afastei-me novamente para olhar o quadro como um todo. O artista capturara o peso do rio e o peso que ele comunica a todos a seu redor. As mulheres tinham uma expressão meio sonolenta, meio alerta, que anuncia a chegada do verão, quando o calor é tão intenso que as horas medianas do dia são passadas em sono pesado e tropical, a única defesa do corpo contra a estação. O artista conhecia tudo isso; o calor pairava no ar da pintura, fervendo nos membros desnudos das mulheres.

Pensei, *as mulheres não estão usando véus. Seus braços estão à vista*. É claro que ele não podia ter incluído o homem. Se o tivesse feito, teria destruído a autenticidade da pintura. O artista abrira mão da visão original para que a pintura expressasse a verdade. Era linda e verdadeira e fora pintada por um ocidental. As mulheres foram deixadas sozinhas no espaço sagrado a elas; não fitavam um homem, mas um rio, o rio, transbordando pela enchente.

– No que está pensando? – indagou Amu Fakhry.
– Em meu lar – respondi.

Durante nossa vida conjugal, vez ou outra Omar e eu discutíramos a possibilidade de nos mudarmos para os Estados Unidos, mas nada muito concreto. A ideia não lhe agradava. E enquanto ele não conseguisse um *green card*, seria difícil irmos juntos visitar minha família. Quando Omar pegou a papelada para o visto de turista – um calhamaço – na Embaixada Americana no centro da cidade, em um inverno, o oficial que lhe passou os documentos lançou-lhe um olhar estranho. Sendo casado com uma norte-americana, por que Omar não tentava obter residência permanente? Omar disse-lhe que não pretendia viver permanentemente nos Estados Unidos. O oficial disse que pegaria mal para o cônjuge de um cidadão norte-americano tentar tirar um visto de turista. Ao abrirmos os documentos em casa, descobrimos que o saldo em conta bancária exigido de Omar era maior do que a soma do que tínhamos, os dois, em nossas poupanças. Essa quantia serviria como prova de que ele não pretendia imigrar ilegalmente. Baixei a cabeça e repousei-a sobre a mesa.

– Nossa, que complicação – murmurei.

Quando eu fora renovar meu visto de residência no Egito, em Mugamma, muitos meses antes, uma funcionária do governo usando um véu azul chamou-me de minha querida e perguntou-me quanto tempo eu queria ficar.

Omar acariciou-me a cabeça.

– Não se zangue. Por favor.

– E se partíssemos para os finalmentes? – perguntei. – E se morássemos nos Estados Unidos por alguns anos para que você conseguisse obter a cidadania e não mais tivéssemos de lidar com toda essa porcaria de visto?

Meu marido respirou fundo e sorriu.

– Está bem. Vamos pensar no assunto.

Eu queria passar pelo menos parte de minha vida adulta em meu país. Ao deixar os Estados Unidos logo após concluir a faculdade e imediatamente casar-me, pulei a adolescência prolongada, parte muito importante da vida norte-americana. Não conseguia definir o quanto eu mudara: em alguns aspectos, sentia-me muito mais velha do que meus amigos de minha idade, mas em outros, sentia-me quase ingênua. Em uma idade na qual a maioria das mulheres ainda está namorando, eu estava casada, envolvida com todo o processo de estabelecer-me. Mas, sendo mulher, eu tinha um amparo no Egito que eu não teria nos Estados Unidos. Eu não fazia ideia de como operar um carro após girar a chave na ignição; não sabia trocar pneu nem checar os níveis de fluidos. Não sabia como funcionava essa coisa de seguros. No Egito seria impensável pedir a uma mulher para mover algo pesado ou realizar uma tarefa mecânica mais complexa do que trocar uma lâmpada; mesmo hoje tenho de forçar-me a tentar essas coisas sozinha antes de pedir ajuda.

O que eu sabia fazer era escambo. Usando ervas, eu conseguia curar uma disenteria leve sem antibióticos. Sabia dizer se o pato vivo que eu estava prestes a comprar tinha recebido ração em excesso para parecer mais saudável. Discutia, destemidamente, com um homem segurando um rifle semiautomático. Conseguia escrever mil palavras por dia enquanto jejuava. Essas eram as coisas que eu sabia fazer. Todos os pontos fortes que eu desenvolvera como adulta eram egípcios. Entretanto eu não era egípcia, e quase sempre sentia um pouco de inquietude.

Omar nunca viajara para além do oeste de Marrocos e só vivera no Cairo. Quando o conheci, ele não tinha uma conta corrente – criado em uma economia africana de dinheiro vivo, nunca precisara de uma. Como a maioria das vidas egípcias, a dele não tinha tanta papelada. Não havia nenhum registro formal que comprovasse sua vida escolar além de um certificado em um papel barato proclamando-o como Bacharel em Ciências; não havia nenhuma documentação que descrevesse seu estudo autodirigido de história e linguística, equivalente pelo menos a um mestrado.

– Não quero ser um desses imigrantes maltratados por não conseguirem provar nada sobre suas vidas – desabafou irritado.

– Não deixaremos isso acontecer – respondi, embora tivesse o mesmo temor. Quando iniciamos o processo de obtenção do *green card*, fiquei surpresa ao perceber que eu não me sentia menos inquieta, pelo contrário. Nossa vida, a partir daí, seria complexa e sem paradeiro; ir para casa sempre significaria deixar para trás outra casa. Já éramos proprietários de um apartamento em um subúrbio do Cairo, cheio de móveis de madeira com arabescos comprados em uma das últimas oficinas tradicionais na cidade. Mesmo quando a vida no Egito me frustrava, o que era comum, sentia-me ancorada a ela. Era reconfortante; algo que eu criara do zero, sozinha. Morrendo de saudades de minha família, eu retornaria aos Estados Unidos como uma estranha, sem crédito na praça, sem jamais ter alugado nada, sem vínculos profissionais em nenhum lugar específico. Algo que Ahmad me disse no Irã, em uma casa de chá, atormentava-me:

— Se quiser sair de seu país, faça-o antes dos trinta anos.

Nunca mencionou a melhor idade para retornar.

Observei Omar atentamente durante as idas à embaixada norte-americana, buscando sinais de ansiedade ou medo. Sabia que ele fazia isso por mim. Os confortos materiais do primeiro mundo não o atraíam muito; satisfazia-se com os confortos espirituais de que desfrutava em sua terra. Conhecia seu próprio ambiente com profundidade de mestre. Quando Omar encostou-se em uma cadeira de plástico no pátio externo da embaixada — onde havia mais norte-americanos do que eu vira em quase quatro anos — senti uma pontinha de culpa. Ser cairota não é como ser norte-americano; os cairotas são especialistas, com habilidades e instintos singulares a sua cidade implacável. Os norte-americanos vivem em pinceladas mais largas, aprendem a pintar sobre qualquer superfície cultural que encontram. Ambos são imunes à assimilação, mas por motivos muito distintos.

— *Bitfakari fi eh?* — perguntou-me Omar; *No que está pensando?*

— Em nada.

Sorri e toquei-lhe a mão. Éramos uma ilha em um mar de formulários oficiais, com ondulações nas bordas, onde seus proprietários os afixaram. Essa era uma sala de espera em todos os aspectos. A nosso redor, nativos do Cairo trajando seus melhores ternos, aguardavam seus números serem chamados. Vários monges coptas estavam sentados em fila. Olhos ansiosos diziam-me que, para muitas dessas pessoas, os Estados Unidos significavam uma fuga – da opressão política, do caos, da comoção social, do conflito econômico ou do fundamentalismo, qualquer coisa entre uma centena de outras. Não era, entretanto, o que o país significava para Omar. Ali sentado, com um sorriso amarelo e triste, Omar cruzou as mãos sobre o colo. Para ele, os Estados Unidos significavam exílio.

Eu sabia que estava arriscando meu casamento ao levá-lo para o outro lado do Atlântico. Nova York, Boulder, Boston; esses lugares jamais seriam para Omar o que o Cairo era para mim. Mas os Estados Unidos eram minha terra e eu não podia passar o resto de minha vida com as costas viradas para meu país. Eu poderia começar a me esquecer de quem eu era. Mas será que nós nos esqueceríamos do que era nosso casamento após desarraigá-lo? Eu não sabia ao certo. Nem Omar. Quando começamos a preencher o formulário do visto, ele me perguntou se eu o amaria nos Estados Unidos da mesma forma com que o amava no Egito. Sim, é claro, insisti. O terceiro elemento em nosso casamento – a geografia – não dizia nada, mas aguardava no fundo para ser reconhecido. Omar podia odiar os Estados Unidos. Se fosse esse o caso, provavelmente eu jamais voltaria a viver em meu país. Não havia certezas. Mas nunca houvera mesmo – amar é sempre correr riscos. Tocamos a vida e esperamos pelo melhor. O resto foi escrito em nossas palmas das mãos, um poema inescrutável conhecido apenas por Deus.

No início de maio, saiu o *green card* de Omar. Planejamos deixar o Egito no final de junho. Nesse ínterim, fomos desatando alguns laços de nossa vida no Cairo, desapegando-nos das pessoas e coisas. Deixamos o carro sob os cuidados do hábil Ibrahim. Minhas plantas foram para as primas que moravam no final da rua. As chaves extras ficaram com Sohair, que prometeu dar uma olhada no apartamento duas vezes ao mês.

Desde que nos mudáramos para um bairro mais distante no Cairo, mantivéramos apenas o hábito de visitar Sohair, Fakhry e Ibrahim em Tura mais ou menos duas vezes ao mês. Depois que marcamos a data de nossa partida, começamos a visitá-los uma ou duas vezes por semana. A ida tornou-se um ritual: pegávamos o carro e cruzávamos um rápido trecho de deserto que dava na Ring Road, seguíamos essa estrada por um tempo e então tomávamos a direção Sul pela Corniche, ao redor do Nilo. Aquele trecho de estrada e rio está perfeitamente gravado em minha memória. Fecho os olhos e vejo uma sucessão de minaretes: ao sairmos da Ponte Tura, vemos um logo à frente e outro à esquerda; então vem outro, menor, aninhado em uma favela; a seguir, vê-se um trecho de um muro bege com arames farpados ao topo, patrulhado por policiais sonolentos montados em cavalos igualmente inertes; e, atrás desse muro, a Mesquita Borboleta. Ainda na prisão, mas sem estar presa, lá está ela, paciente, pedra sobre pedra, como se tivesse fechado as asas e vindo descansar no fundo do pote de vidro, aguardando o inevitável dia em que o pote rachará. Talvez a prisão não mais exista daqui a dez anos, destruída por um dos golpes ou revoluções intermitentes do Egito. Ou talvez ainda exista por mais cem anos. Não importa; a mesquita ainda estará de pé quando a prisão não mais existir. No dia em que os dissidentes envoltos por esses muros forem soltos, o mesmo poderá se dizer da mesquita. Ela se desfraldará; capturará a luz do sol poente no outro lado do rio e proclamará que tem, igualmente, um destino.

Já que não mais teríamos contato com *molokheya* (uma sopa parecida com sopa de espinafre), pombas recheadas e baclava legítimas, os parentes de Omar quiseram nos alimentar. Houve então uma sucessão de almoços em família. As tias prepararam os pratos de suas especialidades, as sobremesas que sabiam ser de meu agrado, e vinte ou trinta de nós que éramos mais próximos em nossa vasta tribo sentamo-nos juntos por horas, cada um sem a menor vontade de ser o primeiro a sair. Lembrei-me, com uma dor de inesperada intensidade, das últimas semanas estranhas e claudicantes que eu passara nos Estados Unidos antes de mudar-me para o Cairo. Ser amada e querida desse jeito era um fardo. Eu não me sentia merecedora de tanto afeto.

– Sinceramente não sei o que farei nas tardes de segunda e quarta – disse Sameh quando o vi da última vez. A noite estava densa, o ar pesado com a evaporação do Nilo e a imundície da indústria humana. Ele sentou-se em sua sala no centro linguístico, conversando com um de seus alunos do Delta, que, como previra Sameh, ficou olhando para mim boquiaberto, sem falar nada durante toda a minha visita. Sameh lançou-me um sorriso triste, mas complacente.

– Imagine só... em nossa primeira aula você mal sabia combinar quatro palavras. *Wa delwa'ti bitikellimi wa betif'hami. Enti misrayya ba'a, khalas.* ("E agora você fala e entende. Já é uma egípcia, pronto, acabou".)

– *Hashoofak b'khayr* – respondi; *"Fique bem"*. Algo que dizemos quando vamos passar somente um tempinho afastados. Sameh fez que sim com a cabeça.
– *In sha'Allah*.

Durante as duas semanas antes de nossa ida, passei a vagar sozinha pela cidade. Era algo estranho para um homem fazer e nenhuma mulher fazia. O Cairo não é o lugar ideal para se perambular. O local agarra-nos feito uma mão suja e com uma boca fedida grita em nosso ouvido. Quem é esperto pega um táxi ou o metrô para ir de um ponto a outro e evita ao máximo os trechos curtos a pé. Mas eu estava de partida. Podia dar-me ao luxo de explorar a cidade. Caminhei pelas ruelas atrás da Mesquita de Imam Hussein, carregada com os odores de gordura e cominho e fiquei impressionada ao lembrar-me de um tempo quando essas coisas eram-me estranhas. Às vezes eu levava um livro e sentava-me sozinha em um café. Durante o dia, o Fishawi's – o famoso *ahua* (café) no coração de Khan al Khalili, onde Omar e eu tivemos uma de nossas primeiras conversas – era quase tranquilo. Tomei meu chazinho preto com menta e observei a luz solar assar as portas de madeira trabalhada, intactas, sob o olhar confuso, estranhamente carinhoso dos garçons diurnos.

Quando consegui, visitei Hussein. A mesquita não é tão grandiosa quanto Sultan Hassan, tampouco elegante como Al Rifa'i, onde o último xá do Irã está sepultado. Mas a presença do santuário – a casa dourada de restos invisíveis, os últimos vestígios físicos do último imame sagrado para os sunitas e xiitas – torna sua atmosfera inesquecível. O imame estava entre as últimas pessoas de quem eu me despedi antes de partirmos. Foi em um dia em junho, quando o vento do Mediterrâneo abrandava o calor: ao erguer-se a cabeça, respirava-se um ar úmido, cheio de oxigênio, prova de uma existência mais leve em outro lugar, além da cidade. Tirei os sapatos na porta da mesquita e entrei. O lado feminino estava lotado: garotas, menininhos e suas mães e avós em bancos e fileiras, orando ou conversando baixinho. Fui então na direção do santuário. Todo em prata e mármore, ficava no centro da mesquita, acessível de ambos os lados. Homens e mulheres, calados ou recitando o Alcorão bem baixinho, espremidos contra a cerca que protegia o imame do excesso de adoração. Encontrei um cantinho vazio próximo a uma mulher vestindo uma *abaya* empoeirada. Ela lançou-me um sorriso discreto e deu uma batidinha em minha mão. Perdi a compostura. Ali parada, no aperto humano e úmido de minha religião, comecei a chorar. Não pelas coisas que eu estava deixando, mas pelas coisas que levava comigo – tudo pelo que eu lutara, tudo que eu perdera, e uma alegria tão potente que parecia dor.

Este livro foi impresso na Editora JPA Ltda.,
Av. Brasil, 10.600 – Rio de Janeiro – RJ,
para a Editora Rocco Ltda.